21世纪经济与管理精编教材·会计学系列

无形资产评估：
理论与实务
（第二版）

Theory and Practice of Intangible Assets Valuation
2nd edition

刘小峰 ◎编 著

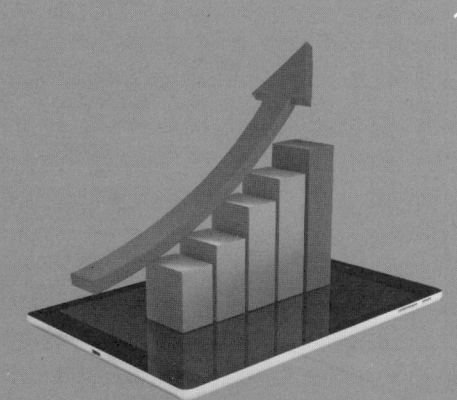

北京大学出版社
PEKING UNIVERSITY PRESS

图书在版编目(CIP)数据

无形资产评估：理论与实务/刘小峰编著. ——2版. ——北京：北京大学出版社，2025.8.
(21世纪经济与管理精编教材). ——ISBN 978-7-301-36641-7

I.F273.4

中国国家版本馆CIP数据核字第20256KK857号

书　　　名	无形资产评估：理论与实务（第二版）
	WUXING ZICHAN PINGGU：LILUN YU SHIWU(DI-ER BAN)
著作责任者	刘小峰　编著
责 任 编 辑	任京雪
标 准 书 号	ISBN 978-7-301-36641-7
出 版 发 行	北京大学出版社
地　　　址	北京市海淀区成府路205号　100871
网　　　址	http://www.pup.cn
微信公众号	北京大学经管书苑(pupembook)
电 子 邮 箱	编辑部 em@pup.cn　总编室 zpup@pup.cn
电　　　话	邮购部 010-62752015　发行部 010-62750672　编辑部 010-62752926
印 刷 者	北京飞达印刷有限责任公司
经 销 者	新华书店
	787毫米×1092毫米　16开本　18印张　337千字
	2017年2月第1版
	2025年8月第2版　2025年8月第1次印刷
定　　价	55.00元

未经许可，不得以任何方式复制或抄袭本书之部分或全部内容。
版权所有，侵权必究
举报电话：010-62752024　电子邮箱：fd@pup.cn
图书如有印装质量问题，请与出版部联系，电话：010-62756370

第二版前言

"无形资产评估"是高等院校资产评估专业的核心课程。本课程的主要目的是:在思政引领层面,厚植学生知识产权保护意识,强化维护国家经济安全的责任感;在知识构建层面,帮助学生系统掌握无形资产评估理论、方法及相关法律法规;在能力培养层面,提高学生运用专业手段进行无形资产价值分析与评估的能力,以及解决复杂无形资产评估实务问题的逻辑思维能力;在素养提升方面,增强学生在无形资产评估领域的创新思维与综合实践素养。

本教材是在编者从事多年资产评估教学工作的基础上编写而成的。教材首版于2017年由北京大学出版社出版,累计印刷7次,收到了良好的市场反馈和来自国内高校师生的宝贵建议。2025年4月,本教材入选江苏省研究生优质教学资源(教材)。为顺应学科发展与教学需求的动态变化,在学校和出版社的支持下,我们对教材进行了全新的修订改版。

第二版的主要更新之处体现在:

(1)将党的二十大精神有机融入教材。例如,将"高质量发展""创新型国家建设""加快释放数据要素价值"等时代要求融入专业知识点,将"无形资产评估准则""资产评估职业道德要求"等行业要求融入案例。

(2)从理论、方法和应用等方面系统更新相关知识。在理论层面,新增无形资产评估基础理论,在传统资产评估理论框架中融入高质量发展、垄断与管制、公共物品、网络外部性等前沿理论,进一步夯实评估理论基石;在方法体系方面,重新梳理评估对象分类逻辑,新增标准化评估程序规范,大幅扩充成本法与市场法的内容,同时更新收益法及实物期权法的理论体系,通过分层设计增强知识的系统性与逻辑层次感;在应用衔接方面,更新内容对标资产评估师考试科目《资产评估实务二》中无形资产评估的考核要求,实现专业教学与职业资格认证的有机联动。

(3)厚植案例教学特色。第二版对原有案例进行了升级,在每个案例中嵌入评估要求、知识理论分析,通过问题引导、数据推演等环节,帮助学生将无形资产评估的理论知识转化为解决实际问题的能力,切实增强教学的针对性与应用性。

（4）强化交互教学特色。一是更新了各章的练习题，并附参考答案，方便学生通过自主评测掌握基本评估技能；二是以二维码的形式增加了延伸阅读等数字资源，启发学生思考，引导学生关注中国知识产权实践。

（5）全书篇幅从十四章精简为十二章，删减了第一版中的"无形资产侵权的损失赔偿评估""含有大量无形资产的企业价值评估""基于实物期权方法的电容量价值评估案例""合并对价分摊的公允价值评估案例"等四章内容，把"无形资产的许可交易与收益分成""关于无形资产的若干问题探讨"等知识融入"市场法评估无形资产"和"收益法评估无形资产"等章节。

由于编者水平有限，教材中难免有错误和疏漏之处，期待来自广大师生与读者的更多宝贵意见和建议（联系方式：lxf@njue.edu.cn）。

编　者

2025 年 6 月

第一版前言

"无形资产评估"是国内高等院校资产评估专业的核心课程。编写这部《无形资产评估:理论与实务》教材的原因主要有:

(1)编者从事多年资产评估本科课程"无形资产评估"和资产评估硕士研究生课程"无形资产评估:理论与实务"的教学工作,在教学过程中缺少理想的教材,制约了学生对相关知识的理解和掌握。这是编者编写这部教材最直接的原因。

(2)我国资产评估市场的发展逐步趋于规范,从无序到有序,逐步形成了层次分明的产业格局,发展方式也由过去的"跑马占地"发展为如今的"精耕细作"。无形资产评估实务积累了较为丰富的成果,到了一个可以总结的阶段。

(3)自从2005年教育部在高等财经院校恢复资产评估本科专业以及2010年国务院学位委员会正式批准设立资产评估专业硕士以来,目前我国共有两百多所高校开设了资产评估专业,形成了专科、本科、硕士、博士的完整的培养结构。无形资产评估的理论体系也在这个过程中逐渐成熟、完善,其系统性和专业性日益凸显,也到了一个可以总结的阶段。

实务界和理论界积累的丰富成果是编者编写这部教材的深层次原因。本教材力图将理论和实务有机结合,满足各层次读者的需求。本教材适用于普通高等院校资产评估专业的本科和研究生、从事资产评估实务的工作人员,以及希望了解无形资产价值和评估的其他人员。此外,希望使用本教材的读者已经学习过资产评估学基础。拥有一定的资产评估基础知识,有助于对本教材的理解。

编写思路

在编写过程中,本教材主要遵循以下思路:

(1)推进党的二十大精神进教材,将"高质量发展""创新型国家建设""加强生态环境保护"等时代要求融入专业知识点,将"无形资产评估准则""资产评估职业道德要求"等行业要求融入案例,推进课程思政建设。

(2)突出对无形资产评估方法的总结。目前,大部分教材对评估方法的介绍较少,内容主要讲"资产",本教材共用了4章内容来讲"方法",包括收益法(第四章)、无形资产的许可交易和收益分成(第五章)、市场法和成本法(第六章)以及实物期权方法(第七章)。

(3)突出对无形资产价值的分析。编者认为资产评估的核心在于对资产价值的分析和理解。在会计学中,有一个原则为实质重于形式,是指企业应当按照交易或事项的经济实质进行会计核算,而不应当仅仅按照它们的法律形式作为会计核算的依据。在对资产价值进行评估时,我们认为应该坚持价值分析重于形式,为此本教材力图强调无形资产的经济学意义,突出无形资产的获利能力,即评估价值,希望唤起读者对"价值"的重视。

(4)努力保持无形资产评估案例的过程性和完整性。本教材收入了四个完整的案例,包括商誉评估(割差法)、专利价值评估(主要是收益法)、电容量价值评估(主要是实物期权法)以及合并对价分摊的公允价值评估(多种方法)。为尽量突出无形资产评估的分析与计算过程,本教材专门设计了评估步骤,注重技能培养,实现理论与实务的有机结合,并维持相关知识点在拆分与整合之间的平衡。

(5)纳入最新的无形资产理论与实务问题。吸取最新研究成果与评估实务,包括无形资产侵权的损失赔偿、具有大量无形资产的企业价值评估、合并对价分摊的公允价值评估、无形资产的市场化和转让定价以及无形资产评估中的税务摊销收益等。

(6)突出学科的交叉与融合。无形资产评估是一门正在发展的新兴、复合、交叉性学科,无形资产评估理论、方法和实务都离不开相关学科的交融。本教材借助会计知识来探讨无形资产的信息披露与计量问题,借鉴社会分工理论和价值链知识来阐述收益分成问题,借助现代金融定价理论来介绍实物期权理论,采纳法学知识来界定知识产权和分析知识产权侵权损失赔偿的评估问题,吸取计量经济学知识来探寻市场法的变化之道。

内容安排

本教材共分为十四章和附录,可以分为五个部分。

第一部分为无形资产评估概论,共3章内容。包括:第一章,无形资产概述;第二章,常见的无形资产;第三章,无形资产价值评估。

第二部分为无形资产评估理论与方法,共4章内容。包括:第四章,收益法;第五章,无形资产的许可交易与收益分成;第六章,市场法与成本法;第七章,实物期权方法。

第三部分为无形资产评估专题,共3章内容。包括:第八章,具有大量无形资产的企业价值评估;第九章,无形资产侵权的损失赔偿评估;第十章,关于无形资产的若干问题探讨。

第四部分为无形资产评估案例,共4章内容。包括:第十一章,商誉及其评估案例;第十二章,专利价值评估案例;第十三章,基于实物期权方法的电容量价值评估案例;第十四章,合并对价分摊的公允价值评估案例。

第五部分为附录。

在使用本教材教学的过程中,教师可以根据需求定制章节,也可以根据自身特点重新编排章节顺序,特别是第四部分的无形资产评估案例,可以根据讲授内容自由调整。若需要教学PPT,则可与出版社联系(按照本书最后一页注明的方式申请)。

致 谢

本教材的编写得益于无形资产评估理论界和实务界多年来形成的丰硕成果,在此向为无形资产评估理论界与实务界做出贡献的专家和学者致敬。同时,特别感谢中国资产评估协会组织的多期培训班,我有幸参加了2011年的"清华大学第五期资产评估高级研修班"和2014年的"资产评估专业院校师资培训班"。这两次的培训,让我聆听到来自实务界一线明星的精彩分享,使我受益匪浅。特别感谢全国资产评估教育研究会组织的多期"全国资产评估教育发展论坛"和由多所高校举办的多期"资产评估新发展国际会议"。参与多次会议,不仅使我收获了同行无私的知识和智慧分享,更收获了同行情谊。

本教材的形成也得益于多年教学科研过程中与我反复探讨的同学与同事的帮助。南京财经大学会计学院是一个温暖的家庭,领导和同事的关爱让我可以做一些自己想做的事。感谢钱坤博士、叶玲博士、于成永教授、胡晓明教授、赵海林副教授以及吴孝灵副教授对本书提出的宝贵意见。感谢多年来听过我这门课程的学生,包括2011级至2015级资产评估专业的硕士研究生和2010级至2013级资产评估专业的本科生,他们不仅是本课程最佳的听众,更为本教材提出了诸多有建设性的建议,他们的鼓励与需求是我编写本教材最大的源泉和动力。感谢北京大学出版社的张燕和任京雪编辑给予的大力支持。

本书不仅得到了江苏高校品牌专业建设工程资助项目的资助,还得到了南京财经大学各方面的大力支持,在此一并表示感谢!

虽然编者在编写过程中力求精益求精,但由于水平有限、经验不足,教材中难免有错误和疏漏之处,恭请广大师生和读者斧正(联系方式:lxf@njue.edu.cn)。

编 者
2017.01
修改于2022.11

目录 Contents

- **第一章 无形资产评估的基本概念** / 1
  - 第一节 无形资产的重要性 / 2
  - 第二节 无形资产的概念 / 5
  - 第三节 无形资产评估的概念 / 11

- **第二章 无形资产评估的主要对象** / 20
  - 第一节 知识型无形资产 / 21
  - 第二节 权利型无形资产 / 33
  - 第三节 关系型无形资产 / 37
  - 第四节 组合型无形资产 / 41

- **第三章 无形资产评估的基础理论** / 48
  - 第一节 高质量发展理论 / 49
  - 第二节 垄断与规制理论 / 51
  - 第三节 公共物品理论 / 56
  - 第四节 网络外部性理论 / 59

- **第四章 成本法评估无形资产** / 64
  - 第一节 无形资产的成本特点 / 65
  - 第二节 无形资产的成本构成 / 71
  - 第三节 成本法在无形资产评估中的应用 / 76

第五章　收益法评估无形资产　/ 86

第一节　无形资产贡献的收益　/ 87
第二节　无形资产的折现率　/ 95
第三节　无形资产的收益期　/ 99
第四节　收益法在无形资产评估中的应用　/ 102
第五节　无形资产评估中的税务摊销收益问题　/ 107

第六章　市场法评估无形资产　/ 113

第一节　无形资产的市场交易　/ 114
第二节　市场法评估无形资产的技术思路　/ 117
第三节　分成率的计算方法　/ 124
第四节　市场法评估案例　/ 132

第七章　实物期权法评估无形资产　/ 140

第一节　实物期权的概念与特征　/ 141
第二节　实物期权的识别　/ 145
第三节　实物期权模型参数的估计　/ 152
第四节　实物期权的评估方法　/ 156

第八章　无形资产评估程序　/ 175

第一节　无形资产评估信息收集　/ 176
第二节　无形资产清查核实　/ 180
第三节　无形资产评估信息分析　/ 184

第九章　专利资产评估　/ 188

第一节　专利资产评估概述　/ 188
第二节　专利资产评估案例　/ 196

- 第十章　商标资产评估　/ 206
  - 第一节　商标资产评估概述　/ 206
  - 第二节　商标资产评估案例　/ 213

- 第十一章　著作权资产评估　/ 227
  - 第一节　著作权资产评估概述　/ 228
  - 第二节　著作权资产评估案例　/ 234

- 第十二章　商誉减值测试评估　/ 240
  - 第一节　商誉的形成　/ 241
  - 第二节　商誉减值测试评估　/ 242
  - 第三节　商誉减值测试评估案例　/ 248

- 附录1　各章习题参考答案　/ 259

- 附录2　正态分布下的累积概率 $N(d)$　/ 272

- 主要参考文献　/ 275

第一章

无形资产评估的基本概念

> 如果不能衡量,就无法管理。(You Can't Manage What You Don't Measure)
> ——管理学谚语

学习目标

思政目标:学习党的二十大报告及典型企业奋斗历程,了解我国在建设创新型国家的过程中,在技术创新、品牌打造、数字化等方面取得的重要成就;学习与无形资产评估相关的传统文化,了解无形资产评估的悠久历史和广泛社会应用基础。

知识目标:理解无形资产和无形资产评估的概念,掌握无形资产的分类和特征,掌握无形资产评估的基本要素。

能力目标:能够识别和判断常见的无形资产,理解无形资产在高质量发展和新发展格局中的重要地位。

根据阿里巴巴集团(Alibaba Group)2023 财政年度中期报告,截至 2022 年 9 月 30 日,存货和固定资产等有形资产的账面价值为 1 795.67 亿元,无形资产(含商誉)的账面价值为 3 254.49 亿元。现代企业中,无形资产占总资产的比重越来越大,商业信誉、企业知名度、客户关系网等无形资产发挥的作用越来越突出。人们对于有形资产容易建立认知模型,但对于无形资产,虽感觉重要,但往往缺乏明晰的概念和清晰的认识。

本章就无形资产和无形资产评估两个基本概念展开讨论,主要知识点结构如图 1-1 所示。

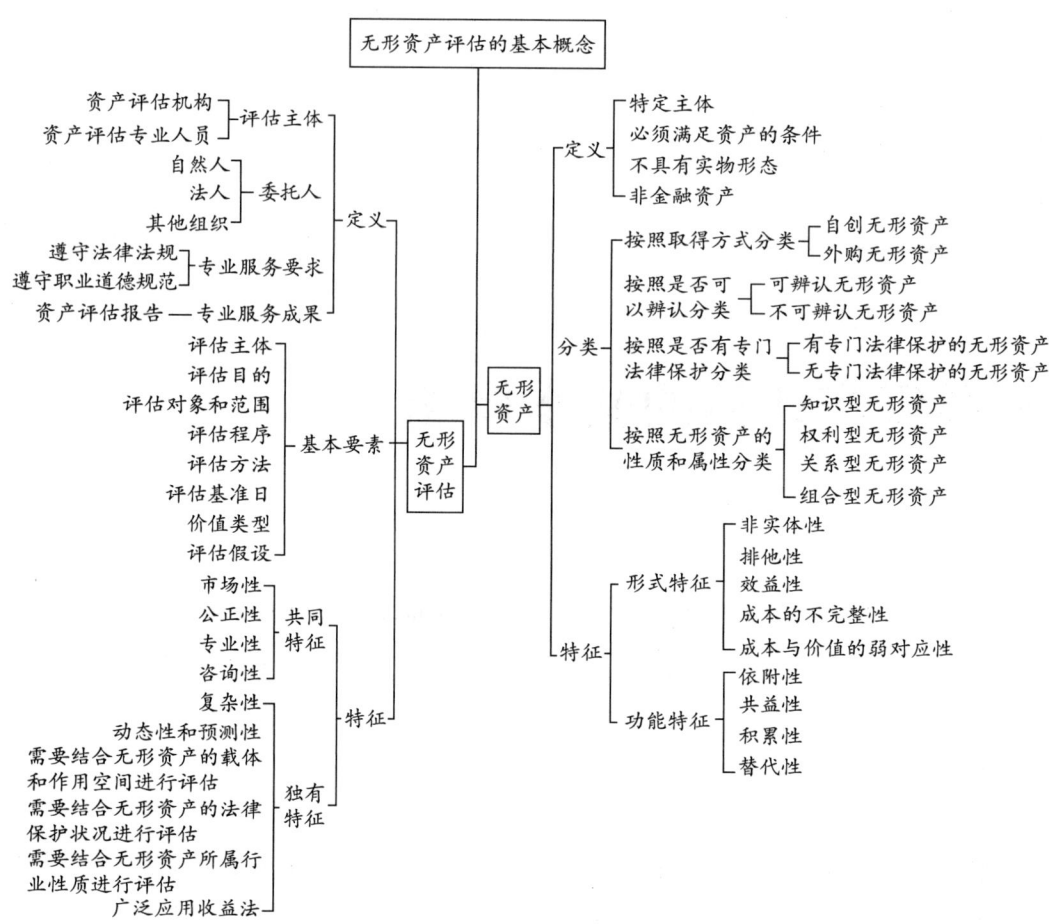

图 1-1 本章知识点结构

第一节 无形资产的重要性

中国经济正处于产业结构调整时期,一个重要的方向就是:企业不仅出售有形商品,更多的是提供体验和服务。即使是出售有形商品,其包含的技术含量和代表的品牌形象也使该产品价值大幅提高。调结构、转方式的根本出路在于科技进步和人力资源能力建设等无形资产的长期积累。与产业结构调整相适应,科技管理应由原来的重引进技术和重硬件购置转向重创新能力培育和重人力资源能力建设,更加注重技术积累,并将研究开发延伸到产业化全过程,全力推进技术与经济相结合,最大限度地发挥有形资产和无形资产的综合效益。

党的二十大报告提出,我们加快推进科技自立自强,全社会研发经费支出从一万亿元增加到二万八千亿元,居世界第二位,研发人员总量居世界首位。基础研究和原始创新不断加强，一些关键核心技术实现突破，战略性新兴产业发展壮大，载人航天、探月探火、深海深地探测、超级计算机、卫星导航、量子信息、核电技术、新能源技术、大飞机制造、生物医药等取得重大成果，进入创新型国家行列。

下面列举部分代表性企业在技术创新、品牌打造、数字化等方面取得的成绩。

小案例

中国航天科技集团有限公司：以掌握具有自主知识产权的关键核心技术为目标，制订了航天核心技术计划，取得了数百项标志性成果，有力地推动了以载人航天和月球探测工程为代表的国家重大航天科技专项的立项研制。在集团公司作为牵头单位的项目中，"嫦娥四号工程"获国家科学技术进步奖特等奖，"全天时多模式自主交会对接精确控制方法及应用"获国家技术发明奖二等奖，"彩虹四多用途无人机"和"空间电推进综合测试技术及应用"获国家科学技术进步奖二等奖；在集团公司参研的项目中，1个项目获国家技术发明奖一等奖，2个项目获国家技术发明奖二等奖，4个项目获国家科学技术进步奖二等奖。截至2022年年底，集团公司累计获中国专利金奖6项、银奖2项、优秀奖74项，申请专利5.1万件，授权有效专利2.4万件。

华为投资控股有限公司：华为创立于1987年，是全球领先的ICT（信息与通信）基础设施和智能终端提供商，致力于把数字世界带入每个人、每个家庭、每个组织，构建万物互联的智能世界。华为坚持每年将10%以上的销售收入投入研发，2023年，研发费用支出为1 647亿元，约占全年收入的23.4%。近十年累计投入的研发费用超过11 100亿元。2023年，从事研发的人员约11.4万名，约占公司总人数的55%。截至2023年年底，华为在全球共持有有效授权专利超过14万件，其中90%以上的专利为发明专利。华为在中国国家知识产权局和欧洲专利局2023年度专利申请量位居第一，在美国专利商标局2023年度专利授权量位居第五。华为所持有的专利价值得到行业充分认可，在第三方专业机构发布的专利全景报告中，华为在5G、Wi-Fi 6、H.266等多个主流标准领域居于行业领先地位。获得华为知识产权许可的厂商已经从传统通信行业扩展到智能汽车、智能家居、物联网等新兴行业。

比亚迪股份有限公司：比亚迪是一家致力于"用技术创新，满足人们对美好生活的向往"的高新技术企业。比亚迪成立于1995年2月，经过30年的高速发展，已在全球设立三十多个工业园，实现全球六大洲的战略布局。集团秉持"技术、品质、责任"的发展理念，肩负绿色环保的企业社会责任，在新能源汽车产业打造出长期可持续的核心竞争优势。作为全球新能源汽车产业的领跑者之一，比亚迪拥有庞大的技术研发团队和强大的科技创新能力，已相继开发出一系列全球领先的前瞻性技术，建立起新能源汽车领域的全球领先优势。比亚迪作为一家横跨汽车、电池、IT（信息技术）、半导体等多个领域的企业集团，拥有全球领先的电池、电机、电控及整车核心技术，以及全球首创的双模技术和双向逆变技术，实现汽车在动力性能、安全保护和能源消费等方面的多重跨越，为全球汽车产业开拓出崭新的发展路径。在动力电池领域，集团开发了高度安全的磷酸铁锂电池和高能量密度的三元电池，应用于电动商用车和电动乘用车领域，解决了电动汽车电池在安全性、循环寿命和续航里程等方面的全球性问题。目前，集团已在动力电池领域建立起全球领先的技术优势和成本优势，并通过动力电池产能的快速扩张建立起领先的规模优势。

百济神州有限公司：百济神州是一家全球性、商业化阶段的生物科技公司，专注于研究、开发、生产及商业化创新性药物，旨在为全球患者改善治疗效果、提高药物可及性。截至2024年上半年共有3款自主研发并获批上市药物，包括百悦泽©[泽布替尼，一款用于治疗多种血液肿瘤的布鲁顿酪氨酸激酶（BTK）的小分子抑制剂]、百泽安©（替雷利珠单抗，一款用于治疗多种实体瘤及血液肿瘤的抗PD-1抗体）和百汇泽©[帕米帕利，一款具有选择性的聚腺苷二磷酸核糖聚合酶1（PARP-1）和聚腺苷二磷酸核糖聚合酶2（PARP-2）小分子抑制剂]。截至2024年上半年，百悦泽©已在美国、中国、欧盟、英国、加拿大、澳大利亚等超过70个市场获批，百泽安©和百汇泽©也已在中国上市。其中，百悦泽©是国际领先药品，是第一个中国自主研发并获美国食品药品监督管理局突破性疗法认定、加速批准上市的抗癌新药，也是第一个获国家药品监督管理局附条件批准上市的国产BTK抑制剂。

腾讯控股有限公司：腾讯成立于1998年，是一家世界领先的互联网科技公司，用创新的产品和服务提升全球各地人们的生活品质，通信和社交服务连接全球逾10亿人，帮助他们与亲友联系，畅享便捷的出行、支付和娱乐生活。微信作为腾讯的核心产品，集通信、社交、平台于一体。腾讯在2011年推出微信国际版WeChat，在中文人群较多的国家和地区推广，从地缘关系比较近的东南亚、印度开始，然后向美国、西班牙等欧美国家推进。腾讯已联合1万多家生态伙伴，面向30多个行业推出400款产品和解决方案，实现了从云基础到行业应用的全覆盖。目前，腾讯WeTest（腾讯质量开放平台）为金融行业、游戏行业、智慧零售、智能硬件、移动出海等领域提供有针对性的解决方案，并将持续拓展数字化品质能力在新行业的应用。

随着社会的演进，经济的增长不再主要依靠有形资产（如工厂、机器、办公楼和矿产资源）的投资，取而代之的是对智力、网络、制度和良好声誉的投资。无形资产的重要性日益凸显，商业信誉、企业知名度、客户关系网等无形资产发挥的作用越来越突

出。经济全球化导致财产组织形式的多样化和市场机制渗透力的增强,促进更多财产性权利转化为资本。无形资产作为财富的重要组成部分,已经成为带来有形价值的重要源泉。经济全球化提高了国际社会的消费需求,加速了品牌价值等无形资产在全球的扩张。品牌商品提供给消费者的不仅是实用价值,还包括精神文化价值,提供给社会的是企业科学管理、技术创新、卓越品质等良好的形象,这些无形资产是企业发展壮大的重要资源。

科技进步推动了产、学、研更加紧密地结合,促进了无形资产在经济发展中功能的发挥,突出表现为经济增长方式的转变、生产方式的转型和个性化消费模式的兴起,对商品品质、规格、样式等提出了更高的要求。这就使得人力资本、技术专利等无形资产成为企业核心竞争力的关键要素。知识更新和传播速度的加快,亦使无形资产在经济要素中的地位明显上升。知识、技术承载者已经成为最有价值的财产形式。华为、腾讯、阿里巴巴的成功,更多地依赖于强大的人力资源能力、对知识的深度创造及对科学知识的成功运用。无形资产正通过市场显示出它独特的价值和难以估计的力量。

第二节 无形资产的概念

概念是认知的思维体系中最基本的构筑单位,是人们在思考问题时形成的对一个事物或过程的概括和总结,是人们对研究对象本质与特征的抽象,也是对研究问题范围的界定。清晰而准确的概念对学习和研究都非常重要,特别是最基本的对象,一定要通过明确的概念来界定它的含义,不能让人对重要概念的语义随便附意或产生歧义。

对本教材来说,"无形资产"和"无形资产评估"是本教材中最重要、最基本的两个概念。虽然人们在长期的实践中已经对无形资产和无形资产评估有了基本的约定与共识,但为了严谨起见,本教材第一章先对无形资产和无形资产评估这两个概念的语义做出基本的说明。

一、无形资产的含义界定

无形资产是一个在经济、会计、资产评估、税务等学科和专业领域均被广泛使用的概念。

在经济学相关理论与实务中,无形资产的概念较为宽泛,不同学者有不同的认知,对其边界的界定也存在差异。如英国学者安妮·布鲁金(Annie Brooking)认为无形资产包括市场资产、知识产权资产、人才资产和基础结构资产;美国学者托马斯·A.斯图尔特(Thomas A. Stewart)认为无形资产等同于智力资本,包括人力资本、结构资本、顾客资本;中国学者茅宁认为无形资产是指由企业创新活动、组织设计和人力资源实践所形成的非物质形态的价值创造来源,体现在企业的探索能力、组织资本和人力资本三方面。

在会计、资产评估和税务等学科的理论研究中,不同学者对无形资产的概念界定也存在差异。但在具体实务中,为了向会计师、评估师和税务师提供详细的操作依据与应用指南,不同行业均颁布了具体的准则,对"无形资产"的概念做出了清晰的界定。比如《企业会计准则第6号——无形资产》将无形资产定义为企业拥有或者控制的没有实物形态的可辨认非货币性资产。《政府会计准则第4号——无形资产》对无形资产的定义与《企业会计准则第6号——无形资产》基本一致,只是会计主体由企业变成了政府。《国际会计准则第38号——无形资产》把无形资产定义为为用于商品或劳务的生产或供应、出租给其他单位、或管理目的而持有的、没有实物形态的、可辨认非货币资产。《资产评估执业准则——无形资产》将无形资产定义为特定主体拥有或者控制的,不具有实物形态,能持续发挥作用并且能带来经济利益的资源。《国际评估准则》将无形资产定义为一种能够通过经济属性来证明其自身价值的非货币性资产,它不具有实物形态,但能为所有者带来经济利益。《营业税改征增值税试点实施办法》附件《销售服务、无形资产、不动产注释》将无形资产定义为不具实物形态,但能带来经济利益的资产,包括技术、商标、著作权、商誉、自然资源使用权和其他权益性无形资产。

本教材结合企业会计准则和资产评估准则,将无形资产定义为:**特定主体所拥有或控制的,不具有实物形态的非金融资产**。对于该定义的理解,至少应包含以下四个方面:

(1) **特定主体**,可以是企业、事业单位、行政单位、民间非营利组织以及个体等。在本教材中,如果没有特别说明,特定主体一般是指企业。

(2) **必须满足资产的条件**,主要包括以下四个方面:①是由特定主体过去的交易或事项形成的,包括购买、生产、建造行为或者其他交易或事项;②能够用货币计量;③预期会给企业带来经济利益,包括直接或间接导致现金和现金等价物流入企业的潜力;④由特定主体拥有或控制,是指特定主体享有某项资源的所有权,或者虽然不享有某项资源的所有权,但该资源能被企业控制。

也就是说,如果某项资源不满足资产定义的条件,就不能被认定为无形资产。与经济学较为宽泛的定义不同,从资产条件的角度分析,管理思想、顾客忠诚度和知识资本并不由组织拥有或控制,企业社会责任、品牌、知识和信息技术可能并不具有明确的界定或独立性,秘方、管理诀窍和员工忠诚度等创造的价值可能很难用货币来计量,从而不一定会被确定为无形资产。

（3）**不具有实物形态**，是无形资产区别于有形资产的一个明显特征。有形资产有实物形态，具有可触性和可视性，如厂房、设备、存货等。但需要说明的是，无形资产的证明文件也是可触、可视的，如专利证书、特许经营协议等。无形资产不具有实物形态的本质内涵是指其发挥作用的形式是无形的。

（4）**非金融资产**，是无形资产区别于金融资产的一个明显特征。不具有实物形态的资产不一定是无形资产，如货币资金、应收账款、长期股权投资等金融资产也不具有实物形态，但这些资产均不属于无形资产。

一方面，从准则的角度分析，诸如企业文化、创新、品牌、市场地位、领导能力、知识资本、组织灵活性和顾客忠诚度等可能无法由企业拥有或控制，也可能不具有明确的界定或独立性，从而很难被确定为资产。但另一方面，世界各国的专业准则都在变化，对无形资产的探讨不能局限于准则，不能被确认到资产负债表的无形资产发挥着不可替代的作用，我们需要对这些无形资产进行价值评估。管理学界有句谚语："如果不能衡量，就无法管理。"（You Can't Manage What You Don't Measure）本教材认为，优秀的无形资产管理始于评估，重要的无形资产需要用货币计量，从而使管理者可以确定该无形资产带来的收益或损失。

二、无形资产的主要分类

无形资产根据不同的标准可以分成很多种类，下面介绍四种常见的分类方法。

1. 按照取得方式分类

按照取得方式，无形资产可分为自创无形资产和外购无形资产。

自创无形资产是指企业通过自行研究、开发、设计或在生产经营过程中形成的无形资产，例如自创专利权、自创商标权、自创技术秘密等。企业自创无形资产可能并不反映在企业账面上，或者入账价值只反映了自创无形资产全部价值中的一部分。

外购无形资产是指企业从外部购入或接受投资形成的无形资产。企业从外部购入的无形资产是指以货币资产或可以变现的其他资产相交换，或者以承担债务方式从企业外部获得的无形资产，如外购专利权、外购商标权、外购技术秘密及著作权等。企业接受投资形成的无形资产是指投资者以投资方式将持有的专利权、专有技术、商标权等投入企业而形成的无形资产。此外，企业接收捐赠的无形资产也属于外购无形资产。

2. 按照是否可以辨认分类

按照是否可以辨认，无形资产可分为可辨认无形资产和不可辨认无形资产。

《政府会计准则第 4 号——无形资产》中，关于无形资产定义中的可辨认性标准为：①能够从政府会计主体中分离或者划分出来，并能单独或者与相关合同、资产或负债一起,用于出售、转移、授予许可、租赁或者交换;②源自合同性权利或其他法定权利,无论这些权利是否可以从政府会计主体或其他权利和义务中转移或者分离。绝大多数无形资产都属于可辨认无形资产,包括专利权、非专利技术、商标权、著作权、土地使用权等。

不可辨认无形资产是指不能单独取得或转让,也不能脱离商品流通商业企业的无形资产。一般而言,不可辨认无形资产是指商誉。

按照是否可以辨认分类,有利于对无形资产进行确认和计量。值得注意的是,我国企业会计准则将无形资产定义为可辨认无形资产。

3. 按照是否有专门法律保护分类

按照是否有专门法律保护,无形资产可分为有专门法律保护的无形资产和无专门法律保护的无形资产。

有专门法律保护的无形资产主要依托于法律得以保护,一般取得时需要经过一定的法律程序,保护的时间也有一定的限制。在我国,适用无形资产评估的法律主要有《专利法》《商标法》《著作权法》《土地管理法》等。

无专门法律保护的无形资产主要受企业自身保密原则的保护,如专有技术(非专利技术)、商业秘密等。无专门法律保护的无形资产一旦被公开,有可能失去其原有的价值。需要注意的是,无专门法律保护的无形资产不代表没有法律保护,在我国,专有技术、商业秘密等同样受《民法典》《公司法》《反不正当竞争法》等法律的保护。

4. 按照性质和属性分类

按照性质和属性,无形资产可分为知识型无形资产、权利型无形资产、关系型无形资产和组合型无形资产。

知识型无形资产通常是指通过人类智力劳动创造形成的成果,以及包含、凝结和体现人类智力劳动成果的无形资产,如著作权、专利技术、专有技术、商标权、集成电路设计图等。

权利型无形资产是指特定当事人经由他人授权,并通常会通过书面(也有非书面的)契约的形式,以特定当事人付费(也有不付费)为代价,获得的能给特定当事人带来超额收益的相关权利,如租赁权、特许经营权和专卖权等。

关系型无形资产是指特定主体通过提高企业经营管理水平、商品质量、服务质量和商业信誉等方面逐渐建立起来的经济资源,主要依赖于与相关业务当事人建立非契约性的信任关系,如销售网络、客户关系和专家网络等。

组合型无形资产是指运用多种因素综合形成的无形资产,是各种难以独立存在和辨认的无形资产的总和。例如,商誉属于企业管理和企业文化范畴的无形资产,这类资产的价值通常是各种因素的综合结果,无法和具体的因素对应起来,一一区分。随着资产评估和会计学理论与实务的发展,部分过去难以独立存在或难以辨识的无形资产会从组合型无形资产中逐渐分离出来,成为可以独立存在或可以辨认的无形资产。

三、无形资产的特征

无形资产的特征具体体现为形式特征和功能特征。

(一)无形资产的形式特征

无形资产的形式特征主要包括非实体性、排他性、效益性、成本的不完整性、成本与价值的弱对应性。

1. 非实体性

无形资产的非实体性是其最显著的基本特征,体现在两个方面:一是不具有实物形态;二是发挥作用的形式是无形的。无形资产不具有实物形态,但需要依附于一定的载体,如伟大的思想需要依赖有形的图书作为记录载体,有影响力的品牌需要依赖有形的商标来传播,一种新的技术发明需要依赖有形的产品来体现。因此,无形资产与有形资产的根本区别在于,有形资产的价值主要取决于有形要素的贡献,而无形资产的价值主要取决于无形要素的贡献。

2. 排他性

排他性也被称为垄断性或独占性,是指无形资产的特定权利只与特定主体有关,强调的是特定主体对无形资产的排他性独占,凡不能排他或者不需要任何代价就能获得的都不属于无形资产。

无形资产排他性的取得方式包括特定主体自身保护取得、获得法律保护取得和获取社会公认的信誉取得。

3. 效益性

无形资产的效益性在于其能够以一定的方式直接或间接地为其控制主体(所有者、使用者或投资者)创造效益,并且能够在较长的时间内持续产生经济效益。也就是说,无形资产的使用能为控制主体带来超过一般企业的盈利水平(超额收益)。

4. 成本的不完整性

目前我国企业会计准则把无形资产在研究阶段的支出做费用化处理,开发阶段的支出符合资本化条件的做资本化处理,不符合资本化条件的做费用化处理。这就使得与无形资产研发有关的许多费用如培训费、试验费以及企业基础设施的利用等很难准确计入和分摊到某项无形资产中。因此,无形资产的购建成本在会计账目上往往不完整。

5. 成本与价值的弱对应性

无形资产属于创造性智力劳动成果,劳动成果的出现带有很大的不确定性。研发期间所付出的智力劳动、失败损失、各种代价难以衡量,使得无形资产的价值与其研发成本之间往往缺乏明确的对应性。这一方面表现在研发投入与研发成果之间的投入产出关系的不确定,另一方面表现在研发投入的数量与研发成果的质量之间的不确定。

(二)无形资产的功能特征

无形资产的功能特征包括依附性、共益性、积累性、替代性。

1. 依附性

无形资产没有实物形态,必须依附于一定的实物载体才能发挥作用。无形资产所依附的载体主要分为直接载体和间接载体。直接载体包括专利证书、商标标记、注册商标、图纸资料、工艺文件、软盘、标牌等实物主体,间接载体是与此项无形资产相关的有形资产及其他资产。

无形资产虽然是一种独立的且没有物质实体的资产,但其作用的发挥及其价值的体现与相关实体资产或载体有着密切的联系,即化"无形"为"有形"。

例如,专利技术或非专利技术的优越性及其获利能力通常需要借助于单台设备、机组、生产线及其工艺发挥出来;商标及品牌的知名度、市场影响力及其获利能力通常需要借助于商品或服务表现出来;著作权的获利能力通常需要借助于影视作品、小说、图书、软件等物质载体表现出来;而商誉需要通过企业的整体经营管理水平和效益体现出来。

2. 共益性

无形资产与有形资产的区别主要体现在它可能作为共同财产存在,即一项无形资产可以在不同的地点、同一个时间,由不同的主体使用。一项专利技术可以使多个企业提高产品质量或降低产品成本,在一个企业使用的同时,并不影响转让给其他企业使用。但应当注意,无形资产的共益性也受到市场有限性和竞争性的制约。出于追求自身利益的需要,各主体对无形资产的使用可能具有互斥性。当无形资产的使用者超出一定规模时,就会引起过度竞争,妨碍取得超额收益。因此,在一般情形下,各主体会通过相关合同条款对无形资产的使用设置相应的限制条件。

3. 积累性

无形资产的积累性主要体现在以下两个方面:

第一,无形资产总是在生产经营的一定范围内发挥特定的作用,其形成在一定程度上基于其他无形资产的发展。

第二,无形资产的形成不是一蹴而就的,而是展现出一个动态的发展过程。无形资产的成熟程度、影响范围和获利能力也处在变化之中,不断积累和演进。

例如,在研发光刻机的镜片时,荷兰阿斯麦(ASML)公司采用了蔡司公司的镜头技术,通过几十年甚至是上百年的技术积累才实现了高质量的镜片均匀。

4. 替代性

替代性是指两种不同的商品或劳务在使用价值上可以互相替代来满足人们的某种需要的关系。无形资产的替代性表现为一种技术替代另一种技术,一种工艺替代另一种工艺,一种品牌替代另一种品牌等。

例如,LCD(液晶显示屏)技术由于画面效果好、功耗低等优点,能够全面取代CRT(阴极射线管)技术。再如,迈瑞医疗的产品及解决方案实现了国内从基层诊所到大型综合三甲医院、横跨多科室、全流程的国产替代,其替代路径是以市场需求驱动自身技术改进和以技术引领市场需求升级。

第三节 无形资产评估的概念

无形资产评估虽然是一个新兴的专业学科,但具有非常悠久和广泛的社会应用基础。在中国古代生产生活中,无形资产评估知识或理念的应用随处可见。在无形资产认识方面,中国古代谚语"授人以鱼,不如授人以渔"(可引申为传授给人既有知识,不如传授给人学习知识的方法)可刻画知识和技术的价值特性。出自南北朝的"积财千万,不如薄技在身"(北齐颜之推《颜氏家训·勉学》)阐述了同样的道理。中国民间也有不少表达此类意思的谚语,如"一诺千金""和气生财""得黄金百镒,不如得季布一诺""财主靠家当,穷人靠能耐""能舍钱一千,不教一招鲜""能帮十吊钱,不把药方传""三千银子兵,杀不得邻里情""一脸好笑容,终生不受穷"等表明了秘方、承诺、孝心、态度、勤劳、和气等在古代生产生活中的重要性。在无形资产价值的实现方面,古人也常用一些诗词来表达无形资产的价值没有得到认可的无奈与愤懑。例如,东汉赵壹在《秦客诗》中写道"文籍虽满腹,不如一囊钱";唐代李白在《答王十二寒夜独酌有怀》中写道"吟诗作赋北窗里,万言不直一杯水";明代朱鼎在《玉镜台记》中有言"黄金置身贵,文章不疗饥"。

在人类的历史长河中,无形资产评估一直紧密伴随着人类社会的发展。到了近代,在工业革命和全球化大市场逐步形成的推动下,无形资产评估逐渐从商品交易和经济管理活动中独立出来,成为一门专业的活动。在今天的无形资产评估活动中,评估对象与古代的秘方、承诺、孝心、态度等相比发生了较大的变化,著作、发明和商标等无形资产的价值得到了市场的认可,无形资产评估方法也从"货比三家"的经验做法逐步演变出较为系统的科学评估体系。

一、无形资产评估的含义界定

要界定无形资产评估的含义,先要理解资产评估的含义。在人类生产生活中,有几个词的含义与资产评估相近,包括估价、估值、定价。

估价、估值和资产评估的含义是较为接近的,英文都是 valuation 或 appraisal。在一些特定的专业服务领域,估价和资产评估的含义是等同的,如房地产估价与房地产评估、土地估价与土地资产评估,其内涵是一样的。在《中华人民共和国资产评估法》中,资产评估、土地评估、房地产估价、矿业权评估、保险公估和旧机动车评估等纳入统一的法律体系,可用"资产评估"这一专业术语来统称。而在并购交易或投资咨询等过程中,尽管估值与资产评估在理论基础和方法体系上的确存在很多相似之处,但估值并不等于评估,估值报告也不等于评估报告。一般认为:估值是一种服务内容的称谓,而评估是一种法定资质的称谓。任何提供估值服务的机构都可以被称为估值机构,但只有具备评估资质的评估机构才被允许出具评估报告。也就是说,估值机构可以是评估机构,也可以是独立财务顾问、会计师事务所等,提供估值服务不要求必须具有评估资质,但评估机构应具有财政部门或相关行业协会授予的评估资质。

估价与通常意义上的定价(pricing)则有本质不同,估价是模拟市场定价而不是替代市场定价。估价是提供关于价值的专业意见,为相关当事人的决策提供参考依据。定价往往是相关当事人自己的行为,即诸如卖方要价、买方出价或者买卖双方的成交价等,应由相关当事人自己决定。相关当事人出于某种目的或需要,可以使其要价、出价或成交价低于或高于交易标的的价值。

如果把资产评估限定为特定的专业服务行为,则无形资产评估的含义界定也需要建立在法律和准则层面上。本教材采用中评协〔2017〕37号《资产评估执业准则——无形资产》中的定义:**无形资产评估是指资产评估机构及其资产评估专业人员遵守法律、行政法规和资产评估准则,根据委托对评估基准日特定目的下的无形资产价值进行评定和估算,并出具资产评估报告的专业服务行为。**

对于该定义的理解,至少包含以下四个方面:

(1)**谁评估?** 即评估主体,特指《资产评估法》规定的资产评估机构及其资产评估专业人员。

(2)**谁委托?** 自然人、法人或者其他组织需要确定评估对象价值的,可以自愿委托评估机构评估。涉及国有资产或者公共利益等事项，法律、行政法规规定需要评估的，应当依法委托评估机构评估。

（3）**专业服务行为有什么要求？** 资产评估机构及其资产评估专业人员开展无形资产评估业务，应当遵守法律、行政法规的规定，坚持独立、客观、公正的原则，诚实守信，勤勉尽责，谨慎从业，遵守职业道德规范，自觉维护职业形象，不得从事损害职业形象的活动。

（4）**专业服务成果是什么？** 无论单独出具无形资产评估报告，还是将无形资产评估作为资产评估报告的组成部分，都应当在资产评估报告中披露必要信息，使资产评估报告使用人能够正确理解评估结论。无形资产评估报告应当说明下列内容：①无形资产的性质、权利状况及限制条件；②无形资产实施的地域限制、领域限制及法律法规限制条件；③与无形资产相关的宏观经济和行业的前景；④无形资产的历史、现实状况与发展前景；⑤评估依据的信息来源；⑥其他必要信息。

需要说明的是，本教材对无形资产评估的定义是基于《资产评估法》和《资产评估执业准则——无形资产》给出的，是一种狭义的定义。在广义层面，评估主体还可以是独立财务顾问、会计师事务所、证券公司等；委托方也可能是不明确的，如证券公司会发布一些针对上市公司或拟上市公司的估值报告，品牌研究机构每年会发布全球或区域性的品牌价值排行榜；评估过程也不一定完全遵循资产评估相关准则；评估报告或估值报告并不为特定的委托方服务，也不按照《资产评估执业准则——资产评估报告》进行披露。

二、无形资产评估的基本要素

当前，资产评估进入科学评估阶段，资产评估工作实现了法制化和规范化，各国资产评估管理机构或行业自律协会制定了统一的评估准则，对资产评估师道德规范和评估工作做出了明确、具体的规定，对资产评估的基本要素进行了界定。无形资产评估主要包括 8 个基本要素，分别是评估主体、评估目的、评估对象和范围、评估程序、评估方法、评估基准日、价值类型及评估假设。

（一）评估主体

评估主体主要是资产评估机构及其资产评估专业人员。资产评估机构是指组织专业人员依照有关规定和数据资料，按照特定的目的，遵循适当的原则、方法和计价标准，对资产价格进行评定估算的专门机构，主要包括资产评估公司、会计师事务所、财务咨询公司等。资产评估专业人员包括资产评估师和其他具有资产评估专业知识及实践经验的资产评估从业人员。资产评估专业人员从事资产评估业务,应当加入资产评估机构,并且只能在一个资产评估机构从事业务。资产评估师是指通过资产评估师资格考试的资产评估专业人员。

（二）评估目的

评估目的是无形资产评估的关键要素。评估目的既可以规范无形资产评估报告的使用,又能够直接决定和制约价值类型与评估方法的选择,还会对评估的后续流程产生关键性影响。无形资产评估的目的主要包括:①出资。出资人根据《公司法》规定,将无形资产作为非货币性资产出资设立公司或向公司增资,规定的无形资产主要包括知识产权、土地使用权等可以用货币估价并可以依法转让的非货币财产;不过依照《中华人民共和国市场主体登记管理条例》,股东不得以劳务、信用、自然人姓名、商誉、特许经营权或者设定担保的财产等作价出资。②交易。主要表现为单项无形资产或无形资产组合的所有权或使用权转让,其中无形资产使用权转让包括独占使用权、排他使用权、普通使用权等。③质押。企业在利用无形资产质押向金融机构贷款时需要对无形资产价值进行评估。④法律诉讼。主要包括因无形资产侵权损害导致的无形资产纠纷,因违约导致的无形资产损失纠纷,因无形资产买卖交易等引起的仲裁,因公司、合伙关系解散或者股东不满管理层的经营、决策等涉及的无形资产纠纷。⑤财务报告。以财务报告为目的的无形资产评估主要涉及商誉减值测试、可辨认无形资产减值测试等业务情形。⑥税收。以税收为目的的无形资产评估主要适用于企业重组涉税、内部无形资产转移等情形。⑦保险。以保险为目的的无形资产评估主要包括:在投保前,对被保险无形资产的价值进行评估,可以为投保人确定投保额;在发生损失时,通过评估被毁损无形资产的价值,可以确定赔偿额,为保险机构保险理赔提供依据。⑧管理。以管理为目的的无形资产评估主要服务于政府部门和企业主体。⑨租赁。根据具体目的,无形资产租赁可分为融资租赁和经营租赁两种类型,前者是指在租赁期满后无形资产所有者将无形资产所有权转给承租方,后者是指在租赁期满后无形资产所有者将无形资产收回。

（三）评估对象和范围

在无形资产评估工作中,评估对象和范围是一个很重要的概念。如果评估主体对评估对象混淆或者论述不清晰,就无法保证评估结果的合理性,也无法保证报告使用者理解和运用评估结论。

在评估实务中,评估主体应当要求委托人明确评估对象,并关注评估对象的以下具体特征：①无形资产权利的法律文件、权属有效性文件或者其他证明资料；②无形资产持续的可辨识经济利益；③无形资产的性质和特点，历史取得情况和目前的使用状况；④无形资产的剩余经济寿命和法定寿命，无形资产的保护措施；⑤无形资产实施的地域范围、领域范围与获利方式；⑥无形资产以往的交易、质押、出资情况；⑦无形资产实施过程中所受到的法律、行政法规或者其他限制；⑧类似无形资产的市场价格信息；⑨宏观经济环境、行业状况及发展前景和企业状况及发展前景，以及其他相关信息。

评估对象反映了无形资产内在的质的规定，评估范围反映了无形资产外在的量的规定。无形资产的评估范围既包含无形资产具体名称的内涵和外延，也包括被评估无形资产的具体数量，可以分为单项无形资产的评估范围、可辨认无形资产组的评估范围和其他无形资产组的评估范围。单项无形资产主要指单项可辨认无形资产，其评估范围包括该无形资产权属的不同种类、同种权属的不同限制条件下的权利以及该无形资产使用所受到的具体限制等内容。可辨认无形资产组的评估范围除了含有与单项无形资产评估一致的评估范围，还需要考虑其包含的单项无形资产的种类和数量。其他无形资产组的评估范围除了包含不同单项无形资产的种类和数量、不可辨认无形资产（商誉）的有关内容，还可能涉及所依托的有形资产的种类、数量等具体内容。

（四）评估程序

与有形资产评估、金融资产评估一样，无形资产评估遵行《资产评估法》相关规定，基本程序主要包括：①选择评估机构；②订立委托合同；③指定评估承办人员；④现场调查评估对象，收集、核查验证和分析整理评估资料；⑤选择合适的评估方法形成评估结论；⑥编制和内部审核评估报告；⑦出具评估报告；⑧保存评估档案。

（五）评估方法

无形资产的评估方法包括市场法、收益法和成本法三种基本方法及其衍生方法。执行无形资产评估业务，资产评估专业人员应当根据评估目的、评估对象、价值类型、资料收集等情况，分析上述评估方法的适用性，选择评估方法。对同一无形资产采用多种评估方法时，应当对所获得的各种测算结果进行分析，形成评估结论。

（六）评估基准日

资产评估基准日是资产评估结论对应的时间基准，评估委托人需要选择一个恰当的资产时点价值，有效地服务于评估目的。资产评估机构接受客户的评估委托之后，需要了解委托人根据评估目的及相关经济行为需要确定的评估时点,即委托人需要评估机构评估在什么时间点上的价值。评估基准日应当与资产评估委托合同约定的评估基准日一致,可以是过去、现在或者未来的时间点。

若存在不同的时间点,则无形资产的价值不同。在考量无形资产的经济属性时,如果没有将价值量和时间点相联系,则是没有意义的。另外,不确定的时间点无法让委托人正确理解评估结果,会影响评估报告使用者的决策。

(七)价值类型

我国《资产评估价值类型指导意见》采用国际惯例,将资产评估中的价值类型分为市场价值和市场价值以外的价值两种类型。市场价值以外的价值类型包括投资价值、在用价值、清算价值、残余价值等。这种分类方法和概念的界定有利于评估人员对其评估结果性质的认识,同时,也便于评估人员划定其评估结果的适用范围和使用范围。无形资产评估中所使用的价值类型同样遵从相关惯例。

(八)评估假设

无形资产的最终估算价值会因经营环境和评估条件的变化而改变,要建立一系列评估假设作为评估结果合理的前提条件,包括基本假设和具体假设。

与无形资产评估相关的基本假设主要包括持续使用假设、公开市场假设和清算假设。其中,持续使用假设是对无形资产使用状态的一种假定性描述,指无形资产能够为企业持续经营所使用,并且能够对企业整体价值做出贡献。公开市场假设是指无形资产可以在公开市场上出售,买卖双方地位平等,并且有足够的时间收集信息。只有在公开市场假设的前提下,运用市场法等方法进行评估才能具有有效的参考依据,才能对无形资产的价值进行合理的评估。清算假设是假设无形资产在非公开市场条件下被迫出售或快速变现条件的假定说明或限定。在破产企业或单项无形资产出售价值大于企业整体出售价值的情况下,无形资产评估应采用清算假设。

与无形资产评估相关的具体假设是指针对具体的无形资产评估项目和评估对象进行价值判断时的假设,如假设宏观环境稳定、国家银行信贷利率不变、经营模式不变、被评估单位会计政策与核算方法在评估基准日后无重大变化等。

三、无形资产评估的特征

与有形资产评估、金融资产评估一样,无形资产评估存在市场性、公正性、专业性和咨询性等共同特征。此外,无形资产自身的特点决定了无形资产评估具有其独特

性,主要体现在以下几点:

(1)复杂性。每一项无形资产都是独特的,评估时往往需要大量数据和资料作为支撑,计算工作量大,耗费时间长。收益法评估涉及多种参数的确定,每一个参数的微小偏差都可能使最终结果产生巨大差异。无形资产发挥作用与否、作用大小与宏观经济环境有着较为密切的联系。

(2)动态性和预测性。市场更新换代较快,无形资产所能带来的经济利益也在不断变化。

(3)需要结合无形资产的载体和作用空间进行评估。无形资产若要发挥作用,必须依附于有形资产或相关载体。例如,专利权或非专利技术作用的发挥需要借助于专用设备、特殊的工艺流程和特定的企业,而这些载体的数量、质量、工艺、先进水平等都会影响专利权或非专利技术作用的发挥和价值的实现。不仅如此,载体的软实力,如工艺流程的先进水平和合理性,运用技术的企业的生产经营规模、管理水平和市场营销能力等都会对无形资产的价值产生一定的影响。

(4)需要结合无形资产的法律保护状况进行评估。大部分无形资产都受专门法律保护,其权利的存在与维持都需要法律作为支撑和保护。专利权、申请专利和申请中的专利、不同法律状态下的专利都可以作为评估对象,但其对应的价值存在非常大的差异。

(5)需要结合无形资产所属行业性质进行评估。行业性质不同,对产品和服务所带来的经济收益也会存在差异。

(6)广泛应用收益法。具有获利能力是无形资产价值的根本体现,收益法能够合理度量无形资产所贡献的经济收益。这使得收益法成为无形资产评估最为重要的技术方法,也是使用频率最高的技术方法。

习 题

一、单项选择题

1. 下列选项中,不属于无形资产的是(　　)。
   A. 专用设备　　B. 专利权　　C. 计算机软件　　D. 专有技术
2. 下列选项中,属于不可辨认无形资产的是(　　)。
   A. 商誉　　B. 专利权　　C. 客户关系　　D. 合同权益
3. 下列选项中,不属于权利型无形资产的是(　　)。
   A. 租赁权　　B. 著作权　　C. 特许经营权　　D. 专卖权

4. 下列选项中,属于外购无形资产的是( )。
A. 接受投资形成的无形资产　　　　B. 客户关系
C. 专利　　　　　　　　　　　　　D. 商标

5. 下列选项中,不属于无形资产的排他性的取得方式是( )。
A. 特定主体自身保护取得　　　　　B. 获得法律保护取得
C. 获取社会公认的信誉取得　　　　D. 签订合同方式取得

6. 下列关于无形资产共益性的特征描述,不正确的是( )。
A. 一项无形资产可以在不同的地点被使用
B. 一项无形资产可以由不同的主体使用
C. 无形资产共益性也受到市场有限性和竞争性的制约
D. 一项技术专利在一个企业使用的同时,将会影响其转让给其他企业使用

7. 下列选项中,属于需要结合无形资产的载体和作用空间进行评估的特征是( )。
A. 无形资产作用的发挥需要借助于专用设备、特殊的工艺流程或者特定的企业
B. 无形资产需要合理预测无形资产的未来预期收益时间和收益额等
C. 无形资产所属行业性质不同,对产品和服务收益的贡献程度也会存在差异
D. 无形资产发挥作用与否、作用大小与宏观经济环境有较为密切的联系

8. 依照我国《公司法》和《市场主体登记管理条例》,下列选项中,不可以作为无形资产出资的是( )。
A. 专利资产　　B. 专有技术资产　　C. 商标资产　　D. 特许经营权资产

二、多项选择题

1. 下列选项中,关于无形资产的形式特征表达正确的有( )。
A. 非实体性是其最显著的基本特征
B. 如果可以被其他主体无成本地获得,则该资产不属于无形资产
C. 无形资产一定可以通过直接方式为其控制主体创造超额收益
D. 无形资产创造的收益越大,说明无形资产自身的价值越高
E. 无形资产的成本可以快速通过将过去的所有投入相加进行核算

2. 无形资产评估的基本假设包括( )。
A. 持续使用假设　　B. 公开市场假设　　C. 清算假设
D. 宏观环境稳定假设　　　　　　　　E. 经营模式不变假设

3. 无形资产的功能特性包括( )。
A. 效益性　　B. 依附性　　C. 共益性　　D. 积累性
E. 替代性

4. 无形资产的形式特征包括（　　）。
A. 非实体性　　　B. 排他性　　　C. 效益性
D. 成本的不完整性　　　　E. 成本与价值的弱对应性

5. 下列选项中，可以作为无形资产用于出资的有（　　）。
A. 土地使用权　　B. 探矿权　　C. 信用　　　　D. 商誉
E. 自然人姓名

三、简答题

1. 党的十八大以来，我国在哪些关键核心技术领域实现了重要突破？
2. 无形资产有哪些功能特性？
3. 无形资产有哪些形式特性？
4. 无形资产有哪些分类方式？
5. 客户关系属于自创无形资产吗？
6. 无形资产评估报告包括哪些内容？
7. 评估主体应该关注评估对象的哪些特征？
8. 无形资产评估具有哪些特征？

第二章

无形资产评估的主要对象

> 名不正,则言不顺;言不顺,则事不成。
>
> ——孔子《论语》

学习目标

思政目标:了解党的十八大以来中国特色知识产权事业发展取得的历史性成就;理解党的十九届四中全会提出数据作为新型生产要素的重要意义。

知识目标:熟悉常见无形资产的定义,掌握常见无形资产评估对象的主要特征。

能力目标:能够了解无形资产评估过程中界定评估对象所需的资料,能够对无形资产评估对象进行系统分析。

2010年11月10日,广药集团联合国家中医药管理局、国家食品药品监督管理局、中国中药协会、中国社会科学院知识产权中心等在人民大会堂举办了"中国知识产权高峰论坛暨广药集团'王老吉大健康'产业发展规划新闻发布会",北京名牌资产评估有限公司宣布广药集团旗下的"王老吉"品牌价值评估为1 080.15亿元。此事的背景是王老吉与加多宝沸沸扬扬的商标之争。从无形资产评估角度来看,"品牌"和"商标"是一回事吗?品牌价值评估与商标价值评估是一样的吗?确定评估对象是评估工作的第一步,是评估报告使用者正确理解和利用评估结论做出正确决策的关键。

本章就无形资产评估的主要对象展开讨论,主要知识点结构如图2-1所示。

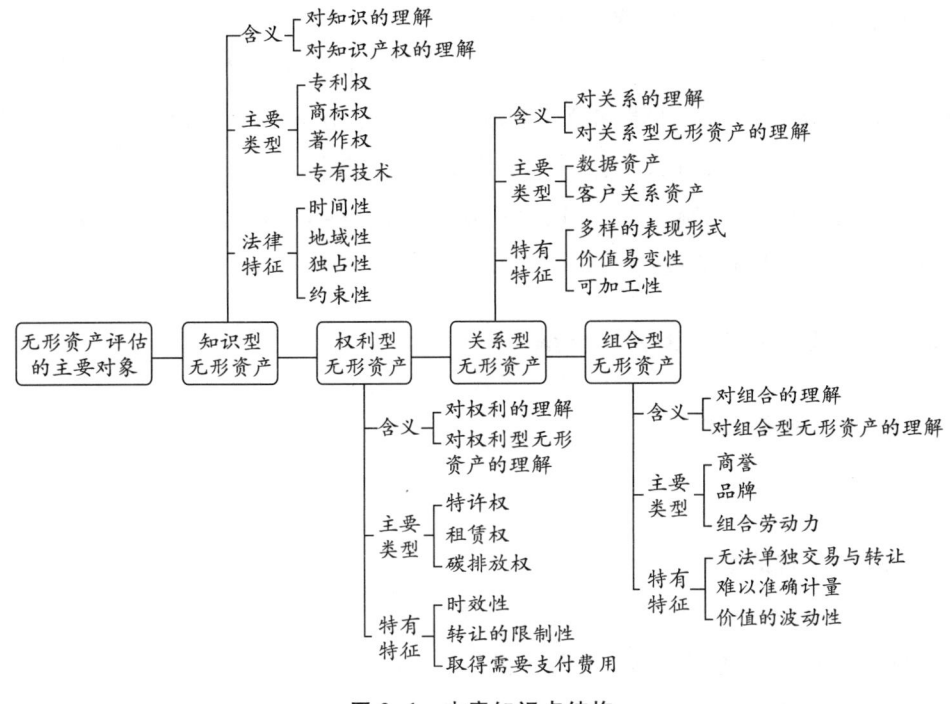

图 2-1 本章知识点结构

第一节 知识型无形资产

一、知识型无形资产的含义界定

知识型无形资产是无形资产评估中最为常见和重要的主要对象。知识型无形资产主要指知识产权,表面上可被理解为"对知识的财产权",其前提是知识具备成为法律上的财产的条件。然而,知识的本质是一种信息,具备非实体性与自由流动性。作为信息的知识一旦被传播,提供这一信息的人就无法对信息进行排他性的控制。那么由这一信息所表达的智力成果就不可能成为法律意义上信息创造者的财产。**而知识产权法律制度通过赋予智力成果的创造者以排他性使用权和转让权的方式,创造出了一种前所未有的财产权形式。**

对于知识产权的概念,通常采取列举和概括的方式来进行界定。知识产权的列举,是指通过列举知识产权的种类和范围来界定知识产权的外延。我国常用的是以下两种规定,一是《民法典》的规定,二是《建立世界知识产权组织公约》的规定。

依据我国《民法典》,知识产权是权利人依法就下列客体享有的专有的权利:①作品;②发明、实用新型、外观设计;③商标;④地理标志;⑤商业秘密;⑥集成电路布图设计；⑦植物新品种；⑧法律规定的其他客体。

依据世界知识产权组织发布的《建立世界知识产权组织公约》，知识产权包括有关下列项目的权利：①文学、艺术和科学作品；②表演艺术家的表演以及唱片和广播节目；③人类一切活动领域内的发明；④科学发现；⑤工业品外观设计；⑥商标、服务标记以及商业名称和标志；⑦制止不正当竞争；⑧在工业、科学、文学或艺术领域内由于智力活动而产生的一切其他权利。

二、知识型无形资产的常见类型

（一）专利权与专利资产

1. 专利权

专利与专利权的概念

专利权，简称专利，是国家行政机关向专利申请人授予的在规定的时间内对该发明创造享有的专有权，包括发明、实用新型和外观设计。

发明是指对产品、方法或其改进所提出的新的技术方案。如国家电网有限公司的发明专利"一种全屏蔽高压隔离型电压互感器"、康希诺生物股份公司的发明专利"一种以人复制缺陷腺病毒为载体的重组新型冠状病毒疫苗"、华为技术有限公司的发明专利"一种射频接收机及接收方法"。

发明包括三方面的内容：首先，发明应当是一项创新的技术方案，与现有技术相比，必须是前所未有的，并且相对于现有技术具有显著的进步，如开拓性发明、组合发明、选择发明、转用发明、已知产品的新用途发明、要素变更的发明、要素关系改变的发明等；其次，发明必须利用自然规律，自然规律本身不是发明；最后，发明是具体的技术解决方案。

实用新型是指对产品的形状、构造或其结合所提出的适于实用的新的技术方案。实用新型专利又称"小发明"或"小专利"，在专利的创造性审查过程中，发明专利需要具备"突出的实质性特点和显著的进步"，而实用新型专利只需具备"实质性特点和进步"。实用新型具有以下三个基本特征：一是实用新型是一种新的技术方案；二是实用新型仅限于产品，不包括方法；三是实用新型要求产品必须具有固定的形状、构造的产品，气态、液态、凝胶状或颗粒粉末状的物质或材料，不属于实用新型的产品范畴。

外观设计是指对产品的整体或者局部的形状、图案或其结合以及色彩与形状、图案的结合所做出的富有美感并适于工业应用的新设计。如中车长春轨道客车股份有限公司的外观设计专利"动车组车辆(龙凤呈祥)"、华为终端有限公司的外观设计专利"手机(九十九)"。

专利权产生的条件

能否被授予专利权,需要从积极条件和消极条件两个方面去探讨。

专利权产生的积极条件:依照我国《专利法》,授予专利权的发明和实用新型,应当具备新颖性、创造性和实用性。新颖性是指该发明或者实用新型不属于现有技术;也没有任何单位或者个人就同样的发明或者实用新型在申请日以前向国务院专利行政部门提出过申请,并记载在申请日以后公布的专利申请文件或者公告的专利文件中。创造性是指与现有技术相比,该发明具有突出的实质性特点和显著的进步,该实用新型具有实质性特点和进步。实用性是指该发明或者实用新型能够制造或者使用,并且能够产生积极效果。

专利权产生的消极条件:下列情形,依照我国《专利法》,不授予专利权:①违反法律、社会公德或者妨害公共利益的发明创造,违反法律、行政法规的规定获取或者利用遗传资源,并依赖该遗传资源完成的发明创造;②科学发现;③智力活动的规则和方法;④疾病的诊断和治疗方法;⑤动物和植物品种;⑥原子核变换方法以及用原子核变换方法获得的物质;⑦对平面印刷品的图案、色彩或者二者的结合作出的主要起标识作用的设计。

专利权的申请原则

(1)诚实信用原则。申请专利和行使专利权过程中,不得滥用专利权损害公共利益或者他人合法权益。滥用专利权,排除或者限制竞争,构成垄断行为的,依照《中华人民共和国反垄断法》处理。

(2)书面原则。目前,在国内申请专利必须递交书面文件,一切都以递交的书面文件为依据。但随着电子信息技术的发展,国家知识产权局已在少数涉外代理机构中就部分申请件试行电子申请。

(3)先申请原则。同样的发明创造,在理论上只能授予一项专利权。因此,如果两个以上的申请人分别就同样内容的发明创造申请专利,则专利权授予最先申请的人。如果是两个人在同一天提出申请,则可协商解决,或者采取共同申请的方式,或者转让给其中一方申请。协商不成时,就都不能获得批准,只能作为技术秘密保护或使其成为自由公知技术。

(4)优先权原则。优先权主要分为外国优先权和本国优先权。外国优先权是指申请人自发明或者实用新型在外国第一次提出专利申请之日起十二个月内,或者自外观设计在外国第一次提出专利申请之日起六个月内,又在中国就相同主题提出专利申请的,依照该外国同中国签订的协议或者共同参加的国际条约,或者依照相互承认优先权的原则,可以享有优先权。本国优先权是指申请人自发明或者实用新型在中国第一次提出专利申请之日起十二个月内,又向国务院专利行政部门就相同主题提出专利申请的,可以享有优先权。

(5) 单一性原则,即一发明一申请原则。一件发明或者实用新型专利申请应当限于一项发明或者实用新型。属于一个总的发明构思的两项以上的发明或者实用新型,可以作为一件申请提出。一件外观设计专利申请应当限于一种产品所使用的一项外观设计。同一产品两项以上的相似外观设计,或者用于同一类别并且成套出售或者使用的产品的两项以上外观设计,可以作为一件申请提出。

2. 专利资产

专利权不一定是专利资产,专利资产需要同时满足专利权和资产两个条件。依据《知识产权资产评估指南》(中评协〔2017〕44号),**专利资产是指专利权人拥有或者控制的,能够持续发挥作用并且带来经济利益的专利权益**。

对于专利资产概念的理解,至少可以从以下几个方面进行:

(1) 能够持续发挥作用,该项专利在经营活动中可以在一段时间内持续发挥作用,而不是偶然一次或几次发挥作用。

(2) 专利在发挥作用的过程中可以为专利权利人产生经济利益。如果专利权无法给权利人带来经济利益,则不能认定为专利资产。

(3) 专利的获利能力是通过法律保护获得的,即专利成为资产,必须符合法律的相关规定,法律同时对专利获得保护的范围和时限做了明确规定。已经失效的专利申请或专利,不能构成专利资产。

专利资产评估业务的评估对象是指专利资产权益,包括专利所有权和专利使用权。专利资产评估实务中,应该关注专利权的以下信息:

(1) **权属证明**。专利权的权属证明主要是由国务院专利行政部门颁发的发明专利证书。

(2) **专利权的归属**。原则上,申请专利的权利属于发明人或者设计人。我国《专利法》所称的发明人或者设计人是指对发明创造的实质性特点做出了创造性贡献的人。在完成发明创造的过程中,如果只负责组织工作,或为物质条件的利用提供方便以及其他从事辅助性工作的人不能被认定为发明人或者设计人。如果是职务发明,单位与发明人、设计人之间就专利申请权、专利权归属有约定的,从约定。

(3) **专利权人**。专利权人是指依法在特定期限内对特定发明创造享有专利权的主体,可以是专利申请人,也可以是获得专利权的转让方或者继承者。专利的转让形式主要是许可,是专利所有者对专利施行许可权,具体形式包括专利权独占许可、独家许可、普通许可和其他许可形式。

(4)**专利权的期限**。在中国,发明专利权的期限为20年,实用新型专利权的期限为10年,外观设计专利权的期限为15年,均自申请日起计算。为补偿新药上市审评审批占用的时间,对在中国获得上市许可的新药相关发明专利,国务院专利行政部门应专利权人的请求给予专利权期限补偿。补偿期限不超过5年,新药批准上市后总有效专利权期限不超过14年。专利的保护期是一种法律强制规定,不同国家的专利保护期限如表2-1所示。

表2-1 不同国家的专利保护期限

国家	类型	保护期限	备注
中国	发明	20年	自申请日起算
	实用新型	10年	自申请日起算
	外观设计	15年	自申请日起算
美国	专利	17年	1995年6月8日以前,自授权日起算
		20年	1995年6月8日以后,自授权日起算
	植物专利	20年	自申请日起算
	设计专利	14年	
欧洲	发明专利	20年	自申请日起算
	外观设计	5年/25年	自申请日起算,期满后可以5年为期进行续展,最长25年
日本	发明	20年	自申请日起算
	实用新型	6年	
	外观设计	15年	自申请日起算

资料来源:作者根据相关国家法律整理。

(二)商标、商标权与商标资产

1. 商标

商标是指任何能够将一种商品与他种商品区别开来的,包括文字、图形、字母、数字和颜色,以及上述诸要素组合而成的可视性标志,是企业产品或服务的标识。商标可以根据其构成、作用、功能、享誉程度以及是否享受法律保护等标准进行划分。

商标的分类

按构成分类,商标可以分为文字商标、图形商标、符号商标、文字图形组合商标、色彩商标、三维标志商标、声音商标等。

按作用分类,商标可以分为商品商标、服务商标、集体商标和证明商标等。集体商标是指以团体、协会或者其他组织名义注册,供该组织成员在商事活动中使用,以表明使用者在该组织中的成员资格的标志。证明商标是指由对某种商品或者服务具有监督能力的组织所控制,由该组织以外的单位或者个人使用于其商品或者服务,用以证明该商品或者服务的原产地、原料、制造方法、质量或者其他特定品质的标志。

按功能分类,商标可以分为经常使用的商标、防御商标、联合商标、扩展商标、备用商标。防御商标是指为了防止他人侵犯而申请使用一系列与自己商标近似而又相互联系的商标。联合商标是指将同一商标在不同的商品上注册,阻止别人在其他商品上使用自己已经注册的商标。扩展商标是指在同一商标的基础上,进行一系列的扩展注册,如注册汉字商标后,还注册英文的意译商标、音译商标。备用商标是指同一个企业在同一或相似产品上请求注册两个或两个以上的近似而有显著差异的商标。这些商标没有正商标和辅佐商标之分,为了将来市场的需要以调整商标战略,是预备运用的商标,所以备用商标也被称为储藏商标。

按享誉程度分类,商标可以分为普通商标和驰名商标。普通商标一般是指没有特别的市场影响力及公众知晓程度不是很高的商标。驰名商标一般是指具有较大的市场影响力,广为公众知晓并享有较高声誉的商标。

按是否享受法律保护分类,商标可以分为注册商标和非注册商标。注册商标是指满足我国《商标法》的规定,经政府商标行政主管部门批准注册的商标。非注册商标则是指未经政府商标行政主管部门批准注册的商标。普通的非注册商标不受法律保护。商标资产的评估指的是注册商标专用权的评估。

商标注册的条件

商标注册的积极条件是,商标应具有法律构成要素和显著特征,能够将自然人、法人或者其他组织的商品与他人的商品区别开来。商标的区别性越明显,就越便于人们识别。商标的显著性可以通过两种方式获得:一是商标本身具有显著性,二是通过长期的使用获得商标的显著性。

延伸阅读 2-1:
《中华人民共和国商标法》

商标使用与注册的消极条件是,依照我国《商标法》,下列标志不得作为商标使用:①同中华人民共和国的国家名称、国旗、国徽、国歌、军旗、军徽、军歌、勋章等相同或者近似的,以及同中央国家机关的名称、标志、所在地特定地点的名称或者标志性建筑物的名称、图形相同的;②同外国的国家名称、国旗、国徽、军旗等相同或者近似的,但经该国政府同意的除外;③同政府间国际组织的名称、旗帜、徽记等相同或者近似的,但经该组织同意或者不易误导公众的除外;④与表明实施控制、予以保证的官方标志、检验印记相同或者近似的,但经授权的除外;⑤同"红十字""红新月"的名称、标志相同或者近似的;⑥带有民族歧视性的;⑦带有欺骗性,容易使公众对商品的质量等特点或者产地产生误认的;⑧有害于社会主义道德风尚或者有其他不良影响的。县级以上行政区划的地名或者公众知晓的外国地名,不得作为商标。但是,地名具有其他含义或者作为集体商标、证明商标组成部分的除外;已经注册的使用地名的商标继续有效。

商标注册的原则

(1) 自愿注册与强制注册相结合原则。所谓自愿注册原则,是指商标所有人根据自己的需要和意愿,自行决定是否申请商标注册。通过申请并经国家知识产权局商标局核准注册的商标为注册商标。注册人对该注册商标享有专用权,受法律的保护;未经注册的商标也能使用,但使用人不享有商标专用权,不得与他人的商标相冲突。所谓强制注册原则,是指国家对生产经营者在某些商品或服务上所使用的全部商标,规定必须经依法注册才能使用的强制性规定。根据我国《商标法》,法律、行政法规规定必须使用注册商标的商品,必须申请商标注册,未经核准注册的,不得在市场销售。目前,我国规定强制性注册的商标只有对人用药品(西药、针剂和中成药)和烟草制品(卷烟、雪茄烟和有包装的烟丝)。

(2) 先申请原则。两个或两个以上的申请人先后在同一种类的商品或类似商品上,以相同或近似的商标申请注册,商标局初步审定并公告申请在先的商标,对申请在先者予以审核和注册,并驳回其他人的申请。申请先后的确定以申请日为准。申请日的确定以商标局收到申请文件的日期为准。如果是同一天申请的,则商标局初步审定并公告使用在先的商标。同日使用或均未使用的,由申请人自行协商,不愿协商或协商不成的,商标局通知各申请人以抽签方式确定一个申请人,驳回其他人的注册申请。

(3) 优先权原则。商标注册申请人自其商标在外国第一次提出商标注册申请之日起6个月内,又在中国就相同商品以同一商标提出商标注册申请的,依照该外国同中国签订的协议或共同参加的国际条约,或者按照相互承认优先权的原则,可以享有优先权。商标在中国政府主办或承认的国际展览会展出的商品上首次使用的,自该商品展出日起6个月内该商标的注册申请人可以享有优先权。

2. 商标权

商标权是指商标所有人在法律规定的有效期内,对其经商标行政主管部门核准注册的商标享有的独占、排他的使用和处分的权利。只有经商标局核准注册的商标,才享有商标权并依法予以保护。注册商标包括商品商标、服务商标、集体商标、证明商标。

商标与商标权属于两个不同的概念。商标是用来区别一个经营者的商品或服务与其他经营者的商品或服务的标记;而商标权是一个法律概念,是根据国家法律规定合法注册商标后享有的商标专有权。

商标权的主体(商标权人)是指依照商标法,对为区别商品或服务的商业标记享有商标权的自然人、法人或者其他组织。以商标权的取得方式为划分标准,商标权的主体可以分为原始主体和继受主体。原始主体即经商标行政主管部门核准注册的商标注册申请人,继受主体即通过继承、受让等方式获得商标权的主体。

3. 商标资产

商标权不一定是商标资产,商标资产需要同时满足商标权和资产两个条件。依据《知识产权资产评估指南》(中评协〔2017〕44号),**商标资产是指商标权利人拥有或者控制的,能够持续发挥作用并且能带来经济利益的注册商标权益**。

商标成为商标资产的关键要素包括:①商标区别企业商品或服务的功能及作用能够通过营销在消费者意识中形成独特的联想,并产生经济利益。②以法律保护的形式,将商标标识作用所带来的经济利益赋予商标权利人。

商标资产评估涉及的商标通常为商品商标和服务商标,应该关注以下信息:

(1)**评估对象与范围**。商标资产评估对象是指受法律保护的注册商标资产权益,包括商标专用权、商标许可权。评估对象为商标专用权的,应当关注商标是否已经许可他人使用以及具体许可形式。评估对象为商标许可权的,应当明确该权利的具体许可形式、内容和期限。

(2)**权属证明**。商标权的权属证明主要是商标注册证,是国家商标局依照我国《商标法》的有关规定,颁发给商标注册人以证明其商标专用权范围的法律文书。商标注册证上记载的主要内容有:商标(图样),商标注册号,商标注册人名义/地址,注册商标核定使用的商品或服务项目及其类别,商标专用权的起止日期(有效期)。

(3)**保护期限**。注册商标的有效期为10年,自核准注册之日起计算。注册商标有效期满,需要继续使用的,商标注册人应当在期满前12个月内按照规定办理续展手续;在此期间未能办理的,可以给予6个月的宽展期。每次续展注册的有效期为10年,自该商标上一届有效期满次日起计算。期满未办理续展手续的,注销其注册商标。

(三)著作权与著作权资产

1. 著作权

著作权,又称版权,依据我国《著作权法》,中国公民、法人或者非法人组织的作品,不论是否发表,享有著作权。作品是指文学、艺术和科学领域内具有独创性并能以一定形式表现的智力成果,包括:①文字作品;②口述作品;③音乐、戏剧、曲艺、舞蹈、杂技艺术作品;④美术、建筑作品;⑤摄影作品;⑥视听作品;⑦工程设计图、产品设计图、地图、示意图等图形作品和模型作品;⑧计算机软件;⑨符合作品特征的其他智力成果。

延伸阅读2-2:
《中华人民共和国著作权法》

作品版权登记需具备独创性、可复制性和合法性。其中,独创性是指作品必须是由作者本人通过独立构思和创作灵感而产生的,只有具有独创性的作品才受著作权法的保护;可复制性是指可以通过印刷、拓印、录音、录像、复印、临摹、翻拍、翻录等方式将作品制作一份或多份,但无论采用什么复制方式以及复制多少作品,均不会改变作品的内容及思想;合法性是指作品本身应当以法律所允许的客观形式表现出来,公民从事文学、艺术和科学作品的创作,应当不违背社会公共利益,符合法律的规定。

著作权的财产权利主要包括两个方面:一是作品传播的相关权利,如发行权、出租权、展览权、表演权、放映权、广播权、信息网络传播权等;二是信息使用方式的相关权利,如复制权、摄制权、改编权、翻译权、汇编权等。

2. 著作权资产

著作权不一定是著作权资产,著作权资产需要同时满足著作权和资产两个条件。依据《知识产权资产评估指南》(中评协〔2017〕44号),著作权资产是指著作权权利人拥有或者控制的,能够持续发挥作用并且带来经济利益的著作权财产权益和与著作权有关权利的财产权益。

著作权资产评估对象是指著作权中的财产权益以及与著作权有关权利的财产权益。在评估实务中,应该关注以下信息:

(1) **著作权资产与著作权载体之间的区别**。著作权资产只是著作权以及与著作权有关权利的财产权益所形成的资产,而与著作权有关的实物资产通常是承载特定著作权作品的实物资产。例如,一本图书是承载具体作品的纸质实物,拥有该图书并不代表享有了书中作品的著作权及其资产。又如,消费者购买了一个载有著作权作品的优盘,可以使用优盘中的软件,但不能拥有该优盘包含的软件著作权,也不能将该优盘用于出租等经营获利。

(2) **权属证明**。著作权的权属证明主要包括各级版权局颁发的著作权登记证书、摄影作品底片或者数码摄影的原文件、文字作品手稿等。

(3) **著作权的权属**。一般来说,著作权属于作者,但其他自然人、法人或者非法人组织也可以依法成为著作权人,如职务作品中,作者享有署名权,著作权的其他权利可由法人或者非法人组织享有;受委托创作的作品,著作权的归属可由委托人和受托人通过合同约定。

（4）**保护期限**。自然人的作品,著作权的保护期为作者终生及其死亡后50年,截止于作者死亡后第50年的12月31日;如果是合作作品,截止于最后死亡的作者死亡后第50年的12月31日。法人或者非法人组织的作品,著作权的保护期为50年,截止于作品创作完成后第50年的12月31日。

（四）专有技术

专有技术又称秘密技术或技术诀窍,是指从事生产、管理和财务等活动领域的一切符合法律规定条件的秘密知识、经验和技能,其中包括工艺流程、公式、配方、技术规范、管理和销售的技巧与经验等。例如云南白药的配方、东阿阿胶的配方、大众汽车的生产工艺流程、IBM的技术规范等。

需要指出的是,迄今为止,国际上对"专有技术"一词还没有公认的定义。一般来说,专有技术的构成要件有三:

（1）该信息不为公众所知悉,即该信息是不能从公开渠道直接获取的;

（2）该信息能为权利人带来经济利益,具有实用性;

（3）权利人对该信息采取了保密措施。

所以概括地说,不能从公开渠道直接获取、能为权利人带来经济利益、具有实用性,并经权利人采取保密措施的信息,即为我国《反不正当竞争法》所保护的商业秘密。专有技术是企业的财产权利,它关乎企业的竞争力,对企业的发展至关重要,有的甚至直接影响到企业的生存。

专有技术与专利虽然都含有技术知识的成分,都是人类智力劳动的成果,但是在法律上两者是有重大区别的。专有技术与专利的区别主要表现在以下几个方面:

第一,专利是公开的,而专有技术是秘密的。按照各国专利法的规定,发明人在申请专利权时,必须把发明的内容在专利申请书中予以披露,并由专利主管部门在官方的专利公告上发表,公之于众。但专有技术尽量保密不予公开,一旦丧失秘密性,就不能得到法律保护。

第二,专利权有一定的保护期限,而专有技术无所谓保护期限问题。按照各国专利法的规定,专利权的有效期有具体的年限,但专有技术无所谓保护期限的问题。

第三,专利权受专利法保护,而专有技术受其他法律保护。专利权是一种工业产权,受有关国家专利法的保护,而专有技术是没有取得专利权的技术知识,它不是依据专利法的规定取得法律上的保护,而主要是根据民法、刑法、不公平竞争法的有关规定取得法律上的保护,比如我国《反不正当竞争法》中对侵犯专有技术的行为做出了明确的处罚规定。也就是说,专有技术虽然得不到专利法的保护,但作为一种财产,专有技术也可以以许可合同的方式进行转让,得到相应法律法规的保护。

三、知识产权的法律特征

党的十八大以来,我国立足推动科技自立自强、加快建设科技强国,把知识产权工作摆在更加突出的位置,部署实施了一系列知识产权重大举措:印发《关于新形势下加快知识产权强国建设的若干意见》等重要政策文件,全面强化知识产权工作顶层设计;对《专利法》《商标法》《著作权法》《反不正当竞争法》等法律法规完成新一轮修订,在《民法典》制定、《刑法》修订过程中知识产权保护内容得到充实完善,知识产权立法不断健全;深化知识产权司法保护体制改革,成立最高人民法院知识产权法庭、地方知识产权法院(法庭),构建起专业化、一体化的知识产权司法保护体系;组建国家市场监督管理总局,重新组建国家知识产权局,建立起集中、统一、高效的知识产权行政管理和执法体系。当前,我国已成为名副其实的知识产权大国,商标注册量、专利拥有量、国际专利申请量等连续多年居世界第一,核心专利、知名商标、精品版权持续增加。

延伸阅读2-3:
护航高水平科技自立自强

鉴于人们对无形资产的界定较难达成共识,法律作为一种特别的社会行为规范,对无形资产的确认和保护起到了重要的作用。在很大程度上,政府的知识产权政策、知识产权法,以及监管公司、合同以及劳工关系的其他法律界定了许多无形资产,并保证其带来的收益流应该作为财产得到保护。甚至可以说,在历史的长河中,人类创造了无穷的无形资产,但只有在人类把发明创造与法律条款结合在一起之后,无形资产才变得更有力量。因此,要评估知识产权的价值,确定知识产权的评估范围,必须理解其法律特征。

1. 时间性

知识产权都有法定的保护期限,有效期限一旦届满,权利就自行终止或消灭,相关智力劳动成果即成为整个社会的共同财富,任何人均可自由利用。在医药领域,甚至出现了"专利悬崖"现象。

资料卡

专利悬崖是对药品专利保护期届满带来的专利药品销售和利润大幅下降的形象比喻,将专利保护期届满时的界限形象地比喻为悬崖。欧盟委员会报告认为,在仿制药品推出两年后,相关药品的平均价格会下降40%左右,营业额也会减少80%左右。

2. 地域性

知识产权的地域性是指知识产权受法律保护的地域范围,即知识产权具有严格的领土性,其效力只限于本国境内。知识产权的这一法律特征有别于有形财产权。除签有国际公约或双边互惠协定的以外,知识产权没有域外效力,其他国家对这种权利没有保护的义务,任何人均可在本国境内自由使用知识产品,既无须取得权利人的同意,也不必向权利人支付报酬。在一国获得知识产权的权利人或其合法受让人如果需要在别的国家受到法律保护,就需要按照该国法律规定经审查批准或登记注册。

3. 独占性

智力劳动成果可以同时为多个主体所使用,因此大多数知识产权具有法律授予的独占权,其独占性使对同一项智力劳动成果不能同时存在两个或两个以上的所有权人。也就是说,知识产权为权利人所独占,权利人垄断这种专有权利并受到严格保护,没有法律规定或未经权利人许可,任何人不得使用权利人的智力劳动成果。同时,对同一项智力劳动成果,不允许有两个或两个以上同一属性的知识产权并存。例如,两个相同的发明物,根据法律程序只能将专利权授予其中的一个,而以后的发明与已有的技术相比,如无突出的实质性特点和显著的进步,也不能取得相应的权利。

资料卡

人们经常说"不知者无罪",但这并不适用于知识产权。由于知识产权的独占性,如果某人或某企业无意中使用了他人的知识产权,则即使在主观上没有打算这么做,也构成侵权行为,可能面临赔偿责任。因此,为避免知识产权纠纷,企业在销售新产品或者使用新的生产方法之前,应该进行产品的知识产权检索。

---

4. 约束性

约束性是指知识产权须经法律直接确认,法律保护的边界是确定的。如专利资产的范围是由"权利要求书"确定的;注册商标在注册申请时提交的核定使用范围内受到法律保护,在核定使用范围之外的商品上取得商标专用权的应当另行提出注册申请。

有形资产具有明确的形态,它的资产范围是直观的,一般不需要额外的法律文件进行确认,而知识产权需要法律确定其保护范围。虽然法律规定知识产权是一种民事权利,但这并不意味着每个公民对自己头脑中的知识和聪明才智享有民事权利。法律仅承认该种民事权利的客体是智力成果,而非智力本身。因此,知识产权的承认与保护通常需要法律上的直接、具体的规定。比如依照我国《专利法》的规定,申请发明或者实用新型专利的,应当提交请求书、说明书及其摘要和权利要求书等文件,权利要求书应当以说明书为依据,清楚、简要地限定要求专利保护的范围。

第二节 权利型无形资产

一、权利型无形资产的含义界定

权利一般指赋予人们的权力和利益,即自身拥有的维护利益之权。它表现为享有权利的主体有权做出一定的行为和要求他人做出相应的行为。权利可以使特定主体依法享有权能和利益。其中,权能是指权利能够得以实现的可能性,它并不要求权利的绝对实现,只是表明权利具有实现的现实可能;利益则是权利的另一主要表现形式,是权能现实化的结果。权能具有可能性,利益具有现实性。

权利型无形资产是指特定主体经由政府、企业或他人授权,获得的能带来超额收益的相关权利,主要包括租赁权、基础设施资产经营权、公共事业特许权、配额、经营权(包括特许经营权、连锁经营权、其他经营权)、经销权、分销权、代理权、会员权、席位权、网络游戏虚拟道具、域名、名称权、肖像权、冠名权等。

权利型无形资产虽不属于专门法律保护的无形资产,但权利是一个法律概念。对于这类无形资产的理解,要厘清相关主体之间的法律关系。

二、权利型无形资产的常见类型

(一)特许经营与特许经营权

特许经营是指拥有注册商标、企业标志、专利、专有技术等经营资源的主体(特许人),以合同形式将其拥有的经营资源许可其他经营者(被特许人)使用,被特许人按照合同约定在统一的经营模式下开展经营,并向特许人支付特许经营费用的经营活动。特许经营的核心是特许经营权的转让,特许人是转让方,被特许人是接受方。

特许经营权又称特许权或专营权,是指一个对特有产品、设备、贸易专利或服务标志的经营系统拥有所有权的个人或企业(特许人)给予其他个人或企业(受许可人)在特定区域和时期以事先规定的方式进行同业经营活动的权利。

从事特许经营活动,特许人和被特许人应当采用书面形式订立特许经营合同。特许经营合同应当包括下列主要内容:①特许人、被特许人的基本情况;②特许经营的内容、期限;③特许经营费用的种类、金额及其支付方式;④经营指导、技术支持以及业务培训等服务的具体内容和提供方式;⑤产品或者服务的质量、标准要求和保证措施;

⑥产品或者服务的促销与广告宣传;⑦特许经营中的消费者权益保护和赔偿责任的承担;⑧特许经营合同的变更、解除和终止;⑨违约责任;⑩争议的解决方式。

特许经营权可以分为政府特许经营权和商业特许经营权。

政府特许经营权是指国家和地方政府根据公共事业、公共安全、社会福利的需要或法律的规定,授权企业生产某种特定的产品或使用公共财产或在某地区享有经营某种业务的独占权。政府特许经营权有:石油和天然气、水资源、渔业资源、矿产资源、动物资源、电力项目、高速公路、铁路、港口等实物资源的特许经营权;政府物资采购权、大型活动冠名权、国际汇兑业务专营权、特殊产品的生产销售权、海陆空线路经营权等无形资源的特许经营权。

商业特许经营权一般是指特许人将自己的商标、商号、产品、专利、技术秘密、配方、经营管理模式等无形资产以特许经营合同的形式授予被特许人(受许可人)使用,按照特许人统一的经营模式从事经营活动,并向被特许人收取费用的经营形式。

政府特许经营权和商业特许经营权除了概念上的区别,在经营目标、特许主体、特许关系、适用范围等方面也有一些区别。如在经营目标方面,政府特许经营权的经营目标是社会利益最大化,商业特许经营权的经营目标是特许经营个人或企业利益最大化;在特许主体方面,政府特许经营权的特许人是拥有一系列国家公共资源、公共物品的政府,商业特许经营权的特许人是拥有注册商标、企业标志、专利、专有技术等经营资源的企业或个人;在特许关系方面,政府特许经营是平等主体以及监管人与被监管人关系,而商业特许经营是平等的商业主体关系;在适用范围方面,政府特许经营适用于供水、供气、供暖、交通等关系社会公共利益和涉及有限公共资源配置的行业,而商业特许经营适用于市场自由竞争导向下的生产、经销、零售等行业。

(二)租赁与租赁权

要理解租赁权,要先理解租赁,特别是租赁合同。租赁合同是指在一定期间内,出租人将资产的使用权让与承租人以获取对价的合同。依据我国《民法典》,租赁合同是出租人将租赁物交付承租人使用、收益,承租人支付租金的合同。租赁合同的内容一般包括租赁物的名称、数量、用途、租赁期限、租金及其支付期限和方式、租赁物维修等条款。租赁期限不得超过20年。超过20年的,超过部分无效。租赁期限届满,当事人可以续订租赁合同;但是约定的租赁期限自续订之日起不得超过20年。

租赁权是指承租人依照租赁合同,在租赁物交付后,对租赁物所享有的为使用收益所必要的占有权利的总称。基于租赁合同,承租人主要享有两种权利:一是依据租赁合同,要求出租人按照约定的标准交付租赁物的权利;二是占有租赁物后,对租赁物占有使用的权利。这两种权利的性质并不相同,前者是纯粹债权性的权利,适用债权的相对性及平等原则;后者具备"占有"这一公示性表征,会产生"物权化"与特殊保护的问题,是真正意义上的租赁权。

依据《企业会计准则第 21 号——租赁》,在租赁期开始日,承租人应当对租赁确认使用权资产。使用权资产是指承租人可在租赁期内使用租赁资产的权利,是一种资产的使用控制权,而非资产的所有权。实际上,使用权资产是承租人对租赁资产的会计处理结果,企业会计准则要求,在租赁期开始日,承租人应当按照成本对使用权资产进行初始计量。使用权资产的账面价值一般是基于未来成本途径进行计量的,但当评估基准日预计的剩余租赁期市场客观租金与租赁合同约定的租金存在差异时,使用权资产的客观价值偏离其账面价值,应当重新对使用权资产的价值进行评估,使用权资产的评估值也将显著区别于其账面值。

（三）碳排放权

碳排放权是指权利主体出于生存和发展的需要,由自然或者法律所赋予的向大气中排放温室气体的权利。这种权利实质上是权利主体获取的一定数量的气候环境资源使用权,包括可供的碳排放权和所需的碳排放权两类。

碳排放权的核心是碳配额的确定与碳交易机制的有效运行。碳配额是指经政府主管部门核定,企业所获得的,一定时期内向大气中排放的温室气体(以二氧化碳当量计算)的总量。碳交易机制是指政府将碳排放权的总额度分解为一定单位的碳排放权,通过特定方式将碳排放权分配给二氧化碳排放企业,并允许其在市场上买卖。比如某个用能单位,每年的碳排放限额为 1 万吨,如果这个单位通过技术改造减少了污染排放,即每年碳排放量为 8 000 吨,那么多余的 2 000 吨碳排放权就可以通过交易出售;而其他用能单位出于扩大生产的需要,原定的碳排放限额不够用,就可以通过交易购买。这样不仅能控制整个大区域的碳排放总量,而且能鼓励企业提高技术水平、节能减排。

延伸阅读 2-4:
碳排放权交易,
中国大步踏出
自己的路

党的十八大报告明确要求,"积极开展节能量、碳排放权、排污权、水权交易试点"。《中共中央关于全面深化改革若干重大问题的决定》则进一步明确,"发展环保市场,推行节能量、碳排放权、排污权、水权交易制度,建立吸引社会资本投入生态环境保护的市场化机制,推行环境污染第三方治理"。党的二十大报告提出,"积极稳妥推进碳达峰碳中和"。建设全国碳市场是利用市场机制控制和减少温室气体排放、推进绿色低碳发展的一项重大制度创新,是推动实现碳达峰目标与碳中和愿景的重要政策工具。

2011年10月，北京、天津、上海、重庆、广东、湖北、深圳7省市启动了地方碳排放权交易市场试点工作。2013年起，7个地方试点碳市场陆续开始上线交易，有效促进了试点省市企业温室气体减排，也为全国碳市场建设摸索了制度，锻炼了人才，积累了经验，奠定了基础。2017年年末，经国务院同意，《全国碳排放权交易市场建设方案》印发实施，要求建设全国统一的碳排放权交易市场。根据《福布斯》2022年报道，中国新的碳排放权交易系统已经是世界上最大的碳排放权交易市场，交易量是欧盟的三倍。随着重工业和制造业的加入，中国的碳排放权交易市场将增长70%，从而使其成为最大的碳排放权交易市场。

三、权利型无形资产的主要特征

除无形资产具有的非实体性、排他性、效益性、成本的不完整性、成本与价值的弱对应性等形式特征，以及依附性、共益性、积累性、替代性等功能特性之外，权利型无形资产还有一些独有特征，主要体现在以下几点：

1. 时效性

无论是特许经营权还是租赁权，都有一定的时间限制。如政府会定期对获取特许经营权的企业进行年检或检查，一旦发现企业有违规行为，就要求其进行整顿甚至吊销其特许经营权证书；而企业特许经营权也在合同中约定了使用年限。经营性租赁期限一般较短，融资租赁虽然期限较长，但也不是无限期的，期限长短一般取决于租赁双方合同的约定。

2. 转让的限制性

权利型无形资产是一种人为设计的权利，因此在授予时都加了诸多限制，是不可以随意转让的。对于政府授予的特许经营权，其限制往往由相关的法律法规来界定，而企业的特许经营权限制往往由合同来约定。对于承租人来说，租入资产的使用、转让等都要受到租赁合同的约束和限制。有些不动产租赁合同约定了资产租赁后的用途、使用方式；而设备等动产有的则规定了使用的地点、范围和人员。几乎所有的租赁合同都对租入资产的再转让行为进行了限制。

3. 取得需要支付费用

权利型无形资产的主要功能是分配有限资源。获得相应权利需要支付一定的代价，例如在商业特许经营权中，受许可人取得特许经营权的使用权，一般需要支付加盟费；再如项目公司获得基础设施特许经营权时，取得成本包括建造该公共基础设施至交付使用前所发生的全部必要支出。合同规定项目公司在有关基础设施建成后，从事经营的一定期间内有权利向获取服务的对象收取费用,但收费金额不确定的,该权利不构成一项无条件收取现金的权利,项目公司应当将其确认为无形资产。

第三节　关系型无形资产

一、关系型无形资产的含义界定

关系型无形资产是指特定主体通过提高企业经营管理水平、商品质量、服务质量和商业信誉等方面逐渐建立起来的经济资源,主要依赖于与相关业务当事人建立非契约性的信任关系,如数据资产、销售网络、客户关系和专家网络等。

关系是反映事物及其特性之间相互联系的哲学范畴,是不同事物、特性的一种统一形式。世界上的任何事物都同它周围的事物相互联系着,这种联系表明它们彼此存在一致性、共同性,从而在此基础上形成不同事物、特性的统一形式,即表现为一定的关系。

世界上的事物、现象以及它们的特性是复杂的、无限多样的,事物之间的关系也是复杂的、无限多样的。不同事物及其不同特性按照各种不同类型的关系而彼此联系在一起,包括空间与时间的关系、整体与部分的关系、原因与结果的关系、内容与形式的关系以及遗传关系、函数相依关系、内部关系与外部关系,等等。在各种关系中,可以形成资产的关系具有特殊的性质,不仅反映了主体之间的关联,还蕴含了满足资产条件的可能。

二、关系型无形资产的常见类型

（一）数据与数据资产

1. 数据

数据(data)是事实或观察的结果,是对客观事物的逻辑归纳,是用于表示客观事物的未经加工的原始素材。数据可以是连续的值,如声音、图像,称为模拟数据;也可以是离散的值,如符号、文字,称为数字数据。在计算机科学中,数据是所有能输入计算机并被计算机程序处理的符号总称,是用于输入电子计算机进行处理,具有一定意义的数字、字母、符号和模拟量等的通称。计算机存储和处理的对象十分广泛,表示这些对象的数据也随之变得越来越复杂。

延伸阅读2-5:《中共中央 国务院关于构建数据基础制度更好发挥数据要素作用的意见》

党的十九届四中全会提出,健全劳动、资本、土地、知识、技术、管理、数据等生产要素由市场评价贡献、按贡献决定报酬的机制。数据作为新型生产要素,是数字化、网络化、智能化的基础,已快速融入生产、分配、流通、消费和社会服务管理等各环节,深刻改变着生产方式、生活方式和社会治理方式。

2. 数据资产

从资产属性看,数据具有知识产权产品的一些特征。与知识产权产品中的研发和计算机软件一样,数据具有非竞争性、非消耗性、时效性、价值融合增值、非货币交易模式等特征。

从财务会计对资产定义的视角看,数据并不必然是数据资产。数据已经形成并由特定主体合法控制,同时其价值可以可靠计量,并且预计会有经济利益流入,符合上述确认条件的数据方可被认定为财务会计视角下的数据资产。本教材采用《数据资产评估指导意见》中的定义:数据资产是指特定主体合法拥有或者控制的,能进行货币计量的,且能带来直接或者间接经济利益的数据资源。

数据资产的基本状况通常包括数据名称、数据来源、数据规模、产生时间、更新时间、数据类型、呈现形式、时效性、应用范围等。执行数据资产评估业务时,资产评估专业人员可以通过委托人提供、相关当事人提供、自主收集等方式获取数据资产的基本状况。

数据资产的基本属性通常包括信息属性、法律属性、价值属性等。其中,信息属性包括数据的来源、结构、规模、时段、更新周期、元数据标准等。数据规模包含数据量、增长率和更新率等指标。法律属性包括数据权属、数据权限、数据分类、数据安全、侵权保护效力,以及许可使用、转让、诉讼和抵质押情况等。价值属性包括数据成本信息、数据应用场景、数据可替代性等。

数据资产的价值影响因素包括技术因素、数据容量、数据价值密度、数据应用的商业模式和其他因素。其中,技术因素通常包括数据获取、数据存储、数据加工、数据挖掘、数据保护、数据共享等。

(二) 客户关系资产

每个企业都有客户,但不是每个企业都有客户关系。例如,一个城市中一个销售货物的摊点,如报刊亭和路边摊,会拥有大量的习惯每天购买报纸或吃早点、夜宵的客户。但客户在某一个报刊亭或路边摊进行消费时,可能仅仅是因为方便。报刊亭和路边摊的经营者一般也不了解客户的身份,不知道客户在哪工作,没有保留客户档案,因此较难与客户建立强关联。如果经营者把报刊亭或路边摊搬到另一处,则这些客户极有可能不再找他,而是光顾另一个位置与其路线相符的报刊亭和路边摊。这种情形我们就很难称之为客户关系资产。

客户关系不完全等同于客户关系资产,客户关系要能够成为一项无形资产,必须同时满足资产定义与确认条件,还要能够可靠计量。本教材采用《文化企业无形资产评估指导意见》中的定义,客户关系是企业与供应商、顾客等客户建立的能够持续发挥作用并且带来经济利益的往来关系。例如,新闻出版发行服务企业通过成立读书俱乐部,形成稳定的客户群并获得收益,则该企业可能存在客户关系资产。

对于客户关系资产的确认条件,企业会计准则要求只有源自合同性权利或其他法定权利且确保能在较长时期内获得稳定收益的客户资源或客户关系,才能确认为无形资产。证监会发布的《首发业务若干问题解答》中,专项解答了企业从外部购买客户资源或客户关系时应关注的问题,主要是针对企业会计准则定义中"可辨认性"和"经济利益很可能流入企业"确认条件的具体阐述。对于客户关系或客户资源,只有在合同或其他法定权利支持,确保企业能在较长时期内获得稳定收益且能够核算价值的情况下,才能确认为无形资产。如果企业无法控制客户关系、人力资源等带来的未来经济利益,则不符合无形资产的定义,不应将其确认为无形资产。特定主体在开拓市场过程中支付的正常营销费用,或仅从出售方购买了相关客户资料,而客户并未与上述出售方签订独家或长期买卖合同,即在没有明确合同或其他法定权利支持情况下,"客户资源"或"客户关系"通常理解为特定主体为获取客户渠道而发生的费用。

资产评估师对客户关系资产进行评估时,应当了解企业在开发新客户和维护老客户方面所采取的措施、客户的统计资料和流失情况、市场竞争的合法性、客户关系的经济贡献等。一般来说,客户关系资产主要通过以下两个方面对企业价值产生驱动:一是客户关系的惯性产生价值,二是从客户处所获得的信息产生价值。

其中,惯性产生价值可分为两类:一类为"低惯性",如理发店、美容店、熟食店、面包房、便利店等,一般具有如下特点:①具备的只是常见商品性质的、非独有的、在他处容易获取的产品与服务;②决定经营成功与否的是企业的特殊位置;③依赖不属于企业产权的重要品牌名称的吸引力;④企业经营成功的要素是所有者/经营者/员工决定性的能力和名声。另一类为"高惯性",如必需品(水电等)的供应公司和客户黏性较强的产品(大众使用的社交网站和电商网站等)。高惯性状态的客户关系能使其客户达到一定程度的稳固,一般具备以下特点:①具备独有的产品或服务,或者与其竞争者存在很大差异的产品或服务;②并不占有重要的地理位置;③并不依赖于所有者/经营者/员工决定性的能力和名声;④可能要求客户预付货款,或者为交货间歇期很长的订单进行生产,从而存在许多积压订单。

从客户处所获得的信息产生价值也是客户关系的价值体现形式,典型的例子就是大数据的应用。如阿里金融利用阿里巴巴 B2B(企业与企业之间的电子商务模式)、淘宝、支付宝等电子商务平台上客户积累的信用数据及行为数据,引入网络数据模型和在线资信调查模式,通过交叉检验技术辅以第三方验证确认客户信息的真实性,将客户在电子商务平台上的行为数据映射为企业和个人的信用评价,向这些通常无法在传统金融渠道获得贷款的弱势群体批量发放"金额小、期限短、随借随还"的小额贷款。沃尔玛的超市管理人员在分析销售数据时发现了"啤酒与尿布"的故事,即通过分析购物篮中的商品集合,找出商品之间的关联关系,并根据这种关联关系和关联算法,分析客户的购买行为,进而提升购物体验和商品销售收入。

三、关系型无形资产的主要特征

除无形资产具有的形式特征和功能特性外,关系型无形资产还有一些独有特征,主要体现在以下几点:

1. 多样性的表现形式

关系型无形资产的关键是关系的形成,是特定主体与利益相关方之间通过多种形式缔结起来的关系,如数据可以是数字、表格、图像、声音、视频、文字、光电信号、化学反应甚至生物信息等,客户关系可以是买卖关系、供应关系、合作伙伴关系、战略联盟关系等。关系型无形资产的多样性还表现在使用方式的不确定。不同类型的关系型无形资产有不同的使用方式,同一类型的关系型无形资产也可以有多种使用方式。关系型无形资产使用方式的不确定性,导致这类资产的价值变化波动较大。

2. 价值易变性

关系型无形资产的价值受多种因素影响,这些因素随着时间的推移不断变化。如某些数据当前看来可能没有价值,但随着时代的进步可能产生较大的价值。另外,随着技术的进步或者同类数据库的发展,数据资产可能出现无形损耗,表现为价值降低。客户关系资产的建立、保持与使用并不能由企业单方面决定,还与产业环境变革以及客户的消费心态、消费观及其他心理特征有关,其价值具有极强的动态性。

3. 可加工性

知识型无形资产和权利型无形资产一般较难加工,如专利一旦授予,便不再变化;商标一旦被注册,后期变动较小;特许经营权一经确认,其变更需要双方再次约定。但关系型无形资产容易被再加工,如数据可以被维护、更新、补充,增加数据量;也可以被删除、合并、归集,消除冗余;还可以被分析、提炼、挖掘、加工,得到更深层次的数据资源。客户关系管理更是企业赢得核心竞争力的关键,企业可以通过满足客户个性化的需求、提高客户的忠诚度,达到缩短销售周期、降低销售成本、增加销售收入、拓展市场、全面提升企业盈利能力和竞争能力的目的。

第四节 组合型无形资产

一、组合型无形资产的含义界定

组合型无形资产是指运用多种因素综合形成的无形资产,是各种难以独立存在和辨识的无形资产的总和。例如,商誉属于企业管理和企业文化范畴的无形资产,这类资产的价值通常是各种因素的综合结果,无法和具体的因素对应起来,一一区分。

组合之意为由几个部分或个体结合成的整体。组合型无形资产具有系统性,系统性的重要属性就是不可分割。勒内·笛卡尔(René Descartes)认为,如果一件事物过于复杂,以至于一下子难以解决,就可以将它分解成一些足够小的问题,分别加以分析,然后再将它们组合在一起,就能获得对复杂事物的完整、准确的认识,这是通过还原论认识和解决问题的思路。但是如果该问题具有不可分割的属性,那么通过还原论是无法解决问题的。

组合型无形资产的边界往往是模糊和不完全清晰的,内部要素之间除了有确定的输入/输出关系,还有不完全确定甚至非常不确定的关联关系;除了有显性的可确知的关联关系,还有隐性的难以确知的关联关系,而且被人们认定的一些关系或关联要素在实际情况中还可能被其他因素影响而变异,所以这些都会导致人们对这类问题的认知往往是模糊、不确定甚至是不确知的。因此,如果把各个要素与环境之间的关联切割开,就无法完整地认识和分析问题了。这就要求人们在整体性中,通过自上而下和自下而上地分析和汇总解决问题,而不能肢解要素,使要素支离破碎,或者让问题与要素分离。

二、组合型无形资产的常见类型

(一)商誉

商誉(goodwill)在早期只是一个商业概念。1810 年,英国法官约翰·斯科特(John Scott)将商誉定义为"老顾客光临老地方之可能性"。1841 年,美国学者约瑟夫·斯托里(Joseph Story)认为,商誉是企业所取得的优势或利益,不是其资本、股票、资金或财产的价值,而是顾客因其地理位置、技术等,对该企业产生的一种偏好。判断企业成功与否,就在于商誉。商誉很像财产,但商誉不能单独存在,不是传统意义上的财产。到 20 世纪初,企业的优势已不完全取决于业主与顾客之间的关系,而是还取决于内部管理、生产组织、销售环节等各方面。企业除了需要优越的地理位置,还需要优秀的管理人员、高素质的生产工人、庞大的销售网络、稳定的财务状况等,只有这样才能获得较同类型其他企业更高的利润,即超额利润。这样,商誉的概念进一步拓展。1926年,著名会计学家杨汝梅先生在其《无形资产论》中就指出,"凡足以使一企业产生一种较寻常收益为高之收益者,均得称之为商誉"。

随着会计准则的演进,人们对商誉概念的界定越来越清晰。1998年,国际会计准则委员会(International Accounting Standards Committee,IASC)修订《国际会计准则第38号——无形资产》(IAS38),规定内部产生的商誉(自创商誉)不应确认为资产,原因是它不是成本可以可靠计量并由企业控制的可辨认资源。此后,商誉一般特指外购商誉,又称合并商誉。

随着资本市场的发展和成熟,因业务合并而产生的商誉对合并财务报表的影响越来越大,企业收购业务日益增多。近年来,商誉减值问题受到了包括监管机构在内的越来越多的报表使用者的高度关注。所谓商誉,通常是指能在未来期间为企业经营带来超额利润的潜在经济价值,或一家企业预期的获利能力超过可辨认资产正常获利能力(如社会平均投资回报率)的资本化价值。商誉是企业整体价值的组成部分。

商誉是一种不可辨认的无形项目,产生于企业的良好形象及顾客对企业的好感,这种好感源于企业优越的地理位置、良好的口碑、有利的商业地位、良好的劳资关系、独占特权和管理有方等方面,故属于无形资产。商誉不能独立存在,它具有附着性特征,与企业的有形资产和企业的环境紧密相联,既不能单独转让、出售,又不能作为一项独立的资产进行投资,不存在单独的转让价值,只能依附于企业整体。商誉的价值是通过企业整体收益水平来体现的,因此商誉属于不可辨认资产。

商誉能为企业创造间接的经济效益,它是企业预期的获利能力超过可辨认资产正常获利能力的资本化价值。在不同的财务报告或税收制度下,商誉可能被赋予不同的定义。根据《企业会计准则第20号——企业合并》的相关规定,在非同一控制下的企业合并中,如果购买方的合并成本大于合并中取得的被购买方可辨认净资产的公允价值份额,则其差额应当确认为商誉。目前资本市场中传媒、计算机、电子、生物医药等轻资产行业合并财务报表中商誉占比较高。

根据《企业会计准则第8号——资产减值》的相关规定,企业合并所形成的商誉,至少应当在每年年度终了进行减值测试。商誉应当结合与其相关的资产组或者资产组组合进行减值测试。在执行企业会计准则规定的包括商誉在内的各类资产减值测试涉及的评估业务时,应当了解商誉资产的定义和内涵、取得方式、形成原因。资产评估师在对商誉资产进行评估时,评估对象主要以资产组或者资产组组合的形式出现。

(二) 品牌

品牌(brand)一词来源于古挪威文字"brandr",它的中文意思是"烙印"。当时,西方游牧部落在马背上打上不同的烙印,用以区分自己的财产,这是原始的商品命名方式,也是现代品牌概念的来源。1960年,美国营销学会(AMA)对品牌给出了较早的定义:品牌是一种名称、术语、标记、符号和设计,或是它们的组合运用,其目的是借以辨认某个销售者或者某个销售者的产品或服务,并使之同竞争对手的产品和服务区分开来。

目前理论界对品牌价值的计量范围还没有形成一个权威和主流的界定,现有研究中存在大量的类似术语来表达品牌价值的计量要素,且界定方式比较抽象,难以量化。品牌资产存在各种概念模型,如财务会计概念模型、市场概念模型。

品牌的财务会计概念模型的目的是财务报告,服务于品牌资产的确认和计量,为公司品牌提供一个可度量的价值指标,常用于品牌收购或兼并。如丰益国际在金龙鱼 IPO(首次公开募股)招股说明书中披露,2007年6月,丰益国际非同一控制下收购 Kuok Oils & Grains Pte. Ltd 100%的股权,并在合并中取得"金龙鱼"品牌;于2017年公司同一控制下企业合并时,将"金龙鱼"品牌并入公司。根据 PricewaterhouseCoopers Singapore 出具的以2007年6月30日为基准日的评估报告,"金龙鱼"品牌公允价值为人民币79亿元,因其公允价值能够可靠计量,公司将其确认为无形资产——品牌,初始入账价值为人民币795 651万元。

品牌的市场概念模型认为,当消费者将高品质与该品牌联想在一起时,品牌延伸将因此而受益;当消费者将劣等品质与该品牌联想在一起时,品牌延伸将因此而受损。品牌的市场概念模型在评估品牌资产的价值时,突出品牌强度,把品牌资产的价值与品牌强度联系起来。例如,World Brand Lab 考虑企业品牌自身的经营状况(包括营业收入、增长率等)和品牌为企业带来的收益(品牌附加值指数以及品牌强度系数),结合当前全球的经济背景和竞争环境,对影响品牌的各个指标进行测评分析;Interbrand 的品牌评估模型同时考虑主、客观两方面的事实依据,进而计算品牌价值。客观的数据包括市场占有率、产品销量以及利润状况;主观判断是确定品牌强度。目前,除了 World Brand Lab 和 Interband,全球较为权威的品牌价值评估机构还有 BrandZ、Brand Finance、GYBrand 等,它们定期发布全球品牌价值排行榜,为相关企业提供品牌评估和数字营销服务。需要说明的是,基于市场给出的品牌价值排行榜一般用于市场营销和品牌推广,不直接用于财务报表中品牌价值的计量或者法定评估服务中品牌价值的确定。

(三) 组合劳动力

组合劳动力(assembled workforce)是一项基于人的无形资产,是经过培训和遵循既定管理制度的一系列劳动力组合,包括企业管理人员和生产人员等,通常组合劳动力的价值包含在雇用这些劳动力的企业价值中。召集人员并使之成为训练有素的遵循既定管理制度的劳动力组合需要企业支出大量成本(包括时间和金钱)。劳动力的专业化程度越高,则组合的成本越高,企业的价值也就越高,比较典型的例子是机师、设计师、律师、审计师、评估师等劳动力组合。训练有素的遵循既定管理制度的劳动力组合是有较大价值的"资产"。

一般认为,组合劳动力属于商誉的组成部分,不能单独交易与转让,但是组合劳动力的成本主要包括劳动力的招募成本和培训成本两部分,在实务中可以采用成本法评估其市场价值。

三、组合型无形资产的主要特征

组合型无形资产是一类特殊的无形资产,除了满足非实体性、效益性等特征,还有一些自身的特性。

1. 无法单独交易与转让

由于组合型无形资产的不可分割特征,它不能离开企业而单独存在,不能与企业的可辨认资产分开出售,因此只能和企业同时转让。反观其他无形资产,如著作权、专利权、商标权、土地使用权等,完全可以脱离企业单独进行买卖。组合型无形资产的会计核算一般存在于企业兼并、并购、合资、资产重组等管理活动中,以无形资产形式出现在企业会计报表中。

2. 难以准确计量

组合型无形资产由多种要素组成,如品牌资产由品牌认知、品牌品质形象、品牌忠诚等构成,这些构成要素相互联系、相互影响、相互融合、彼此交错,难以截然分开,而且有些构成要素具有共享性,可以转移,可能为多个控制主体所利用,这些都使得组合型无形资产的价值难以准确计量。同时,组合型无形资产的潜在获利能力具有很大的伸缩性和不确定性,增加了准确计量的难度。

3. 价值的波动性

组合型无形资产的形成(例如,品牌和商誉从无到有,从消费者感到陌生到消费者熟知并认同而产生好感),是运营者长期努力的结果。组合型无形资产是企业以往投入的沉淀与结晶,但这并不表明这类无形资产只增不减。在资本市场中,并购商誉暴雷事件频繁发生;在企业管理中,企业品牌决策的失误、竞争者品牌运营的成功,都有可能使企业品牌价值发生波动,甚至可能出现大幅下降。

习 题

一、单项选择题

1. 自然人所有的计算机软件著作权的保护期限为( )。

   A. 25 年　　　　B. 50 年　　　　C. 作者终生及死后 50 年　D. 40 年

2. 根据我国《著作权法》的规定,中国公民的著作权( )。

   A. 随作品的发表而自动产生

   B. 随作品的创作完成而自动产生

   C. 在作品以一定物质形态固定后自动产生

   D. 在作品上加注版权标记后自动产生

3. 下列关于商誉与商标区别的表述中,正确的是( )。

   A. 商誉是能够离开企业而单独存在的

   B. 商标可以转让其使用权,但不能够转让其所有权

   C. 商标可以转让其所有权,也可以转让其使用权

   D. 商誉是产品的标志

4. 计算机软件属于( )无形资产。

   A. 商标权类　　　B. 关系型　　　C. 著作权类　　　D. 权利型

5. 特许经营的核心是( )。

   A. 特许经营权的转让　　　　　B. 特许资金的转让

   C. 特许所有权的转让　　　　　D. 特许技术的转让

6. ( )是指经政府主管部门核定,企业所获得的,一定时期内向大气中排放的温室气体(以二氧化碳当量计算)的总量。

   A. 碳交易　　　B. 碳配额　　　C. 碳核查　　　D. 碳盘查

7. 下列选项中,不属于著作权中作品的是( )。

   A. 政府公告　　B. 计算机软件　　C. 小说　　　D. 公共讲堂的演说

8. 下列选项中,不属于专利资产法律特征的是( )。

   A. 时效性　　　　　　　　　B. 地域性

   C. 强制性　　　　　　　　　D. 约束性

二、多项选择题

1. 下列关于商誉与商标区别的表述中,错误的有(　　)。
   A. 商誉与商标既可以转让其所有权,又可以转让其使用权
   B. 商誉与商标都属于不可辨认的无形资产
   C. 商标价值来自产品所具有的超额获利能力,商誉价值则来自企业所具有的超额获利能力
   D. 企业拥有某项评估值很高的知名商标并不意味着该企业一定就有商誉
   E. 商誉是与企业密切相关的,企业经营机制完善并且运转效率高,企业的经济效益就高,信誉就好,其商誉评估值也就越大

2. 下列各类无形资产,有专门法律保护的是(　　)。
   A. 商誉　　　B. 计算机软件　　　C. 商标　　　D. 非专利技术
   E. 销售网络

3. 一个药品的化合物专利在 X 国仍然有效,但在 Y 国已经过期,目前在 X 国和 Y 国均有仿制药企业生产和销售,可能要承担法律责任的主体有(　　)。
   A. X 国仿制药生产者　　　B. Y 国仿制药生产者
   C. X 国仿制药销售者　　　D. Y 国仿制药销售者
   E. Y 国仿制药消费者

4. 下列选项中,属于按商标的构成分类的是(　　)。
   A. 声音商标　　　B. 服务商标　　　C. 驰名商标　　　D. 符号商标
   E. 三维商标

5. 商标的注册和使用需要获得有关部门批准。下列选项中,不得作为商标注册的有(　　)。
   A. 红十字会　　　B. 红新月　　　C. 人民大会堂　　　D. 南丰蜜橘
   E. 八一勋章

6. 下列选项中,属于发明特征的有(　　)。
   A. 发明必须利用自然规律　　　B. 发明是具体的技术方案
   C. 发明是新的技术方案　　　　D. 发明要求产品必须具有固定的形状
   E. 发明可以是动物和植物等有生命的物体

三、简答题

1. 知识产权有哪些法律特征?
2. 著作权、商标权和专利权最直接的权属证明材料是什么?
3. 权利型无形资产有哪些特征?

4. 政府特许经营权和商业特许经营权的区别有哪些？
5. 数据是数据资产吗？
6. 客户关系资产如何产生价值？
7. 品牌的财务会计概念模型和市场概念模型有何差别？
8. 组合型无形资产主要有哪些特征？

第三章

无形资产评估的基础理论

> 多数情况下,随着时间的消逝,无形资产会增值。
>
> ——沃伦·巴菲特(Warren Buffett)

学习目标

思政目标:理解高质量发展理论的内涵和价值,掌握新发展阶段的科学内涵以及对无形资产评估的新要求。

知识目标:熟悉无形资产评估基础理论中的主要概念,掌握无形资产评估的基础理论的基本内涵。

能力目标:能够运用基础理论分析资产的基本特征,为无形资产评估提供理论指导。

近年来,中国科学技术事业突飞猛进,在很多前沿领域已经处于世界领先水平。比如高铁、航天以及核电等领域,中国科技所展现出的非凡成就,让无数国人为之骄傲和自豪。不过,在这些成绩的背后,我们还应该清醒地认识到,与世界最尖端的技术相比,我们还有很大的差距,有些领域还存在明显的短板,部分关键技术难以摆脱受制于人的局面。2019年,中国工程院发布中国制造产业链安全性评估,指出了国内产业链存在的几大短板,包括通信装备产业的高端芯片、半导体产业的光刻机、轨道交通产业的轴承、电力产业的燃气轮机热部件、飞机和汽车产业的设计和仿真软件;此外,高端芯片、智能工业软件、数据库管理系统、高端轴承钢、透射电镜和扫描仪、激光雷达等核心科技仍被欧美日垄断。

我们需要思考的是,在倡导自由竞争的全球化市场中,为何一些企业可以凭借技术优势实现产品或服务的垄断?何种理论可以解释无形资产的市场表现与价值特征?无形资产评估的基础理论包括两个方面:一是资产评估基础理论,包括劳动价值论、效用价值论、供求理论、市场结构理论、有效市场理论和现金流量理论等,这方面的知识体现在资产评估基础课程中,本教材不再赘述;二是无形资产评估专门的理论,是本章重点探讨和构建的内容。

本章试图构建无形资产评估的理论基础,主要知识点结构如图 3-1 所示。

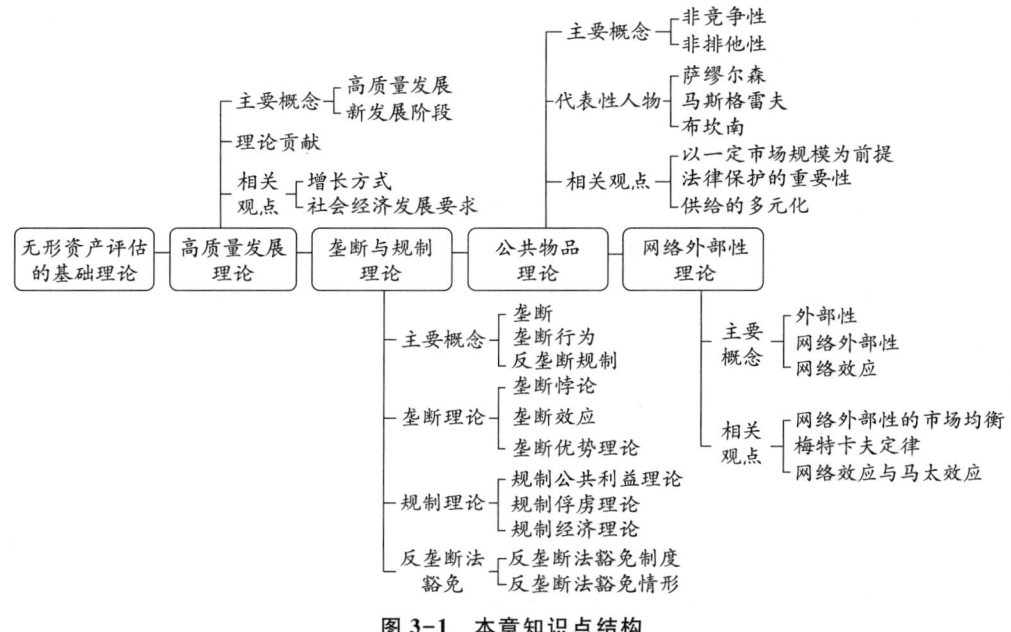

图 3-1 本章知识点结构

第一节 高质量发展理论

自党的十九大首次提出高质量发展的表述以来,中央多次重要会议对高质量发展进行阐释,高质量发展的内涵和要求不断得到丰富与拓展,已形成系统的理论体系。高质量发展是全面建设社会主义现代化国家的首要任务,是体现新发展理念的发展,有其深刻而丰富的理论内涵、重大而深远的历史意义。高质量发展理论体系是对事物运动规律的揭示,为无形资产评估提供了理论方向和实践指引。

一、主要概念

1. 高质量发展

所谓高质量发展,就是能够满足人民日益增长的美好生活需要的发展;是体现新发展理念的发展;是经济、政治、文化、社会、生态的全面发展。由于人民的美好生活需要是日益增长的,人民对全面发展的要求会随着经济社会的不断发展而逐渐提高,会在一些需要得到满足后提出更高层次的需要,期待更高质量的发展,始终不会达到完全满足的状态,因此追求高质量发展是一项永无止境的持续性事业,高质量发展的内涵也会持续不断地加以丰富。

2. 新发展阶段

新发展阶段是推动高质量发展的根本遵循,高质量发展系列重要论述是中国共产党在新时代经济发展实践中形成的重要理论成果,为新发展阶段推动高质量发展提供了根本的理论指导和行动指南。新发展阶段的科学内涵主要有:①新发展阶段是社会主义初级阶段中的一个阶段,同时是其中经过几十年积累、站到了新的起点上的一个阶段;②新发展阶段是中国共产党带领人民迎来从站起来、富起来到强起来历史性跨越的新阶段;③新发展阶段是全面建设社会主义现代化国家、向第二个百年奋斗目标进军的阶段。

二、理论贡献

党的十八大以来,中国特色社会主义进入新时代,在经历"站起来""富起来"的基础上进一步迈向"强起来"的新发展时期,"创新、协调、绿色、开放、共享"的新发展理念成为这一时期的主导经济发展思想。在新发展理念的思想指引下,中国共产党适时做出了"从高速增长转向高质量发展"的重大战略判断,且与此前的经济发展思想相比,"高质量发展"思想不再侧重于生产关系或生产力中的一个方面,而是囊括生产、分配、流通、消费四环节和技术、制度、理念三线索的社会生产方式系统性变革,使得中国共产党经济发展思想探索步入了新境界。

高质量发展理论开辟了经济增长和经济发展研究的新视域。传统的发展经济学理论主要研究生产力落后、供给短缺条件下如何加快经济增长的问题,而没有研究社会生产力不再落后、资本和产品供给不再短缺条件下如何发展的问题。今天我国经济发展进入新时代,社会主要矛盾发生深刻变化,产能和供给过剩已经成为常态化现象,在这种情况下如何推动经济发展,是一个新的历史课题。高质量发展就是针对这一课题的理论创新和解决方案。

三、与无形资产评估相关的主要观点

1. 关于增长方式

高质量发展是一种新的发展方式,是现有发展方式的又一次提升。现有发展方式大致归结为两种:一种是粗放型外延式发展,另一种是集约化内涵式发展。粗放型外延式发展依赖高投入、高消耗实现高产出,忽视效率,更忽视质量。集约化内涵式发展虽然注重效率,但本质上依然忽视质量,没有超出生产函数的范畴,仍然是单位投入所能获得的产出多少的问题,是如何提高资源利用效率、用更少的投入或成本获得更多的产出的问题。它不涉及产出的内涵、层次、结构,该生产什么不该生产什么,供给与需求的匹配程度,从而不涉及产出的福利效应,没有体现产出的质量属性。而高质量发展作为一种发展方式,不再是简单的生产函数或投入产出问题,其核心是发展的质量。

高质量发展给出了高效率增长、有效供给性增长、中高端结构增长、绿色增长、可持续增长、和谐增长等增长方式。这极大地丰富了无形资产评估中对评估对象未来业绩增长的逻辑推断与评估假设。

2. 关于社会经济发展要求

高质量发展是"十四五"乃至更长时期我国经济社会发展的主题,关系我国社会主义现代化建设全局。高质量发展不只是一个经济要求,而是对经济社会发展方方面面的总要求;不是只对经济发达地区的要求,而是所有地区发展都必须贯彻的要求;不是一时一事的要求,而是必须长期坚持的要求。

我国经济已由高速增长阶段转向高质量发展阶段,我国社会主要矛盾已经转化为人民日益增长的美好生活需要和不平衡不充分的发展之间的矛盾。不平衡不充分本质上是发展质量不高。在经济体系中,我国有些领域已经接近现代化,有些还是半现代化的,有些则是很低效和过时的。现阶段,我国生产函数正在发生变化,经济发展的要素条件、组合方式、配置效率发生改变,面临的硬约束明显增多,资源环境的约束越来越接近上限,碳达峰碳中和成为我国中长期发展的重要框架,高质量发展和科技创新成为多重约束下求最优解的过程。

高质量发展理论对社会经济发展的判断与要求,为无形资产评估中评估对象所处的宏观环境分析提供了指引。

第二节 垄断与规制理论

如何理解专利权、著作权、特许经营权的独占性与排他性,是无形资产评估的重要课题。如果市场中某产品或服务是独占的,就会形成一种特殊的市场结构,有且只有

一家公司(或卖方)交易产品或服务,即可能形成垄断。垄断可能产生一些不利影响,如垄断者使市场存货经常不足、市场价格上升和社会福利减少等,因此针对垄断的规制理论应运而生。

一、主要概念

1. 垄断

垄断(monopoly)又称独占,是一种市场结构,指一个行业里有且只有一家公司(或卖方)交易产品或服务。

垄断分为特许垄断、自然垄断和策略性垄断。

特许垄断是得到特别指令下所进行的控制型垄断。有些独家经营的特权是由法律所规定并受到法律保护的,专利权和著作权便是法律特许的垄断。为了鼓励创作和发明,大多数国家制定有专利法和著作权法,通过法律壁垒形成专利权和著作权的独占与垄断。在某些场合下,政府授予某厂商独家经营的特权,有时政府也经过招标竞争通过合同的形式授予某厂商独家经营的特权。

自然垄断是指因市场的自然条件而产生的垄断。自然垄断的一个特征是厂商的平均成本在很高的产量水平上仍随着产量的增加而递减,即存在规模经济。因为这些行业的生产技术需要大量的固定设备,使得固定成本非常大,而可变成本相对较小,所以平均成本曲线在很高产量的水平上仍然是下降的。

策略性垄断是指厂商在既无技术壁垒又无法律壁垒的情况下,通过高筑壁垒确立或巩固地位的一种垄断形式。

2. 垄断行为

垄断行为是指排除、限制竞争以及可能排除、限制竞争的行为,包括经营者达成垄断协议,经营者滥用市场支配地位,具有或者可能具有排除、限制竞争效果的经营者集中。其中,垄断协议是指两个或两个以上的经营者以协议、决议或其他联合方式实施的限制竞争行为。在市场经济条件下,垄断协议广泛地存在于经济生活的各个阶段和各个方面,与滥用市场支配地位、经营者集中等垄断行为相比,其表现出发生量大、涉及面广、对市场影响速度快等特点。市场支配地位又称市场控制地位,是反垄断法中的重要概念。它描述的是企业或企业联合组织在市场上所达到或具有的某种状态,该状态反映出企业或企业联合组织在相关的产品市场、地域市场和时间市场上拥有决定产品产量、价格和销售等方面的控制能力。经营者集中是指两个或两个以上的企业以一定的方式或手段所形成的企业间的资产、业务和人员的整合。

3. 反垄断规制

规制(regulation)又称管制,是指控制厂商的价格、销售或生产等决策的政府条例和市场激励机制,在实践中也称为监管,如金融监管、电力监管、公用事业监管等。

反垄断规制一般分为经济性规制和社会性规制。经济性规制的领域主要包括那些存在自然垄断和信息严重不对称的产业领域。社会性规制不以特定产业为对象,而是围绕如何实现一定的社会目标,实行跨产业、全方位的管制。反垄断规制的主要对象是竞争性领域中具有市场垄断地位的垄断企业及其行为,特别是由经营者集中形成的经济性垄断行为。

二、垄断理论

1. 垄断悖论

关于垄断的形成和后果,哈佛学派和芝加哥学派有着截然不同的理解。哈佛学派认为,垄断地位的获取大都是通过策略性的行为,主要是勾结、排斥两种手段,这些行为主要是损害了竞争而不是提高了效率。芝加哥学派则认为,垄断主要来自效率,企业之所以能够获得垄断地位,是因为它们在技术、管理等方面具有竞争优势,不断扩大其市场份额。除此之外,芝加哥学派还强调,垄断是一种组织市场运作的有效形式,它能够使整个产业的生产成本趋向于最低。基于这两种不同的认识,哈佛学派主张对垄断进行严厉打击,而芝加哥学派主张比较宽松的反垄断政策。

关于垄断的可维持性,哈佛学派和芝加哥学派也存在重要分歧。垄断的可维持性是指,在没有政府干预的情况下,垄断企业是否能够把价格制定在竞争性价格之上,而不引发新的进入。垄断是否可维持决定了政府是否需要采取反垄断政策,如果垄断是不可维持的,政府就不需要采取深入的反垄断政策;而如果垄断是可维持并不断强化的,政府就需要进行干预。两派的分歧主要集中在进入壁垒的有效性上。哈佛学派认为,由于壁垒的存在,垄断地位能够维持下去。芝加哥学派则认为,长期而言,进入壁垒终将因缺乏牢固的经济基础而垮掉,因此垄断企业只能暂时地维持垄断价格。

2. 垄断效应

长期以来,垄断一直与低效率相联系,因而一直被排斥。但现代经济发展的实践证明,垄断并不一定都带来低效率,它有负效应,也有正效应。

垄断的负效应:垄断与竞争天生是一对矛盾,由于缺少竞争压力和发展动力,加之缺乏有力的外部制约监督机制,垄断性行业的服务质量往往难以令人满意,经常会违背市场法则、侵犯消费者公平交易权和选择权。

垄断的正效应:①规模效应,产业从竞争性到垄断性(包括寡头垄断和独家垄断)

的演化一般体现了生产方式的革命性变化,垄断在工业化过程中产生,它反映了技术、产业组织、经济结构的深刻变化,体现和利用了规模经济。②垄断的效率与福利,对垄断最热烈的肯定来自经济学家约瑟夫·熊彼特(Joseph Schumpeter),他将垄断与技术进步和效率提高相联系,从长期和动态的角度肯定了垄断在组织创新、技术进步、促进生产方面的正面作用。

3. 垄断优势理论

垄断优势理论又称所有权优势理论或公司特有优势理论,是最早研究对外直接投资的独立理论,由麻省理工学院教授斯蒂芬·海默(Stephen Hymer)在1960年提出,1970年查尔斯·金德尔伯格(Charles Kindleberger)对其进行了补充和发展。垄断优势理论主要回答一家外国企业的分支机构为何能够与当地企业进行有效竞争,并长期生存和发展下去。海默认为,一个企业之所以要对外投资,是因为它有比东道国同类企业有利的垄断优势,从而在国外进行生产以赚取更多的利润。这种优势可以分为两类:一类是包括生产技术、管理与销售技能等一切无形资产在内的知识产权优势;另一类是因企业规模大而产生的规模经济优势。

三、规制理论

规制理论的发展主要经历了规制公共利益理论、规制俘虏理论、规制经济理论三大阶段。

1. 规制公共利益理论

规制公共利益理论产生的直接基础是市场失灵。当市场失灵出现时,规制有可能带来社会福利的提高。如果自由市场在有效配置资源和满足消费者需求方面不能产生良好的绩效,则政府将规制市场以纠正这种情形。如市场经济出现自然垄断、人为垄断、外部性、信息不对称等市场失灵现象,通常需要政府规制。在存在自然垄断的情况下,对价格与进入进行规制有可能获得资源配置和生产双重效率。进入规制只允许一个厂商进行生产,符合生产效率的要求;而价格规制能约束厂商制定出社会最优价格,符合资源配置效率的要求。在存在外部性的情况下,需要加大对负外部性活动的征税力度,并对正外部性活动给予补贴。

2. 规制俘虏理论

与规制公共利益理论不同,规制俘虏理论认为,规制的提供能够适应产业对规制的需求(立法者会被规制中的产业控制和俘获),而且规制机构会逐渐被产业控制(规制者会被产业控制和俘虏)。规制俘虏理论的基本观点是,不管规制方案如何设计,规制机构对某个产业的规制实际上是被这个产业"俘虏",其含义是规制提高了产业利润而不是社会福利。

3. 规制经济理论

1971 年,诺贝尔经济学奖获得者乔治·施蒂格勒(George Stigler)发表《经济规制论》,首次尝试运用经济学的基本范畴和标准分析方法来分析规制的产生,开创了规制经济理论。规制经济理论认为,规制使得垄断利润的最终归属决定权被授予了规制当局。受经济利益驱使,受规制影响的各利益主体都会努力影响规制者的决策,并进而对规制产生相应的影响。

四、反垄断法豁免

反垄断法豁免制度又称反垄断法适用除外制度,是指国家为了保障国民经济的健康发展,在反垄断法及相关法规中规定的某些垄断行为不适用反垄断法的法律制度。

反垄断法豁免制度是伴随着反垄断法理论的不断完善而出现的。初创时期的反垄断法围绕"竞争理论",将作为市场经济基石的竞争置于法律的强大保护之下,通过反对一切垄断来恢复市场发展的活力。但是,随着市场竞争理论和实践的发展,反垄断法不再是要完全消除垄断,而是要控制垄断,要综合考量垄断对经济和竞争的影响,从而发挥反垄断法的双重功能,使之成为名副其实的市场经济中的"达摩克利斯之剑"。企业合并作为反垄断法规制的重点,必然要求反垄断法合理界定垄断性企业合并和效益性企业合并,对具体的企业合并情形进行经济分析,通过权衡其效益和反竞争效果来决定是否准予合并。美国司法部和联邦贸易委员会在 1992 年发布的《横向合并指南》中指出:"实施合理的合并是美国自由企业制度的一个基本组成部分,它有利于企业的竞争和消费者的福利。合并控制的目标在于防止反竞争的合并,同时避免妨碍对竞争有利和对竞争中立的合并。"

我国《反垄断法》规定:国有经济占控制地位的关系国民经济命脉和国家安全的行业以及依法实行专营专卖的行业,国家对其经营者的合法经营活动予以保护,并对经营者的经营行为及其商品和服务的价格依法实施监管和调控,维护消费者利益,促进技术进步。《反垄断法》中还列举了以下情形,可以获得反垄断法豁免:①为改进技术、研究开发新产品的;②为提高产品质量、降低成本、增进效率,统一产品规格、标准或者实行专业化分工的;③为提高中小经营者经营效率,增强中小经营者竞争力的;④为实现节约能源、保护环境、救灾救助等社会公共利益的;⑤因经济不景气,为缓解销售量严重下降或者生产明显过剩的;⑥为保障对外贸易和对外经济合作中的正当利益的;⑦法律和国务院规定的其他情形。

第三节　公共物品理论

公共物品理论作为无形资产评估基础理论的主要原因有：首先，政府特许经营权与公共事业、公共安全、社会福利等公共物品供给有关；专利等知识产权到期后变成公共知识，成为社会公共物品。其次，诸如专利权、著作权、商标权、数据资产等无形资产具有公共物品的一些典型特征，比如非竞争性和非排他性。最后，公共物品理论可以为理解和评估无形资产价值提供研究范式。

一、主要概念

公共物品理论认为，公共物品具有两大特性，即消费的非竞争性与非排他性。

1. 非竞争性

保罗·萨缪尔森（Paul Samuelson）1954年发表的开创性论文《公共支出的纯理论》首次将非竞争性作为公共物品的本质特征。非竞争性是指一个使用者对该物品的消费并不减少对其他使用者的供给。典型的纯公共物品有国防、公共安全等，这些物品一旦被国家提供，该国的居民就都能享用，同时增加居民一般也不会降低其他居民的国防或公共安全服务。

非竞争性包含两层重要含义：第一，同一单位的产品（无形资产）可以被许多人消费，它对某一个人的供给并不减少对其他人的供给；第二，公共物品一旦被提供，消费者的增多并不导致该公共物品生产成本的增加，也就是说，生产方面无须追加资源的投入来增加供给，换句话说，增加消费者的边际成本为零。

在无形资产评估对象中，专利权、著作权、商标权、数据资产等无形资产具有非竞争性。比如技术、作品等知识产权可以同时被多个实体使用，而无须付出额外的成本和费用；一首音乐作品可以被多人同时欣赏，而其中每个人从中得到的效用或满意度都不会因他人的欣赏行为而减少；药品或软件的开发需要很高的初始投资，但生产药片或软盘的成本可以忽略不计；数据通过开放共享、重复再用创造更大的价值；同一数据能够被不同的主体同时使用，且在不减少已有使用者价值的同时带来新的递增价值。

2. 非排他性

非排他性是与排他性相对应的，非排他性意味着某物品的消费要排除其他人是不可能的。比如，你走在一条公路上，你无法排除其他人也走这条公路；又如，你不愿意受到公路上路灯的照射，但只要你走上这条有路灯的公路，就必须受到照射。

非排他性的主要原因有以下三种：①没必要排他。当增加一个消费者未造成供给成本增加时,无论是否排他对某个消费者的消费都没有任何影响,这种情况是由非竞争性导致的。②排他成本太高。具有公共属性的一些物品难以排斥其他消费者"搭便车",这或者是因为排他成本太高以致排他是低效的,或者是因为解决排他技术问题的成本太高以致难以从技术上做到排他。③不应该排他。出于社会公平、道德伦理等原因不应该排他。

一项智力成果或权利设计如果具有非排他性,则无法获得超额收益,也就无法成为无形资产。因此,无形资产的价值实现需要思考如何实现其排他性。

大部分无形资产通过法律法规或合同协议来实现排他性,但部分无形资产很难规避非排他性,存在由他人免费使用并由此获利的可能性。例如由于有关员工跳槽,一个企业在人员培训方面进行了巨大的投资后,其可能的收益极有可能被其他企业分享。某项发明成果即使通过申请专利得到了法律上的保护,在实践中也很难防止他人侵权,可能出现溢出效应。同时,无形资产的部分排他性引发了无形资产产权的模糊性,这是导致无形资产管理不经济性的主要原因之一,也是对现代经济管理理论提出的严峻挑战。

二、代表性人物及其理论贡献

公共物品理论的代表性人物是保罗·萨缪尔森、理查德·马斯格雷夫（Richard Musgrave）和詹姆斯·布坎南（James Buchanan）。

现代经济对公共物品理论的研究始于萨缪尔森,他认为每个人对某种公共物品的消费不会导致其他人对该物品消费的减少。在此基础上,公共物品理论经马斯格雷夫等人进一步研究和完善。

萨缪尔森给出了公共物品的经典定义,提出了公共物品具有非竞争性的特征。在公共物品供给方面,他引入了序数效用论和无差异曲线等经济学工具,建立了纯公共物品模型。该模型假定,人们能够明确地表达自己消费公共物品所获得的边际效用,也愿意支付相应的价格（税收）,表明了人们的纳税额与政府提供公共物品的成本相对应。通过需求曲线分析,萨缪尔森得出了公共物品定价的原则:社会边际效用等于社会边际成本,也等于所有消费者的个人边际效用的总和。除此之外,萨缪尔森还提出了关于公共物品最优供给的一般均衡条件:所有消费者在私人物品与公共物品之间的边际替代率之和等于私人物品与公共物品生产的边际转换率。而且他认为,在公共物品市场中,市场配置资源会无效率,因而政府应当成为该市场的主要配置者。

马斯格雷夫指出了公共物品具有非排他性的特征,同时明确了混合物品的存在,他认为世界上只存在私人物品和公共物品这种假设是不合实际的,从事实上来讲,现实中绝大多数产品为混合物品或者是"限制性公共物品"。

布坎南提出了"俱乐部经济理论",创立了公共选择理论,将政治决策的分析与经济学理论相结合,将经济学中每个人都追逐自身利益最大化的概念移植到了政治决策领域。公共选择理论克服了传统经济学把一国政府或政治因素当作经济过程的一个外生变量而排斥在经济学体系之外的缺陷,较好地反映了当代社会中政治与经济的关系,特别是政治对经济的巨大影响,以及政治过程与经济过程相互交织的现实。

三、与无形资产评估相关的主要观点

1. 以一定市场规模为前提

与有形资产投资的边际报酬递减特征不同,无形资产投资往往呈现边际报酬递增的特征。或者说,相对于有形资产投资而言,无形资产投资表现出更强的规模效应(scalability)。如要使得药品的产量扩大一倍,则需要大量的厂房和设备投资,而研发投资几乎不需要任何提高。因此,无形资产的非竞争性特征能充分发挥的前提是具有一定的市场规模,比如社交网站火爆的前提是有足够的社会主体具有社交需求,电子商务平台产生价值的前提是拥有服务规模巨大的市场。而在一些规模小、发展缓慢的市场中,市场规模和发展潜力就会制约无形资产的发展。

2. 法律保护的重要性

从经济分析角度看,以知识产权为例,如果某技术具有排他性,则发明者更愿意将该技术以专有技术(秘密配方)的形式保持而不申请专利,因为申请专利不仅要付费,还要向知识产权管理机构公开技术细节,并在专利保护期后公开技术给所有人无偿使用。反之,如果该技术容易被模仿和扩散,知识产权的拥有者就无法实现排他(非排他性),也就无法获得超额利润,这势必打击其创新的积极性。因此,法律保护制度非常关键,知识产权保护可以提高仿制成本,使得模仿者望而却步。

3. 供给的多元化

除了市场自由供给,对于具有公共物品属性的无形资产相关产品或服务,政府的介入就成为必要。比如能源、交通运输、水利、环境保护、市政工程等公共工程通常以政府特许经营的方式提供,政府通过契约授予民营企业以一定期限的特许经营权,许可其融资建设和经营。在公共卫生与医疗服务领域,政府的引导与参与同样十分必要,如我国政府在新型冠状病毒疫苗研制成功批准附条件上市后,为全民免费提供,通过有序开展接种,符合条件的群众都能实现"应接尽接",逐步在全人群中构筑起免疫屏障,同时发挥社会主义制度优势,联合多方力量开展相关医药研发和攻关工作,构建疫情防控和公共卫生科研攻关体系。

第四节 网络外部性理论

网络外部性理论是无形资产评估的基础理论之一。在现实中,具有大量无形资产的行业往往具有网络外部性特征,其产品或服务具有网络效应,如互联网、传媒、航空运输、金融等行业。网络外部性理论有助于人们认识无形资产的价值,同时为评估无形资产提供了新的思路。

一、主要概念

1. 外部性

外部性(externalities)又称溢出效应、外部效应,指一个人或一群人的行动和决策使另一个人或一群人受损或受益的情况。经济外部性是经济主体的经济活动对他人和社会造成的非市场化的影响,即社会成员从事经济活动时其成本与后果不完全由该行为人承担。外部性分为正外部性(positive externality)和负外部性(negative externality)。正外部性是某个经济主体的活动使他人或社会受益,而受益者无须花费成本,如知识或发明的产生、对传染病的预防、对员工的教育培训等。负外部性是某个经济主体的活动使他人或社会受损,而造成负外部性的人却没有为此付出代价。经济学中,负外部性的经典案例就是环境污染,不论是空气污染,还是水源污染,都影响到了其他人,可单独的个体无法向造成污染的源头索赔。

外部性可能导致资源配置不当,经济学理论提出相关政策建议:①税收和补贴。政府采取税收和补贴等措施使得私人成本和私人利益与相应的社会成本和社会利益相等,促使资源配置达到帕累托最优。②企业合并。合并后的企业可以使得外部影响内部化,从而达到帕累托最优。③明晰产权。科斯定理认为,只要财产权是明确的,并且其交易成本为零或者很小,则无论在开始时将财产权赋予谁,市场均衡的最终结果都是有效率的。

2. 网络外部性

我们假定每个人对商品的需求都是彼此独立的。事实上,一个人的需求可能受到购买这一商品的其他人的数量的影响。这种情况就被称为连带外部效应,即网络外部性(network externalities)。网络外部性可以是正的,也可以是负的。如果一名消费者的商品需求数量随着其他消费者购买数量的增加而增加,就存在一个网络外部正效应;若出现相反的情况,就存在网络外部负效应。

虽然网络外部性属于外部性的一种具体形式,但是网络外部性表现出了自己独有的特征。第一,外部性的承受对象的范围不同,一般外部性的受益者不是固定的或者说较难界定,如灯塔的受益者是不确定的,而网络外部性的受益者是明确的,即网络内的所有成员。第二,网络外部性发生的条件是使用同种产品或服务的消费者之间存在决策的依赖性,即消费者选择某种网络产品或服务时要考虑其他人的选择,这种决策上的依赖性是网络外部性发生的必要条件;而一般外部性不涉及消费者之间的决策依赖。第三,网络外部性是双向的,而一般外部性往往是单向的。在网络外部性中,一方的消费活动在对另一方带来额外收益的同时,也享受了另一方的消费活动给自己带来的额外收益,这正是正反馈产生的必要条件。

3. 网络效应

网络效应(network effects)可以定义为客户作为网络中的一员而得到的好处,这种好处随着网络中人数和公司数量的增加而增大,这就产生了正反馈,即网络越大越好。网络收益随网络规模扩大而增加的特性往往会产生良性效益,即成功的公司会更成功。在网络市场中,用户对领先技术的选择会促进良性反馈效应,甚至使先行企业的标准成为某个行业的标准,进而扩大网络的外部效应。

网络效应分为直接网络效应和间接网络效应。直接网络效应定义为消费者网络对产品价值的直接影响。例如电话、传真机、社交网络,都意味着用户之间的直接接触。间接网络效应定义为一种产品或网络使用量的增加会引起补充产品或网络价值的增加,而补充产品或网络又会增加原产品或网络的价值。例如腾讯开放公众号会吸引更多的开发公司或更多的媒体公司参与,而更多的开发公司或更多的媒体公司开发与运营公众号时,相关用户就会越来越多,这就形成了一个间接的网络。

二、主要理论观点

1. 网络外部性的市场均衡

在无网络外部性的情况下,消费者对产品或服务的效用函数仅由产品或服务本身的一些属性作为变量来决定,设消费者效用为 $U(x_1, x_2, \cdots, x_n)$,其中 $x_1, x_2, \cdots, x_n$ 分别表示产生效用的一些产品或服务的属性。而当网络外部性存在时,消费者对产品或服务的效用函数发生了变化,其他消费者对同一产品或服务的消费活动也作为影响因素而成为效用函数的解释变量,消费者效用函数变为 $U(x_1, x_2, \cdots, x_n; w_1, w_2, \cdots, w_n)$,其中 $w_1, w_2, \cdots, w_n$ 表示其他消费者对效用的影响,即网络外部性给消费者带来的价值,产品或服务的价值已不再集聚于产品或服务本身所具有的属性,而是逐渐外延至整个产品或服务网络。因而消费者对产品或服务的效用函数也不再仅仅基于产品或服务本身,而是将产品或服务网络也包含了进去。在这样的前提下,消费者选择的不再仅仅是一个产品或服务,而是选择一个网络。厂商所应做的不是去制造一个产品或服务,而是建立一个网络。

按照市场均衡理论,在无网络外部性的情况下,在价格机制的作用下,市场在需求曲线和供给曲线的交点达到均衡,而且均衡点是唯一的。而在网络市场中,由于网络外部性的存在,单一均衡现象被打破了,取而代之的是多重均衡。

2. 梅特卡夫定律

梅特卡夫定律(Metcalfe's law)是一个关于网络的价值和网络技术的发展的定律,由乔治·吉尔德(George Grilder)于1993年提出,但以计算机网络先驱、3Com公司的创始人罗伯特·梅特卡夫(Robert Metcalfe)的姓氏命名,以表彰他在以太网领域的贡献。

梅特卡夫定律的内容是:一个网络的价值等于该网络内的节点数的平方,而且该网络的价值与联网的用户数的平方成正比,即 $V = K \times N^2$,其中 V 为网络的价值,K 为价值系数,N 为用户数量。

梅特卡夫定律用经济学术语来描述,就是网络外部性。从更加广义的角度来说,网络外部性意味着在网络中一种行为的价值的增加,这种价值增加的情况伴随着采取相同行为的市场主体的数量增多而发生。

3. 网络效应与马太效应

网络效应可以产生正反馈,正反馈产生了一种"强者恒强,弱者恒弱"的"马太效应"。在一定条件下,优势或弱势一旦出现,就会不断加剧而自我强化,出现滚动的累积效果,在极端情形下,甚至可能导致"赢者通吃,输家出局"的局面。例如微软、苹果和安卓已经成为行业标准,所有的软件开发商都必须接入它们制定的标准才能为用户提供服务,使用的人越来越多,产品的价值越大。

习 题

一、单项选择题

1. 首次提出垄断优势理论的是(　　)。

A. 海默　　　　　　B. 萨缪尔森　　　　C. 弗农　　　　　　D. 巴克利

2. 非竞争性的判断标准是(　　)。

A. 平均成本为零　　　　　　　　　　　B. 边际成本为零

C. 平均成本大于零　　　　　　　　　　D. 边际成本大于零

3. 公共物品具有非排他性,下列选项中,对非排他性描述正确的是( )。

A. 排斥他人消费是没有必要的

B. 排除他人消费在技术上和成本上不可行

C. 一个人消费并不会减少其他人对该物品的消费

D. 物品的消费不存在拥挤现象

4. 下列关于非竞争性的说法,错误的是( )。

A. 非竞争性是指某种物品一旦被提供,增加一个人的消费并不增加任何额外成本

B. 非竞争性是指增加一个人的消费的边际供给成本为零

C. 非竞争性特征强调了集体提供公共物品的潜在收益

D. 非竞争性特征指出了通过市场机制提供公共物品的潜在困难

5. 下列选项中,属于正外部性的是( )。

A. 经过农田的蒸汽机车,喷出火花飞到农民种植的麦穗上

B. 飞速行驶的火车尖锐的汽笛声吓跑在农田吃稻谷的小鸟

C. 某工厂在村庄建起了扶贫车间,为村民就近就业提供便利

D. 某工厂排出了大量废水和有害气体,给周围居民带来健康危害

二、多项选择题

1. 下列选项中,属于新发展理念的有( )。

A. 创新　　　　B. 绿色　　　　C. 开放　　　　D. 自信

E. 共享

2. 下列选项中,属于解决外部性的对策的有( )。

A. 征税　　　　B. 补贴　　　　C. 企业合并　　　D. 提高利率

E. 明确产权

3. 下列关于网络效应的说法,正确的是( )。

A. 网络效应可以产生"正反馈"

B. 网络收益随网络规模扩大而增加的特性往往会产生良性效益

C. 直接网络效应是指网络使用量的增加会引起补充产品或网络价值的增加

D. 网络越大,管理层级越多,管理难度越大

E. 随着网络增大,边际成本不断降低

4. 下列关于网络外部性的描述,正确的有( )。

A. 由于网络外部性,大多数人购买办公软件时更倾向于微软 Office 系统

B. 网络外部性通常有正的外部性与负的外部性两类

C. 网络外部性的受益者是明确的,即网络内的所有成员

D. 出现网络外部性的根本原因在于网络自身的系统性及网络各组成成分之间的互补

E. 通信业通常只具有正的网络外部性

5. 下列关于梅特卡夫定律的描述,正确的有(　　)。

A. 梅特卡夫定律是由以太网的发明者梅特卡夫提出的

B. 网络的有用性(价值)随着用户数量平方数的增大而减小

C. 它表述的是网络的价值以用户数量的平方的速度增长

D. 企业从梅特卡夫定律得到的启示为,应尽最大可能拓展用户的网络规模

E. 网络越大,越难管理

三、简答题

1. 高质量发展模式下有哪些经济增长方式?
2. 新发展阶段的科学内涵是什么?
3. 我国《反垄断法》豁免的情形有哪些?
4. 反垄断规制有哪些形式?
5. 简述非竞争性的含义。
6. 网络外部性的独有特征有哪些?
7. 简述网络效应的含义。
8. 简述梅特卡夫定律的含义。

第四章

成本法评估无形资产

> 你可以拿走我全部的资产,但是你只要把我的组织人员留下来给我,五年内我就能够把所有失去的资产赚回来。
>
> ——美国钢铁大王安德鲁·卡内基(Andrew Carnegie)

学习目标

思政目标:了解创新型国家建设的基本要求,理解创新型上市公司财务报表的基本特征,辨析创新成本的基本构成与影响要素。

知识目标:知晓无形资产会计计量的准则要求,熟悉无形资产的成本特点,掌握主要无形资产的成本构成。

能力目标:能够运用成本法评估无形资产,掌握成本法中各参数的确定思路和注意事项。

一百多年前,可以代表美国经济水平的企业是以有形资产为主的卡内基钢铁、福特汽车、洛克菲勒石油,但如今可以代表美国经济水平的企业变成了具有大量无形资产的 GAF(Google、Amazon、Facebook)。同样,目前能够代表中国经济水平的企业也是具有大量无形资产的 BAT(百度、阿里巴巴、腾讯)。然而,因为无形资产看不见、摸不着,所以人们不能直接计量无形资产,这就如同人们很难测量公司的广告宣传效果和客户的忠诚度,却很容易测量新办公大楼的办公面积。因此,无形资产的会计计量较为复杂。然而,复杂并非拒绝评估无形资产的借口,我们还可以借助一些变量或间接的计量工具,通过反映无形资产对其他可计量变量的影响来评估无形资产。为此,本章重点探讨成本法评估无形资产,以期实现本章学习目标。

本章的主题是成本法在无形资产评估中的应用,主要知识点结构如图4-1所示。

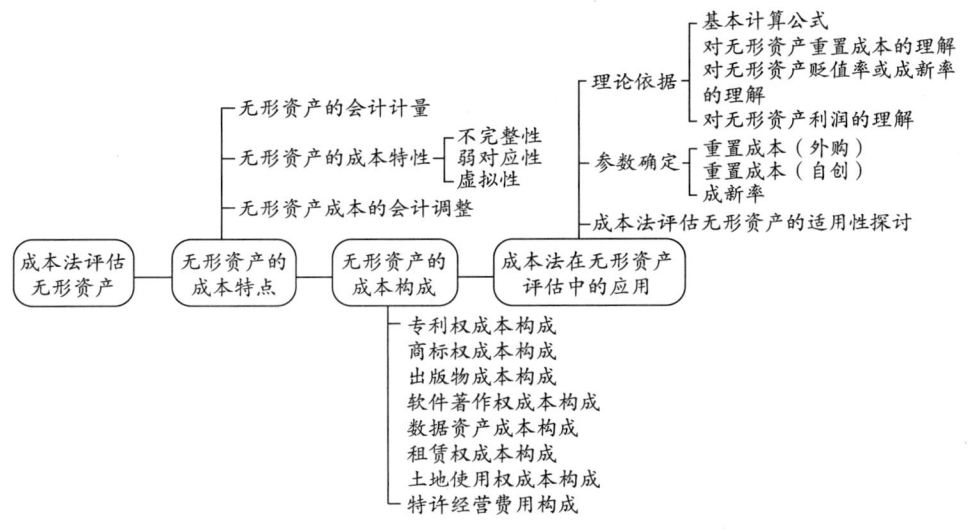

图4-1 本章知识点结构

第一节 无形资产的成本特点

尽管无形资产的会计计量较为复杂,但企业按照会计准则以实际发生的交易或者事项为依据进行会计确认、计量、记录和报告,如实反映符合确认和计量要求的各项会计要素及其他相关信息,为认识无形资产的成本提供了重要基础。

一、无形资产的会计计量

无形资产的成本包括无形资产在研制或取得、持有期间的全部物化劳动和活劳动的费用支出。依据《企业会计准则第6号——无形资产》,无形资产会计计量的要点主要包括:

(1)外购无形资产的成本,包括购买价款、相关税费以及直接归属于使该项资产达到预定用途所发生的其他支出。购买无形资产的价款超过正常信用条件延期支付,实质上具有融资性质的,无形资产的成本以购买价款的现值为基础确定。

(2)债务重组取得债务人用以抵债的无形资产,以该无形资产的公允价值为基础确定其入账价值,并将重组债务的账面价值与该用以抵债的无形资产公允价值之间的差额计入当期损益。

（3）在非货币性资产交换具备商业实质且换入资产或换出资产的公允价值能够可靠计量的前提下,非货币性资产交换换入的无形资产以换出资产的公允价值为基础确定其入账价值,除非有确凿证据表明换入资产的公允价值更加可靠;不满足上述前提的非货币性资产交换,以换出资产的账面价值和应支付的相关税费为换入无形资产的成本,不确认损益。

（4）以同一控制下的企业吸收合并方式取得的无形资产按被合并方的账面价值确定其入账价值;以非同一控制下的企业吸收合并方式取得的无形资产按公允价值确定其入账价值。

（5）内部自行开发的无形资产,其成本包括:开发该无形资产时耗用的材料、劳务费用、注册费、在开发过程中使用的其他专利权和特许权的摊销、满足资本化条件的利息费用,以及为使该无形资产达到预定用途前所发生的其他直接费用。

（6）企业自创商誉以及内部产生的品牌、报刊名等,不予计量。

（7）企业内部研究开发项目研究阶段的支出,于发生时计入当期损益。

（8）企业内部研究开发项目开发阶段的支出,同时满足下列条件的,才能确认为无形资产:①完成该无形资产以使其能够使用或出售在技术上具有可行性;②具有完成该无形资产并使用或出售的意图;③无形资产产生经济利益的方式,包括能够证明运用该无形资产生产的产品存在市场或无形资产自身存在市场,无形资产将在内部使用的,应当证明其有用性;④有足够的技术、财务资源和其他资源支持,以完成该无形资产的开发,并有能力使用或出售该无形资产;⑤归属于该无形资产开发阶段的支出能够可靠地计量。

二、无形资产的成本特性

根据现有的会计准则,我们很难清楚地计量贵州茅台、华为、腾讯等公司为了品牌、工艺等付出的成本。一些无形资产的成本,尤其是研制和形成费用,明显区别于有形资产,具有不完整性、弱对应性和虚拟性等特性。

1. 不完整性

在现行会计准则中,与购建无形资产相对应的各项费用是否计入该无形资产的成本,是以费用支出资本化为条件的。在企业生产经营过程中,科研费用等支出一般都是比较均衡地发生,并且比较稳定地为生产经营服务,因而我国现行的会计制度一般把科研费用在当期经营费用中列支,而不是先对科研费用进行资本化处理,再按无形资产折旧或摊销的办法从经营费用中补偿。这种办法简便可行,大体上符合实际,并不影响无形资产的再生产。但这样一来,企业账簿上反映的无形资产的成本就是不完整的,大量账外无形资产的存在是不可忽视的事实。另外,即使是按国家规定进行费用支出资本化的无形资产的成本核算,一般也是不完整的。由于知识资产固有的特殊性,有大量的前期费用,如培训、基础开发或相关试验等,这些费用往往不计入该项知识资产的成本,而是通过其他途径进行补偿。

2. 弱对应性

技术型无形资产(专利权和专有技术)的创建要经历基础研究、应用研究和工艺开发等漫长的过程,成果的出现带有一定的随机性、偶然性和关联性。有时有下列特殊情况发生:在一项研究失败之后偶然出现一些成果,显然由其承担所有的研究费用是不够合理的;或者在大量的先行研究(无论是成功还是失败)成果的积累之上,往往可能产生一系列的知识资产,而这些研究成果是否应该承担先行研究的费用也很难明断。因此,对开发无形资产的费用进行一一对应归算是比较困难的。

3. 虚拟性

一些无形资产的内涵远远超出了它的外在形式的含义,其成本只具有象征意义。例如商标,其成本核算的是商标的设计费、登记注册费、广告费等,而商标的内涵标志着商品的内在质量信誉,这是一种商标比另一种商标驰名的根本所在。这种无形资产实际上包括了该商品使用的特种技术、配方和多年的经验积累,而商标形成本身所耗费的成本只具有虚拟性(或称象征性)。

【例 4-1】 表 4-1 反映了在我国财务会计准则下上市公司对无形资产计量的一些信息,根据表格信息探讨:为何有些看似核心资产是无形资产的上市公司,如华谊兄弟(300027)、恒瑞医药(600276)、云南白药(000538)、游族网络(002174)等,其资产负债表中无形资产的占比却较低,然而诸如深高速(600548)宁波海运(600798)等重资产上市公司,其资产负债表中无形资产的占比却较高?哪些公司的无形资产满足不完整性、弱对应性和虚拟性?哪些公司的无形资产不满足不完整性、弱对应性和虚拟性?

表 4-1 部分上市公司 2021 年计入财务报表的无形资产情况

上市公司	无形资产 (亿元)	资产总计 (亿元)	无形资产 占比(%)	核心产品/ 服务
华谊兄弟(300027)	0.19	70.94	0.27	影视作品
恒瑞医药(600276)	4.42	392.66	1.13	创新药/仿制药
云南白药(000538)	6.99	522.93	1.34	中成药
用友网络(600588)	18.62	173.29	10.75	财务软件
新华百货(600785)	6.37	81.85	7.78	家售百货

(续表)

上市公司	无形资产（亿元）	资产总计（亿元）	无形资产占比（%）	核心产品/服务
游族网络（002174）	4.46	69.42	6.44	网络游戏
贵州茅台（600519）	62.08	2551.68	2.43	高端白酒
深高速（600548）	270.98	606.13	44.71	高速公路
宁波海运（600798）	30.56	72.32	42.27	货物运输

解：

首先，要看这些上市公司无形资产的具体构成，以华谊兄弟为例，2021年年末无形资产情况为版权资产30.43万元，软件资产1 862.33万元，其他50.74万元（总计0.19亿元），制作各类影视作品过程中的各类支出基本上费用化了，没有确认为资产；再如游族网络，2021年年末无形资产情况为软件资产930.95万元，游戏项目4.37亿元（总计4.46亿元），资本化研发支出占研发支出的比重为34.26%，大部分游戏项目的研发支出费用化，没有确认为资产；而深高速的无形资产包括特许经营权（收费公路及餐厨垃圾处理项目）、户外广告用地使用权、专利权、土地使用权、合同权益及办公软件等，其中占比最大的为特许经营权无形资产264.92亿元，占公司无形资产的97.77%，主要是各授予方授予深高速向收费公路使用者收取费用的权利以及所获得的与特许经营权合同有关的土地使用权，可以确认为资产；宁波海运的无形资产包括公路经营权——路产、公路经营权——交通附属设施、公路经营权——公路大修理支出、软件和其他，前三项公路经营权资产为30.49亿元，占公司无形资产的99.77%，公路经营权系政府授予本公司采用建设—经营—移交方式参与公路建设，并在建设完成以后的一定时间负责提供后续经营服务并向公众收费的经营权，可以确认为资产。

其次，要理解会计准则主要是用来计量离散的和连续的交易活动，并反映这些交易的累积影响，而一项无形资产投资创造的价值和离散的交易活动之间并不能直接关联，相反，与其他资产投资密切相关。例如，一个品牌的价值会依赖于产品背后的技术专利、广告支出或其他提高企业形象的活动，如云南白药、新华百货、贵州茅台，构筑其核心竞争力的品牌、专有技术、客户关系的投入均无法可靠计量，即便将商标费用、客户关系等支出计量，也是象征性的。

最后，无形资产创造价值的过程并不总是线性或直接的，一项研发计划或投资的不成功可能为其他项目提供研究线索，从而创造出意料之外的价值；同样，意想不到的或间接的事情也可能使价值毁于一旦，即无形资产的成本具有非对称性。例如，2005年腾讯收购Foxmail后并未给腾讯带来实际的财务收入，但Foxmail之父领衔的研发团队在几年后开发出了使腾讯称霸移动互联网领域的微信。

可见,诸如华谊兄弟、游族网络、恒瑞医药等对影视、游戏、创新药品的投入大部分费用化,具有不完整性;诸如云南白药、新华百货、贵州茅台等对品牌、专有技术、客户关系的投入均无法可靠计量,即便有部分费用支出被会计计量,也是象征性的,具有虚拟性;诸如恒瑞医药的创新药研发未必会如期成功,游族网络开发的游戏未必会获得市场的认可,其成本投入和价值表现具有弱对应性;诸如深高速、宁波海运等绝大部分的无形资产投入可以确认为资产,并不具有不完整性、弱对应性和虚拟性。

三、无形资产成本的会计调整

由例4-1可知,并非所有的无形资产投入均满足不完整性、弱对应性和虚拟性。事实上,对于绝大部分外购的无形资产,其成本构成是清晰的,会计计量是完整的;如果市场是公允的,则投入与所获也是对应的,并不满足弱对应性和虚拟性的特点。对于自行开发的无形资产,也有不少无形资产投入的会计计量是清晰、完整的,如土地开发过程中各项投入与成本、通用软件的开发与应用、著作的改编等。

一般来说,如果某项无形资产的成本具有弱对应性和虚拟性,则其成本计量无法如实反映符合确认和计量要求的各项会计要素及其他相关信息,对这类无形资产也就无法使用成本法来估算其价值,典型例子是具有偶然性的发明创造、商标和品牌价值。但如果仅仅是会计准则导致的不完整性,则可以通过调整报表数据使得成本信息完整。

无形资产成本的会计调整可从两个方面着手:一是将计入经营性支出的研发费用提取出来,重新计入资本性支出;二是把费用化的营业支出进行计价调整,进而将其计入资本性支出。

首先,要估计出从研发开始到形成产品的整个时间长度,也就是研发资产摊销期的长度。这与行业有关,如制药类企业的研发过程漫长、审批严格且手续繁杂,这就使得制药类企业的摊销期较长,一般都在十年以上;而对于网络公司、软件开发公司所处的知识技术更新换代较快的行业,其摊销期较短,一两年即可。

其次,要获得被评估企业评估时点前每年的研发支出。假设确定的摊销期为n年,这n年的研发支出分别为$I_t(t=1,2,\cdots\cdots,n)$,则第1年的研发支出$I_1$到评估基准日摊销完毕,剩余价值为0;第2年的研发支出I_2到评估基准日的剩余价值为I_2/n……第n年的研发支出I_n到评估基准日尚未摊销,剩余价值为I_n。通过以上分析可以得评估基准日的研发资产价值:

$$研发资产价值 = \sum_{t=1}^{n} \frac{I_t \times t}{n} \qquad (4-1)$$

通过以上步骤获得的研发资产价值即因会计记账方法的不完善而在企业价值评估时少计的企业价值,可以这个数为基础调整股权面值,得到一个更加完善的股权价值:

$$调整后的股权价值 = 股权面值 + 研发资产价值 \qquad (4-2)$$

股权价值单方面的变动会影响会计恒等式的平衡,因此调整需在等式两边同时进行。资产价值的变动情况如下:

$$调整后的资产价值 = 资产面值 + 研发资产价值 \qquad (4-3)$$

最后,要用重新计算的研发资产价值调整企业实际利润。因为费用化研发支出的会计处理导致营业利润少计,自然需要将已经资本化的研发支出加回营业利润,同时扣减当年的摊销额,只有这样才能得到合理的利润值。调整后的营业利润为:

$$调整后的营业利润 = 营业利润 + 当前年份研发支出 - 研发支出摊销额 \qquad (4-4)$$

同理,净利润的调整方法和营业利润相同。而且由于研发支出有减免税政策,可以不考虑税收调整,则调整后的净利润为:

$$调整后的净利润 = 净利润 + 当前年份研发支出 - 研发支出摊销额 \qquad (4-5)$$

【例4-2】 假设A公司2023年度研发(或广告或培训)支出为1亿元,当前会计以费用列支;2023—2025年营业收入分别为10亿元、12亿元和15亿元,总成本费用分别为5亿元、6亿元和8亿元,总资产分别为50亿元、55亿元和60亿元,所有者权益分别为40亿元、45亿元和50亿元。现在评估要求调整财务报表,使得成本信息完整,对2023年度支出的1亿元资本化并在当年摊销,设定无形资产摊销期为5年,该公司免征所得税,试对比调整前后资产、所有者权益、费用、净利润和净资产收益率等财务数据的差异。

解:

营业收入、负债及其利息并不会因会计计量方式的变化而变化,首先计算调整前资产、所有者权益、费用、净利润和净资产收益率等财务数据;其次计算如果使得成本信息完整,则2023年度支出的1亿元在2023—2025年的摊销金额分别为0.2亿元,即2023年从原来全部支出费用化变成了仅有0.2亿元的摊销费用,而2024年和2025年分别增加0.2亿元的摊销费用;最后计算调整后资产、所有者权益、费用、净利润和净资产收益率等财务数据。结果如表4-2所示。

表 4-2 A 公司调整无形资产会计计量前后的财务数据对比

财务指标	调整前（亿元）			调整后（亿元）			调整前后对比
	2023 年	2024 年	2025 年	2023 年	2024 年	2025 年	
资产	50	55	60	50.8	54.8	59.8	2023 年变大，2024 年和 2025 年变小
所有者权益	40	45	50	40.8	44.8	49.8	
营业收入	10	12	15	10.0	12.0	15.0	没有变化
总费用	5	6	8	4.2	6.2	8.2	2023 年变小，2024 年和 2025 年变大
净利润（%）	5	6	7	5.8	5.8	6.8	2023 年变大，2024 年和 2025 年变小
净资产收益率（%）	12.50	13.33	14.00	14.22	12.95	13.65	

可以发现，诸如研发、广告、培训等支出的会计处理，在某种程度上夸大了未来的利润和成长性，使得公司资产、所有者权益、净利润、净资产收益率等财务数据都受其影响。

第二节 无形资产的成本构成

要了解无形资产的成本构成，就要理解无形资产取得过程中会计计量成本和实际发生成本之间的区别。本教材所阐述的无形资产的成本构成是实际发生或者模拟实际的，是为了服务于资产评估专业活动的。由于一些无形资产在会计计量时成本的不完整性、弱对应性和虚拟性，会计成本无法反映企业对特定无形资产的投入。然而，也不能把实际发生成本和会计计量成本割裂开来，事实上，会计数据和现代会计计价方法是资产评估的重要依据，资产评估中常会利用和参考会计数据。

更重要的是，无形资产和实物资产、金融资产一样，都遵循最基本的成本效益均衡的经济学规律。建设创新型国家的关键是企业增加研发投入。成功的企业大多都拥有较为完善的研发管理体系，良好的研发管理体系对企业的高效运营和持续获取竞争力起着强大的支撑作用。"十四五"以来，我国科技实力和创新能力持续提升，实现了历史性、整体性、格局性变化。全社会研发投入从 2020 年的 2.4 万亿元增长到 2022 年的 3.09 万亿元，研发投入强度从 2.4% 提升至 2.55%。其中，基础研究经费比 2020 年增长超过 30%，占研发经费的比重持续提高，2022 年达到 6.3%。有投入就有回报，世界知识产权组织发布的"全球创新指数"显示，我国排名从 2020 年的第 14 位提升至 2023 年的第 12 位，连续多年稳步上升，稳居中等收入经济体首位。此外，我国在人工智能、量子信息、新能源、生物技术等前沿领域取得了一系列突破性成果，科技创新对经济社会发展的支撑作用显著增强。

如前文所述,对于绝大部分外购无形资产,其成本构成是清晰的,主要是取得成本和间接费用(分摊的管理费用和设计制图费用等),本节重点介绍常见无形资产的成本构成。

一、专利权成本构成

专利权的形成主要可以分为三个阶段:第一阶段是技术维度,成本主要是企业研发费用;第二阶段是文本质量,成本主要是申请费用;第三阶段是竞争维度,成本主要是律师费用。

企业研发费用是指企业在产品、技术、材料、工艺和标准的研究、开发过程中所发生的各项费用,包括:①研发活动直接消耗的材料、燃料和动力费用;②企业在职研发人员的工资、奖金、津贴、补贴、社会保险费、住房公积金等人工费用以及外聘研发人员的劳务费用;③用于研发活动的仪器、设备、房屋等固定资产的折旧费或租赁费以及相关固定资产的运行维护、维修等费用;④用于研发活动的软件、专利权、非专利技术等无形资产的摊销费用;⑤用于中间试验和产品试制的模具、工艺装备开发及制造费,设备调整及检验费,样品、样机及一般测试手段购置费,试制产品的检验费等;⑥研发成果的论证、评审、验收、评估费用以及知识产权的申请费、注册费、代理费等费用;⑦通过外包、合作研发等方式,委托其他单位、个人或者与之合作进行研究而支付的费用;⑧与研发活动直接相关的其他费用,包括技术图书资料费、资料翻译费、会议费、差旅费、办公费、外事费、研发人员培训费、培养费、专家咨询费、高新科技研发保险费等。

申请费用主要是向国务院专利行政部门申请专利和办理其他手续时应当缴纳的费用,主要包括①申请费、申请附加费、公布印刷费、优先权要求费;②发明专利申请实质审查费、复审费;③专利登记费、公告印刷费、年费;④恢复权利请求费、延长期限请求费;⑤著录事项变更费、专利权评价报告请求费、无效宣告请求费。

律师费用主要包括法律咨询、专利权属纠纷各类处理费用。

二、商标权成本构成

商标权的成本构成主要包括企业在商标的设计、注册、保护、维持过程中所支付的实际成本,分为取得成本和维护成本。商标权的取得成本要根据商标权获得的具体情况而定,通常包括企业为取得商标权而投入的市场调查费、商标设计制作费,以及依托商标注册代理机构所投入的代理费、注册申请费。如果商标是继受取得,则要包括受让费、办理转让的各项费用。此外,商标权的取得成本还包括注册商标的所有人和使用人为建立信誉、营销品牌、进入相关市场而投入的广告宣传费、人力资本消耗等。

商标权的维护成本通常包括商标管理费、商标续展注册费和一切为制止侵权假冒商标所支付的费用(如侵权调查取证费、诉讼费、公证费等)。但对于驰名商标而言,其创建成本可能相对于其价值而言可以忽略,而应该重点考虑在创造驰名商标过程中支出数额较大的广告费用。

三、出版物成本构成

出版物成本是出版单位为生产产品、提供劳务而发生的各种耗费,亦即出版单位在出版物的编辑、复制和发行等活动中所支付的费用。出版物成本主要包括直接成本和间接成本。

直接成本是指可以分清为哪种产品消耗的,直接反映某一出版物品种生产过程的各项支出,计算出版物成本时可以根据原始凭证(如稿费支付单等)直接计入的成本,一般分为开发过程和制造过程的费用,其中开发过程的费用包括出版物设计阶段(从信息采集到组稿)一系列环节发生的费用,包括信息收集费、调研交通费、通信费、组稿费、专题会议费、参与开发的职工薪酬等。制作过程的费用包括出版物的内容生产阶段和物质生产阶段一系列环节发生的费用,包括稿费、审稿费、编辑加工费、校对费、录入费、直接材料费、印制费、固定资产折旧、参与制作的职工薪酬等。

间接成本是指出版单位编辑部门所发生的,但不能分清为哪种产品消耗的,不能直接计入某一出版物品种成本,而必须按照一定的标准分配计入的各项间接生产费用,主要包括:编辑部门共担的人工费用(工资、奖金、津贴、补助)、办公费、差旅费、会议费、业务招待费、资料费、编录(办公)用品费;不能计入单一出版物品种成本的审稿费、编选费、绘图费、装帧设计费、编辑加工费等。

四、软件著作权成本构成

从软件生命周期来看,软件著作权成本主要包括软件开发费用、申请软件登记费用和软件维护费用。

软件开发费用是软件产品在其生产过程中所耗费的各项费用,由硬件成本和其他成本组成,包括软件的分析/设计费用(含系统调研、需求分析、系统分析)、实施费用(含编程/测试、硬件购买与安装、系统软件购置、数据收集、人员培训)及系统切换等方面的费用,表现为材料费、燃料费、动力费、折旧费、人工费、管理费用、财务费用等。

申请软件登记费用包括软件著作权登记费、软件著作权合同登记费、变更或补充登记费、登记证书费、封存保管费、例外交存费、查询费、撤销登记申请费等。

软件维护费用由运行费用(含人工费、材料费、固定资产折旧费、专有技术及技术资料购置费)、管理费用(含审计费、系统服务费、行政管理费)及维护费用(含纠错性维护费用及适应性维护费用)组成。

五、数据资产成本构成

依据《企业数据资源相关会计处理暂行规定》(财会〔2023〕11号),企业通过外购方式取得确认为无形资产的数据资源,其成本包括购买价款、相关税费,直接归属于使该项无形资产达到预定用途所发生的数据脱敏、清洗、标注、整合、分析、可视化等加工过程所发生的有关支出,以及数据权属鉴证、质量评估、登记结算、安全管理等费用。

对于自行开发的数据资产,其成本主要包括劳动者报酬、中间投入、固定资产消耗和其他生产税净额。

劳动者报酬是指支付给直接从事数据收集、数据存储、数据分析和数据应用的人员以及直接提供数据生产相关服务的人员的劳务费用,包括工资、薪金以及所有相关福利和费用,如奖金、假日津贴、养老金缴纳费用和其他社会保障支付费用、工资税等。

中间投入包括数据生产活动中直接投入的非资产性的材料、物资费用,通过经营租赁方式租入的设备租赁费用,以及用于数据生产活动的设备运营费用和咨询服务、行政费用等。

固定资产消耗是指从事数据生产活动所使用的固定资产折旧,固定资产包括仪器与设备、建筑物、计算机软件等。

其他生产税净额是指其他生产税与其补贴之差。其他生产税是指除产品税之外,企业从事数据生产活动而应缴纳的所有税收,包括针对数据生产活动所使用的土地、建筑物、其他资产等的所有权或使用而征收的税收,或是针对雇用劳动力或支付劳动者报酬而征收的税收。其他生产补贴是指产品补贴以外的,因从事数据生产活动而应得的补贴,主要包括对工资或劳动力的补贴。

六、租赁权成本构成

租赁权成本是指承租人获得租赁期内使用租赁资产的权利的成本,主要包括租赁付款额和承租人发生的直接费用。其中,租赁付款额是指承租人向出租人支付的与在租赁期内使用租赁资产的权利相关的款项;承租人发生的直接费用是指在租赁谈判和签订租赁合同过程中承租人发生的、可直接归属于租赁项目的费用,通常有印花税、佣金、律师费、差旅费、谈判费等。

七、土地使用权成本构成

土地使用权成本又称土地成本，主要包括土地取得费、土地开发费、管理费用、利息费用、税费、投资利润和土地增值收益。

土地取得费是用地单位为取得土地使用权而支付的各项客观费用。征用农村集体土地时，土地取得费就是征地费用；城镇国有土地的取得费是拆迁安置费，主要包括拆除房屋及构筑物的补偿费及拆迁安置补助费；对于从市场购入的土地，其取得费是土地的购买价格。征用农村集体土地的土地取得费是指评估基准日待估宗地所在区域征用同类土地所支出的平均费用，主要包括土地补偿费、安置补助费、青苗及地上物补偿费。

土地开发费是指获得土地后，对其开发的费用，指设定开发程度条件下的土地开发费。该费用按所在区域设定开发程度条件下需投入的各项客观费用计算。土地开发费中可能还包括开办费和开发过程中管理人员的工资等管理费用，也可以将此费用单列。

管理费用是指开发商开发过程中支付的管理人员工资、办公费、差旅费、固定资产使用费等。按照取得费用与开发费用的一定比例计算，实务中有时也把管理费用归并到土地开发费中。

利息费用是指根据本金和利率计算出来的利息，以费用的形式体现。土地计息基础是土地取得成本、土地开发成本以及管理费用。

税费主要是指销售阶段应缴纳的税费，按照国家有关税收政策和法规来确定。税收主要有营业税、由卖方负担的印花税、城市维护建设税、教育费附加、土地增值税等。费用主要有销售广告费、委托销售代理费、交易手续费、产权转移登记费等。

投资利润。投资的目的是获取相应的利润，以作为投资的回报。对土地进行投资，当然也要获取相应的利润。

土地增值收益主要是土地用途改变或土地功能变化引起的。如农地转为建设用地，新用途的收益将大大高于原用途，必然带来土地增值收益。由于这种增值是土地所有权人允许改变土地用途带来的，因此应归整个社会所有。

八、特许经营费用构成

商业特许经营费用主要有特许经营的初始费、持续费以及其他费用三类。其中，特许经营的初始费指的是受许人向特许人交纳的加盟金，即加盟费；特许经营的持续费指的是在特许经营合同持续期间，受许人需要持续地向特许人交纳的费用，主要包括特许经营权使用费和市场推广及广告基金两类;其他费用主要包括履约保证金、品牌保证金、培训费、合同更新费、设备费、原料费、产品费等。

社会资本方对政府和社会资本合作(PPP)项目取得的政府特许经营权费用,按照《企业会计准则解释第14号》的要求,当社会资本方在相关借款费用满足资本化条件时,应当将其予以资本化,即将相关PPP项目资产的对价金额或确认的建造收入金额确认为特许经营权无形资产。其中,建造收入是指建造期间企业将提供的建造服务作为在某一时段内的履约义务,按照已发生的成本占预计总成本的比重确定履约进度并确认的金额。

第三节 成本法在无形资产评估中的应用

一、成本法的理论依据

成本法是指在评估资产时按被评估资产的现时重置成本扣减其各项损耗价值来确定被评估资产价值的方法。其基本计算公式为:

被评估资产的评估值 = 重置成本 − 实体性贬值 − 功能性贬值 − 经济性贬值

或:

被评估资产的评估值 = 重置成本 ×(1 − 贬值率)

采用成本法对资产进行评估的理论依据:第一,资产的价值取决于资产的成本,即资产的成本和价值成正比。重置成本是按现行市场条件重新购置一项全新资产所支付的全部货币总额,重置成本与原始成本的内容构成是相同的,但二者反映的物价水平是不相同的。第二,资产的价值是一个变量,随资产本身的运动和其他因素的变化而相应变化。影响资产价值的因素,除了市场价格,还有资产的物理损耗或有形损耗(也称实体性贬值)、资产的功能性损耗(也称功能性贬值)、资产的经济性损耗(也称经济性贬值)。

成本法应用的前提条件包括具备可利用的历史资料、形成资产价值的耗费是必需的、被评估资产处于或被假定处于继续使用状态。

1. 对无形资产重置成本的理解

对于无形资产来说,要应用成本法进行评估,首先要讨论该无形资产是否有重置成本,如果有,又是否可以计量。对无形资产重置成本的理解需要关注以下几个方面:

第一,知识型无形资产具有非竞争性,与有形资产不一样,可以同时有多个复制品且成本可以忽略不计。因此,对知识型无形资产重置成本的理解并不是多一个复制品。如果自创,则重置成本是其他企业重新设计并开发取得类似功能的无形资产所耗费的全部成本;如果外购,则重置成本是企业外购该项无形资产支付的全部成本。

第二,权利型无形资产不具有非竞争性,如某公路特许经营权在特定时空下是唯一的,是无法像有形资产一样重置的,但取得该权利型无形资产的成本是清晰完整的,也是对称的,即尽管特许经营权具有唯一性和独占性,但只要满足成本法应用的前提条件,也可认为是可以"重置"的。因此,这类无形资产的重置成本可以理解为将取得该无形资产的历史成本按当前市场条件折算成现行成本。

第三,一般而言,下列情形的无形资产是很难重置的:①由经营者经过长时间积累形成的,如老字号商标、商誉、品牌等,很难在短时间内重新积累;②偶然性的发明与创作,如无法复制的经典影视作品、借助灵感和特定情境创造出来的文学作品、开拓性的药品发现;③企业重新取得某项资产但无法达到相同或类似的功能,如平台软件及其数据资产,受限于用户的黏性和数据的积累,尽管有企业开发出结构相近的平台软件,但无法达到原有平台软件的实际效果。

第四,除去很难重置的情形,在现实中仍有很多无形资产是可以"重置"的,或者说可以在市场中找到类似功能的无形资产,或者可以通过人力和物力在一定时间内取得类似功能的无形资产。例如一些仿制药的研发;大部分的国产化替代;具有相近功能的软件产品,如财务软件有用友、金蝶、远光、新中大、金算盘等,浏览器有谷歌浏览器、360 浏览器、微软 edge 浏览器、火狐浏览器、QQ 浏览器等。

2. 对无形资产贬值率或成新率的理解

资产贬值一般指被评估资产与选择为参照物的新资产在价值上的差别,即被评估资产重置成本与被评估资产评估值的差。根据贬值原因的不同,资产贬值大体可以分为实体性贬值、功能性贬值、经济性贬值三类。对无形资产贬值的理解需要关注以下三点:

第一,无形资产具有非实体性,因此一般不适用实体性贬值概念,但可能会发生功能性贬值和经济性贬值。功能性贬值是指无形资产无法完成最初设计的功能,随着时间的推移,由于设计或工程技术的改进或替代,效用变低,从而价值降低。经济性贬值是指无形资产现行使用以外的事件或条件以及无法控制的影响造成目标无形资产价值降低,如国家相关发展政策的影响、市场需要的变化等。

第二,实务中许多无形资产的贬值趋势并不是直线形的,例如影视作品著作权资产,按照相关法律规定,其经济寿命可能超过 50 年,但其经济利益的 80%~90% 可能在第一轮放映期内就实现了,其后的剩余经济寿命期内可能仅有 10%~20% 的经济利益。

第三,一些特定的无形资产在评估时不需要考虑贬值因素,如商标权无形资产,随着使用年限的增加,其知名度可能越来越高,商标价值不但不会降低,反而可能提高。

3. 对无形资产利润的理解

大量关于无形资产的研究和分析一般都会强调无形资产在创造企业价值和提高企业增长速度方面的巨大潜力,似乎无形资产总能创造超额利润(above-average profits),但事实上,对于这一问题需要进行分类分析。

超额利润情形

一般来说,在一个成熟的自由竞争的市场中,当一个企业获得超过平均水平的利润时,其他竞争者会很快意识到其中有利可图,然后进入这个高利润的市场,这些后来者的到来会迫使商品降价销售,导致企业获利减少。这一微观经济过程一般来讲是有效率的,但市场参与者可能是不一致的,高额利润会吸引过多的商家挤入市场,其数量会超过市场的承受能力。当供大于求时,商品的价格降低使得持续竞争的市场利润下降;经过一段时间的经济震荡后,该行业的利润下降到最低限度,当市场竞争达到均衡时,市场中的参与者仅能获得应得的利润。然而,由于无形资产的累积性、信息不对称性及高门槛性等特性,拥有无形资产的企业却可能保持产生超额利润。

普通利润情形

每个市场参与者都想获得超额利润,但在现实中,更常见的是以下情况:对于知识型无形资产,竞争对手会想方设法突破专利或著作权壁垒,最终给消费者多种选择,即便有知识产权法律保护,绝大部分商家仍无法独占全部市场,相互之间的竞争使得每个生产者并不容易获得超额利润,大部分商家只能获得合理的利润,如智能手机有iPhone、华为、OPPO、小米、vivo等品牌,电动汽车有比亚迪、特斯拉、蔚来、理想等品牌。一些较难竞争的关系民生的含无形资产商品,在获得创新保护的同时还可能受到政府的价格干预,典型的是药品的医保谈判和集中采购制度。对于权利型无形资产,则容易受到特许人(包括政府和商业特许人)的价格管制,如原油、天然气、电力、高速公路、城市公共交通、公墓、殡仪馆、火葬场等。

成本法中利润的计算

计算资产的重置成本时往往需要考虑利润,那么在运用成本法评估无形资产价值的过程中,该如何确定这一参数呢?

首先,如果该无形资产可以产生超额利润,则一般不适用于成本法评估。因为很难找到类似功能的无形资产,同时很难通过相关成本进行重置。例如独一无二的专利或专有技术,积累性特征较为明显的数据资产、商标、商誉和品牌等。

其次,如果该无形资产实现的是普通利润,则可用行业平均利润来计算该无形资产可能产生的利润。

最后，对成本法下无形资产利润问题的讨论同样适用于收益法。

二、成本法的参数确定方法

1. 外购无形资产重置成本的确定

物价指数法

有账面记录资料时，往往采用物价指数法确定无形资产重置成本，即以账面历史成本为基础，乘以自购置日至评估日的物价指数，将账面历史成本调整为重置成本。计算公式为：

$$无形资产重置成本 = 无形资产账面历史成本 \times \frac{评估日物价指数}{购置日物价指数} \quad (4-6)$$

按物价指数确定无形资产重置成本时，关键的问题是物价指数的确定。从无形资产的成本构成来看，主要有物质消耗费用和活劳动消耗费用，对于不同的无形资产，两类费用的构成相差很大。那些需要利用现代科研和实验手段的无形资产，其物质消耗往往占有较大比重，则其物价指数将主要由同类生产资料物价指数决定。在实际评估业务中，一般按两类费用的构成和生产资料及生活资料的物价指数计算综合物价指数，作为无形资产评估日的物价指数。

市价类比法

有市场同类无形资产的交易价格资料时，往往采用市价类比法确定无形资产重置成本。在评估无形资产的重置成本时，若无该无形资产的账面历史成本资料，则可搜集市场同类无形资产的交易价格资料，并根据无形资产的功能以及技术先进性和适应性进行调整，求得现行购买价格，然后根据被评估无形资产的实际情况和现行标准，按购买价格的一定比例，确定无形资产的购置费用。计算公式为：

$$无形资产重置成本 = 无形资产现行购买价格 + 无形资产现行购置费用 \quad (4-7)$$

2. 自创无形资产重置成本的确定

自创无形资产的成本由企业在创造或研制无形资产的过程中所发生的物质资料消耗和活劳动消耗组成。在实际评估业务中，自创无形资产重置成本的确定一般可以采用以下几种方法。

账面历史成本法

自创无形资产有账面历史成本资料时，可以账面历史成本为基础，乘以相应的物价指数求得重置成本。

$$无形资产重置成本 = 无形资产账面历史成本 \times \frac{评估日物价指数}{自创时物价指数} \quad (4-8)$$

财务核算法

无账面历史成本资料的自创无形资产,可按该无形资产创立时实际发生的材料、工时消耗数量以及现行价格和费用标准,确定其重置成本。

$$无形资产重置成本 = 物质资料实际消耗量 \times 现行价格 + 工时实际消耗量 \times 现行费用标准 \tag{4-9}$$

由于无形资产属于创造性智力成果,因此不能原样重置,只能是复原重置成本,故上式中物质资料消耗量以及工时消耗量均按创立无形资产时的实际发生数计算,而不能按现行标准计算。

市价调整法

当市场中存在与自创无形资产相似的无形资产交易时,可按市场同类无形资产的交易价格以及自制成本与售价的一定比率(成本售价系数)进行调整,求得自创无形资产的重置成本。

$$无形资产重置成本 = 同类无形资产市价 \times 成本售价系数 \tag{4-10}$$

式中,成本售价系数可根据本企业有代表性的已出售无形资产的自创成本与售价的加权平均比率求得。

倍加系数法

对于投入智力比较多的技术型无形资产,考虑到科研劳动的复杂性和风险,可以利用以下公式测算无形资产的重置成本。

$$无形资产重置成本 = (C + \beta_1 V) \times (1 + L)/(1 - \beta_2) \tag{4-11}$$

式中,C 为无形资产研发中的物化劳动消耗,V 为无形资产研发中的活劳动消耗,β_1 为科研人员创造性劳动倍加系数,β_2 为科研的平均风险系数,L 为无形资产投资回报率。

资料卡

活劳动与物化劳动是物质资料生产中所用劳动的一对范畴。前者指在物质资料生产过程中发挥作用的能动的劳动力,是劳动者加进生产过程的新的、流动状态的劳动。后者亦称死劳动,又称过去劳动或对象化劳动,指保存在一个产品或有用物中凝固状态的劳动,是劳动的静止形式。

---

3. 成新率的计算

成本法评估的是无形资产的重置成本净值,其数额由无形资产的重置成本和无形资产的成新率决定。而无形资产的成新率又由无形资产的损耗决定,因此确定无形资产的成新率,必须研究无形资产的损耗。

无形资产的损耗是指因无形资产的使用、技术进步以及企业外部环境的变化而引起的无形资产价值的降低,通常可以分为无形资产时效性贬值、功能性贬值和经济性贬值三种情况。无形资产时效性贬值通常是指由于无形资产的使用,其尚可使用年限缩短;无形资产功能性贬值是指由于技术进步,拥有该无形资产的主体的垄断性减弱,从而降低其获得垄断利润的能力,一般来说,技术进步越快,无形资产更新的时间越短,则其功能性贬值越高;无形资产经济性贬值是指由于企业外部环境的变化(如国家的政策调整、企业之间的激烈竞争等)对企业产生了不利影响而带来的无形资产价值降低。

在实际评估业务中,对无形资产重置成本净值的确定,是根据考虑三种贬值因素的综合成新率测定的。无形资产综合成新率的计算公式为:

$$无形资产综合成新率 = \frac{尚可使用年限}{实际已使用年限 + 尚可使用年限} \times 100\% \quad (4-12)$$

式中,实际已使用年限较易确定;尚可使用年限是指无形资产能够为经营主体带来超额利润的年限,而不是指法定保护年限。

在实际评估业务中,尚可使用年限可以采用下列方法确定:

(1)专家预测法。该方法是通过聘请有关技术领域的专家,对被评估无形资产技术的先进性、适用性以及技术市场的发展趋势进行预测,从而确定无形资产的尚可使用年限。

(2)技术更新周期法。该方法是根据同类无形资产的技术更新周期,确定被评估无形资产的更新周期,从中扣掉无形资产已使用年限,从而得到无形资产的尚可使用年限。

【例 4-3】 被评估对象为一项专利技术,于 2021 年 8 月自行开发并获得专利权(实用新型),法律保护期限为 10 年,当时物价指数为 120。该项专利技术在开发过程中消耗材料 12 万元,消耗动力 22 万元,支付科研人员工资 25 万元;科研人员创造性劳动倍加系数为 1.5,科研的平均风险系数为 0.5;该项无形资产投资回报率为 20%,行业基准收益率为 30%;同时根据专家鉴定分析,该项专利技术的剩余使用年限仅为 6 年。评估基准日为 2023 年 8 月,物价指数为 150。请根据上述资料确定该项无形资产的市场价值。

解:

该项无形资产在 2021 年 8 月的重置成本可用倍加系数法计算:

该项无形资产在 2021 年 8 月的重置成本 = $(C + \beta_1 V) \times (1 + L)/(1 - \beta_2)$ = $(12 + 22 + 25 \times 1.5) \times (1 + 20\%)/(1 - 0.5) \approx 172$(万元)

该项无形资产在评估基准日的重置成本 = 172 × 150/120 = 215(万元)

成新率 = 6/(2 + 6) = 75%

该项无形资产在评估基准日的市场价值 = 215 × 75% ≈ 161(万元)

三、成本法评估无形资产的适用性探讨

在无形资产评估中,成本法可以单独用于以摊销为目的的无形资产评估,工程图纸转让、计算机软件转让、技术转让中最低价格的评估,收益额无法预测和市场无法比较的技术转让等场合。而在更多的场合,则是成本法与收益法结合使用,如专利权、专有技术和整体无形资产的评估。当评估价格中重置成本部分远高于收益部分时,可以单独采用成本法进行评估;当评估价格中重置成本部分远低于收益部分时,可以单独采用收益法进行评估。《国有资产评估管理办法》规定,对占有单位的无形资产,应区别下列情况评定重估价值:①外购的无形资产,根据购入成本及该项资产具有的获利能力;②自创或者自身拥有的无形资产,根据其形成时所需实际成本及该项资产具有的获利能力;③自创或者自身拥有的未单独计算成本的无形资产,根据该项资产具有的获利能力。

在使用成本法对无形资产进行评估时,需要注意以下几个问题:

(1) 无形资产的成本问题。以成本为评估依据的基本条件:一是成本能够识别;二是成本能够计量。识别和计量的成本可以是被评估商品本身的成本,也可以是相同商品的再生产成本。为了排除贬值、通货膨胀等因素的影响,成本一般以再生产成本为计量对象。但是,无形资产的再生产成本不能作为计量对象。其原因在于:有些无形资产不能再生产,即使可以再生产,由于再生产的成本极低,也根本无法作为估价的依据,也就是说,无形资产的重置成本变得没有意义。因此,无形资产的成本估算只能是其创造时的初始成本,即开发成本,而这种成本与无形资产带来的效益不完全对称,它只能在一定范围内和一定程度上作为估价的依据。

(2) 在实际操作中应区别不同的情况进行处理。对标识形态类无形资产的评估,由于其成本不能识别,也不能计量,因此不适宜采用成本法。标识形态类无形资产包括商标、服务、标记、名牌等,最典型的是商标,一般认为其创造成本是商标的设计费、注册登记费等,这些成本都很低,如果采用成本法进行评估显然是与其实际价值相背离的。反映商标价值的主要内容应该是使用该商标所生产的产品的质量、信誉及其社会形象,因此不适宜采用成本法。著作权类无形资产的成本包括物化劳动和活劳动两方面的消耗。众所周知,创作作品主要靠人的智力投入,因此其成本主要是活劳动的消耗。对于智力劳动,以创作人员的工资和创作时间来计量显然是不合理的,因为工

资只是一种平均价格,它不直接反映创作作品的智力劳动的价值,而且智力劳动的时间计量也是很困难的,因此成本法对著作权类无形资产的评估也是不适用的。

（3）一般来说,成本不等于价值,成本法没有收益法和市场法全面,许多重要的价值驱动因素在这种方法中被忽略。比如,成本法不直接考虑有关无形资产经济收益总量的信息,而这些收益由对产品或服务的需求驱动,可以生成利润。成本法还缺少对与经济收益趋势有关的信息的考虑。经济收益趋势受社会、人口和竞争力等因素影响,但成本法无法捕捉到这些因素对资产价值的影响。成本法还容易忽略与预期收益直接相关的风险因素。一般来说,资产的风险越高,其价值越低,而成本法无法反映这一特性。

习 题

一、单项选择题

1. 2023 年 6 月 1 日,A 公司以 1 800 万元的价格从产权交易中心竞价取得一项商标权,另支付相关税费 75 万元。为推广由该商标权生产的产品,A 公司发生广告宣传费 20 万元、展览费 10 万元。不考虑增值税因素,A 公司竞价取得商标权的入账价值为（ ）万元。

A. 1 800 　　　　B. 1 875 　　　　C. 1 895 　　　　D. 1 905

2. 按照我国企业会计准则的规定,下列选项中,股份有限公司应作为无形资产入账的是（ ）。

A. 为获得土地使用权而支付的土地出让金

B. 为扩大商标知名度而支付的广告费

C. 企业所拥有的客户关系

D. 企业内部产生的报刊名

3. 下列选项中,属于无形资产成本不完整性的形式特征的是（ ）。

A. 我国企业会计准则一般把无形资产的研究费用作为生产经营费用处置

B. 无形资产属于创造性劳动成果,表现在研发投入与研发成果之间的关系不确定

C. 在一系列的研究失败之后偶尔出现一些成果,由其承担所有的研究费用不合理

D. 无形资产能以一定方式为其控制主体在较长时间内持续产生经济效益

4. A 公司有一项专利技术,于 2020 年 10 月 1 日自行研发并取得专利证书,法律保护期限为 10 年,根据专家鉴定分析和预测,该项专利技术在评估基准日（2021 年 10 月 1 日）的剩余使用期限为 4 年,则其贬值率为（ ）。

A. 15%　　　　　B. 20%　　　　　C. 25%　　　　　D. 30%

5. 某企业5年前获得一项专利,法定寿命为10年,现对其价值进行评估。经专家估算,至评估基准日,其重置成本为120万元,尚可使用3年,则对该项专利的评估价值为( )万元。

A. 45   B. 50   C. 60   D. 72

二、多项选择题

1. 下列选项中,属于活劳动解释的是( )。

A. 活劳动是指物质资料的生产过程中劳动者的脑力和体力的消耗过程

B. 活劳动是劳动者加进生产过程的新的、流动状态的劳动

C. 活劳动是过去劳动或对象化劳动

D. 活劳动是劳动的静止形式

E. 活劳动与物化劳动是物资资料生产中所用劳动的一对范畴

2. 下列选项中,属于无形资产功能性贬值的是( )。

A. 出现了新的技术工艺,可以缩减成本20%

B. 专利被广泛传播应用

C. 国家相关政策出台,导致无形资产的市场需求变小

D. 专利技术预计能节约成本50%,但由于废品率过高,实际仅能节约成本30%

E. 产品在市场上广受好评

3. 下列关于成本法在无形资产评估中的应用,描述正确的有( )。

A. 组合劳动力的市场价值可以使用成本法进行评估

B. 老字号商标、商誉、品牌等无形资产的价值较难使用成本法进行评估

C. 随着使用年限的增加,商标价值逐年增加,仍需要考虑功能性贬值

D. 改编权的市场价值往往小于汇编权的市场价值

E. 无形资产的贬值趋势总是呈直线形的

4. 下列选项中,属于自创无形资产重置成本核算方法的有( )。

A. 账面历史成本法   B. 倍加系数法   C. 差额法   D. 分成率法

E. 市价调整法

5. 应用成本法进行无形资产评估必须具备的基本条件有( )。

A. 该无形资产能够被重置

B. 重置该无形资产技术上可行

C. 重置该无形资产法律上允许

D. 需要考虑无形资产的贬值因素

E. 无形资产需要是外购形式获得的

三、简答题

1. 简述无形资产较难获取重置成本的情形。

2. 企业内部研究开发项目在开发阶段的支出,需同时满足哪些条件才能被确认为无形资产?

3. 简述数据资产的成本构成。

四、计算题

A 公司将要被同行的 B 公司兼并,现在需要对 A 公司资产进行评估。该公司有一项专利技术,3 年前自行研制开发并获得专利证书,法律保护期限为 10 年。该项专利技术在研发过程中消耗材料 15 万元,消耗动力 20 万元,支付科研人员工资 30 万元。评估专业人员经过市场调查论证,确定科研人员创造性劳动倍加系数为 1.2,科研的平均风险系数为 0.4,该项无形资产投资回报率为 20%,行业基准收益率为 30%。根据专家鉴定分析和预测,该项专利技术的剩余使用年限仅为 3 年。试评估该项专利技术的价值。

第五章

收益法评估无形资产

> 所谓计划,就是以错误来取代杂乱无章。
>
> ——无名氏

学习目标

思政目标:了解无形资产的价值创造原理,理解我国企业实现自主创新之后竞争态势的转变,以及国际话语权提升带来的重要影响。

知识目标:熟悉收益法在无形资产评估中的运用方法;掌握收益额、折现率和收益期三大收益法参数的确定方法。

能力目标:能够运用收益法评估无形资产,掌握收益法中各参数的确定思路和注意事项。

无形资产价值较难评估的重要原因在于模糊的因果关系(causal ambiguity),既表现为分离模糊(isolation ambiguity),即组织的整体收益与具体的无形资产投资之间较难建立直接的联系;又表现为权重模糊(weighting ambiguity),即评估师和管理者等主体较难确定在整体收益中有多少是由无形资产带来的,又有多少是由其他资产贡献的。对无形资产未来收益预测是否准确,直接影响到无形资产价值的评估,而收益受很多不确定因素的影响,使得收益的实现带有极大的风险。那么在运用收益法评估无形资产时,该如何确定无形资产贡献的收益呢?为此,本章重点探讨收益法评估无形资产,以期实现本章学习目标。

本章的主题是收益法在无形资产评估中的应用,主要知识点结构如图 5-1 所示。

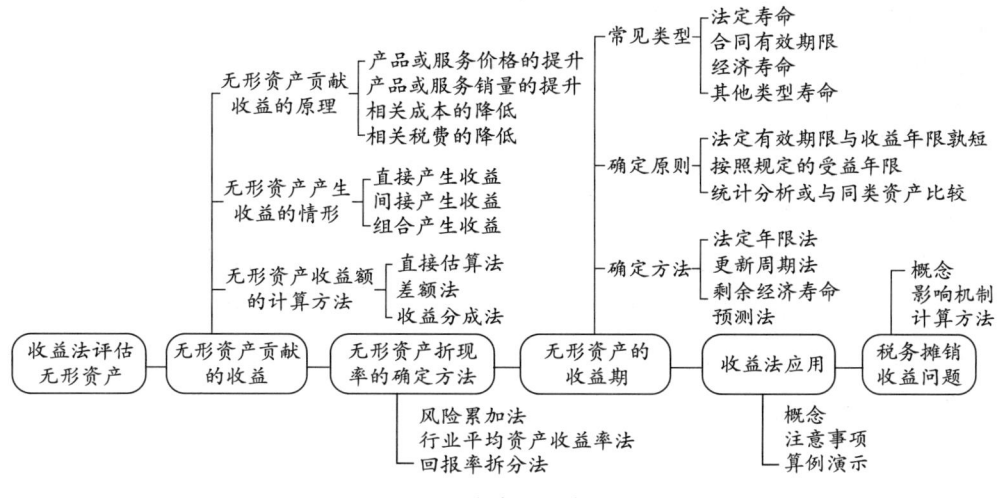

图 5-1　本章知识点结构

第一节　无形资产贡献的收益

一、无形资产贡献收益的原理

从财务角度分析,无形资产之所以能贡献收益,主要是源于产品或服务价格的提升、产品或服务销量的提升、相关成本的降低或相关税费的降低。

1. 产品或服务价格的提升

拥有某些无形资产可以使主体在保证市场份额的前提下同时拥有定价权或议价权,例如飞天茅台,因为拥有超强的品牌影响力,在合理的涨价范围内产品仍供不应求。除品牌外,商标、专利、特许经营权、著作权等也可以使相关产品或服务获得一定的定价权或议价权。以商标为例,在零售阶段,一种有商标的产品,其价格要比其他类似的、不知名的产品高,并且一直有客户愿意支付高价购买该产品,这种溢价代表了商标的收入流。溢价也可能出现在批发阶段,由于在市场中产品价值高促使销售增长,产品制造商能够从零售商处得到更高的价格,而零售商由于市场的限制,也许无法把这个增加的价格传递给消费者,因此表现出制造商在与零售商谈判中的强势地位。

这类情况在企业财务分析中有一个核心指标可以反映,即毛利率超出行业平均水平较多。

2. 产品或服务销量的提升

延伸阅读 5-1：国产盾构逆袭之路：已连续三年产销量世界第一

促进产品或服务销量提升是每个经营者需要面对的重要课题，无形资产在其中发挥了重要作用。常见的例子是：药物专利使经营者可在一定时间内保持市场垄断地位；销售和营销机构对有价值的商标最为敏感；特许经营权保证了区域内客户不会被其他竞争对手获得。我国在自主创新历程中不乏这样的案例。例如，我国盾构机从自力更生、自主研发，到走出国门、成为亮眼的中国名片，再到突破关键技术，实现了国产盾构机从无到有、从有到优、从优到强的逆袭历程；再如，比亚迪汽车成为中国乃至全球销冠，厚实的技术壁垒、不断的技术创新是关键，从刀片电池、DM-i 混动技术、CTB（电池车身一体化技术）到易四方、云辇技术以及 DM-o 混动技术，都是比亚迪取得行业领先的制胜法宝。

除了自身产品或服务销量的提升，有些无形资产还具有辐射效应，可以带动其他产品或服务销量的提升。以 App（应用软件）为例，企业通过 App 与某种线上或线下产品或服务建立关联，容易引导用户在 App 内或通过相关链接进行付费购买，如各种导购 App、酒店预订 App。App 除了拥有海量用户，还有着容易被用户接受的、表现力出色的广告位。有些企业通过 App 来获取具有商业价值的数据，如 Instagram、高德地图等。

3. 相关成本的降低

成本的降低来源于多种情况，包括销售费用的降低、材料成本的降低、生产或服务效率的提升、维修费用的降低等。例如，某商品拥有一个好的商标，其销售费用可以逐渐降低，零售商在销售商品时，就无须实施过多的推销、降价和促销等活动。专利/专有技术通过减少处理程序或降低制造成本来增加企业收入。专利/专有技术可以通过减少需要的原材料、使用更加便宜的原材料、减少浪费、改善质量、降低人工成本、降低能源成本和提高制造速度等形式降低成本。

4. 相关税费的降低

延伸阅读 5-2：每年减负 4 800 多亿元！多项税费优惠政策明确延续和优化

相关税费的降低也可以帮助企业获得更多的收益。例如依据《高新技术企业认定管理办法》及《国家重点支持的高新技术领域》认定的高新技术企业，可以申请享受减按 15% 的税率征收企业所得税的优惠政策。高新技术范围一般包括电子信息技术、生物与新医药技术、航空航天技术、新材料技术、高技术服务业、新能源及节能技术、资源与环境技术、高新技术改造传统产业。

近年来,我国持续加大科技创新税收优惠支持力度,实施了一系列针对性强的税收优惠政策,包括:对高新技术企业减按15%的税率征收企业所得税,实施集成电路和软件企业所得税优惠,加大先进制造业增值税留抵退税力度,对技术成果投资入股实行分期纳税或递延纳税,等等,形成了一套覆盖范围广、优惠力度大、涵盖企业创新全流程各环节的税收优惠政策体系。

二、无形资产产生收益的情形

由无形资产的收益原理可知,无形资产贡献的收益是一个"超额"的概念,要么超过了既定的价格或销量,要么减少了既定的成本或税收。因此,在无形资产评估中,无形资产的收益又被称为超额收益。超额收益是指无形资产带来的企业相关产品的产量、销量增加或价格提高,或者两者兼而有之。

这里"既定"的含义是意思是已定的,最容易的理解就是:无形资产的存在降低了企业的生产经营成本,形成了生产经营费用的节约额;自创无形资产的存在和应用节约了无形资产特许权使用费。

合理判断和计算目标无形资产产生的超额收益至关重要。不少无形资产具有依附性特征,即无形资产往往不能单独创造价值,需要依赖有形资产而发挥作用。因此,根据无形资产的依附性,其收益可以分为以下三种情形。

(1) 无形资产直接产生收益的情形。直接销售无形资产产品获取超额收益,如一些著作权、计算机软件、土地使用权等。

(2) 无形资产间接产生收益的情形。主要利用无形资产设计、制造产品,通过销售无形资产相关产品或服务获取收益,专利权、专有技术、商标等多是间接产生超额收益。

(3) 无形资产组合产生收益的情形。无形资产组合是指一系列具有互补作用或能够共同发挥作用的无形资产,按照特定目的或要求组成的,能实现某种特定功能或满足某业务单元要求的集合。资产评估专业人员在评估无形资产组合收益时,既不能简单地把组合收益归为仅由无形资产创造的超额收益,又不能将实际由无形资产带来的超额收益错误地归属于其他资产的贡献,从而避免"多评"或"漏评"。

三、无形资产收益额的计算方法

(一)直接估算法

直接估算法是指通过对使用无形资产前与使用无形资产后的收益情况进行对比

分析，以确定无形资产带来的收益额。在许多情况下，从无形资产为特定持有主体带来的经济利益来看，我们可以将无形资产划分为收入增长型和成本节约型。

1. 收入增长型

无形资产可以通过法律或市场的方式保持超额收益，认可度高的商标就是最好的例子。相同材料和制造质量的衣服，客户愿意为品牌标识支付更多的钱，其他消费品如手机、手表、汽车等也是如此。只要溢价不是全部花费在创造形象的广告上，企业的净利润就会得到提高。当然，溢价不总是受商标的驱动，以专利和专有技术为基础的商品也能实现溢价。以药品专利为例，生产专利药物的设备与生产普通医学药物的设备通常是类似的，但专利药物的售价普遍比非专利药物高；凭借专有技术的中药也是如此，诸如云南白药、同仁堂、片仔癀等传统中药在市场中也可以实现溢价。

但是，我们也需要仔细评估是什么在驱动商品溢价，以确保溢价的实际驱动力来源于我们评估的资产。例如，我们所研究的商品能够溢价销售是得益于它的驰名商标还是产品的技术特征？我们用作分析基础的价格，与市场中的产品或服务有关，而与某些无形资产没有明确的联系。我们可以采用作差法来解释这个问题，即使用去掉商标或技术特征影响后的估计价格。不论何种情况，我们只有仔细弄清事实，认真分析，才能自信地说把溢价归因于无形资产是合乎逻辑的。

2. 成本节约型

与增加销售收入一样，节约成本也能获得利润，许多高科技创新产生的正是这样的收益。无形资产的利用通常会节约生产成本，增加利润，具体可通过如下途径：

（1）减少原材料用量；

（2）在保证产品质量和性能不变的情况下用成本更低的材料代替原有材料；

（3）提高每单位人工投入的产出；

（4）提高产品质量，减少产品召回；

（5）提高产品质量，减少浪费和次品；

（6）减少用电等公共设备；

（7）采用控制机器磨损的生产工艺，从而降低保养费用和减少停产检修时间；

（8）简化生产程序，节省下原先投资在被删减流程的机器设备上的资金；

（9）减少或消除需要环境治理的废弃物。

一些类型的成本节约可以很容易地被识别和量化。例如，一种新技术在保持现有生产水平不变的情况下，每月能减少 1 500 千瓦时的用电量，通过分析这条信息和新技术使用地点的电费表单，可以对该项成本节约进行量化。

但是在更多情形下，确定成本节约的归因是一件困难的事。例如，某类消费品因有持续强劲的市场需求而成为零售商货架上的必备品,这些消费品的生产成本降低是品牌(商标)引起的,还是独特的配方或专利引起的呢?因此,依靠成本节约方法来衡量无形资产的经济收益时,必须确信该收益的确是由所评估的无形资产产生的。

3. 估算模型

实际上,收入增长型无形资产和成本节约型无形资产的划分,是一种为了明晰无形资产超额收益来源情况的人为划分方法。通常,应用无形资产后,其超额纯收益是收入变动、成本变动和销售数量变动共同作用的结果。评估者在评估时,应加以综合性的运用和测算,从而科学地测算超额收益。考虑到以上三种情况,将其结合起来,无形资产带来的超额纯收益公式为:

$$\Delta R = [(P_2 Q_2 - C_2 Q_2) - (P_1 Q_1 - C_1 Q_1)] \times (1 - T) \tag{5-1}$$

或

$$\Delta R = [(P_2 Q_2 - P_1 Q_1) + (C_1 Q_1 - C_2 Q_2)] \times (1 - T) \tag{5-2}$$

式中,P_1,P_2 为使用无形资产前后产品的价格;Q_1,Q_2 为使用无形资产前后产品的销售数量;C_1,C_2 为使用无形资产前后产品的单位成本;T 为企业适用的所得税税率。

【例 5-1】 某项技术为一项新产品设计与工艺技术,已使用 3 年,证明技术可靠,产品比同类产品性能优越。经了解,同类产品平均价格为 150 元/件,该产品价格为 180 元/件。目前该产品年销量为 2 万件。经分析,技术寿命还可以维持 8 年,但竞争者将会进入市场。由于该企业已经稳固地占领市场,竞争者估计将采取扩大市场范围的市场策略,预计该企业将会维持目前的市场占有率,但价格将呈下降趋势。产品价格预计为:今后第 1—3 年维持现行价格;第 4—5 年降为 170 元/件;第 6—8 年降为 160 元/件,估计成本变化不大,故不考虑其变化。企业所得税税率为 15%。要求:估算该无形资产带来的超额收益。

解:

因为成本没有变化,因此,可将超出平均价格的收入视为超额收益。今后 8 年的超额收益分别为:

第 1—3 年的超额收益 = (180 - 150) × 2 × (1 - 15%) = 50(万元)

第 4—5 年的超额收益 = (170 - 150) × 2 × (1 - 15%) = 34(万元)

第 6—8 年的超额收益 = (160 - 150) × 2 × (1 - 15%) = 17(万元)

(二) 差额法

无形资产对收益的贡献时常很微妙,即使是在无形资产对收益的积极贡献还没有显现出来时,无形资产也能使公司利润高于平均水平。一家在市场中占主导地位的公司能够持续拥有较大的销量,从而生产和经营产生的协同效应可以增加利润。申请专利不一定能增加收益,成本节约往往只与大规模生产带来的运营效率提升相关。当一个组织的产量高且可信度高时,可能产生协同效应,并且通常使企业利润增加。与高产量相关的典型协同效应包括:

(1)原材料可按大订单折扣购买,供应商倾向于给大宗客户折扣,从而使购买企业节约成本;

(2)通过优化销售流程和提高销售人员的效率,减少销售人员数量,从而控制销售费用;

(3)制定章程、遵守制度的成本及固定的日常管理开销可以在更大的生产规模基础上分摊,实现规模效应;

(4)大批量生产产品的企业大量消耗能源,因此可从水电公司以优惠折扣购买能源。

各种协同效应结合起来能使企业利润增加,而占市场主导地位的无形资产(如商标和分销网络)使企业这项利润的增加得以实现。

直接估算法的思路为:对企业在拥有和不拥有某项无形资产两种状态下的收益做差。这很容易理解,但很难执行。从本质上讲,企业不可能在同一时间段内呈现两种截然不同的状态。但差额法既可以应用于内部,又可以应用于外部。当它应用于内部时,我们的问题是:"如果企业没有这个商标、技术、专利,那么企业的价值(收益)将变成怎样?"当它应用于外部时,我们将所研究的企业(拥有某项无形资产)的财务业绩与另外一家企业(不具备该项无形资产)的财务业绩相比,或者与市场中普遍存在的同类企业的财务业绩相比,这个模型便有了较强的操作性。

差额法正是把这种减法模型应用于外部,拓展了模型的适用范围。差额法估算无形资产价值的基本思路为:采用无形资产和其他类型资产在经济活动中的综合收益与行业平均水平进行比较,从而得到无形资产的盈利能力,即超额收益。主要步骤包括:①收集有关使用无形资产的产品的生产经营活动财务资料,并进行盈利分析,得到营业利润和销售利润率等基本数据,包括对流动资产和已有账面价值的其他无形资产进行统计;②收集行业平均收益率等指标;③计算无形资产带来的超额收益。其计算公式为:

$$\Delta R = 企业收益额 - 资产总额 \times 行业平均收益率 \qquad (5-3)$$

一般情况下,从资产角度出发,并不能区分投资该项无形资产的资金是来源于股东还是债权人,因此为剔除利息费用的影响,企业收益额通常使用税后净营业利润 $EBIT(1-T)$。资产总额是指企业拥有或控制的全部资产,包括有形资产、无形资产和金融资产。相应地,行业平均收益率一般采用资产收益率(ROA)。

如果能够确定该项无形资产的资金来源于股东,则计算口径可以转换成所有者权益口径。其计算公式为:

$$\Delta R = 企业净利润 - 净资产总额 \times 行业净资产平均收益率 \quad (5-4)$$

需要注意的是,使用这种方法计算出来的超额收益有时不完全由被评估的无形资产带来(除非能够认定只有这种无形资产存在),其往往是一种组合无形资产超额收益,还需进行分解处理。

【例 5-2】 某企业欲购买一项专利技术,预测购入该项专利技术后年收益额为 100 万元,企业资产总额为 500 万元,企业所在行业的平均收益率为 15%。试计算该项专利技术带来的超额收益。

解:

根据差额法,该项专利技术的超额收益 $\Delta R = 100 - 500 \times 15\% = 25$(万元)。

【例 5-3】 委托评估的无形资产为甲公司拥有的无线终端核心技术及其与无线终端有关的其他技术和基于这些技术的知识产权,该组技术尚有 4 年的市场领先优势。甲公司资产总额(A)为 1 000 万元,资产负债率为 30%,银行贷款利率为 8%,该行业平均资产收益率(ROA)为 10%,预计未来 4 年公司的净利润(E)分别为 216 万元、186 万元、132 万元、96 万元,公司适用的所得税税率(T)为 25%。试计算该无形资产带来的超额收益。

解:

根据差额法,可以计算得到该无形资产给甲公司带来的超额收益。

第 1 年的超额收益 $\Delta R_1 = \text{EBIT}(1-T) - A \times \text{ROA} = E + I(I-T) - A \times \text{ROA} = 216 + 1\,000 \times 30\% \times 8\% \times (1 - 25\%) - 1\,000 \times 10\% = 134$(万元)

第 2 年的超额收益 $\Delta R_2 = \text{EBIT}(1-T) - A \times \text{ROA} = E + I(I-T) - A \times \text{ROA} = 186 + 1\,000 \times 30\% \times 8\% \times (1 - 25\%) - 1\,000 \times 10\% = 104$(万元)

第 3 年的超额收益 $\Delta R_3 = \text{EBIT}(1-T) - A \times \text{ROA} = E + I(I-T) - A \times \text{ROA} = 132 + 1\,000 \times 30\% \times 8\% \times (1 - 25\%) - 1\,000 \times 10\% = 50$(万元)

第 4 年的超额收益 $\Delta R_4 = \text{EBIT}(1-T) - A \times \text{ROA} = E + I(I-T) - A \times \text{ROA} = 96 + 1\,000 \times 30\% \times 8\% \times (1 - 25\%) - 1\,000 \times 10\% = 14$(万元)

提示: 净利润(E)、息税前利润(EBIT)和税后净营业利润 $\text{EBIT}(1-T)$ 之间存在以下关系:$\text{EBIT}(1-T) = E + I \times (1-T)$ 和 $E = \text{EBIT} - I - (\text{EBIT} - I) \times T$。其中,$I$ 为利息费用。息税前利润 EBIT 由利息费用、所得税和净利润三部分构成;其中,利息费用对应的是债权人,所得税对应的是政府,净利润对应的是股东。

(三) 收益分成法

收益分成法源于国际技术许可贸易,是国际技术许可贸易中应用较广的一种做法,被称为 LSLP(Licensor's Share of Licensee's Profit)原则,后推广到一般性的无形资产许可贸易,在一些场合又被称为许可费节省法。收益分成法基于这样一个理念:如果一家企业拥有某项无形资产,它就无须为该无形资产支付相关费用(如许可费或专利费等),这部分虚拟的支出等同于拥有无形资产的收入,从而可以进行税后现值的计算。

根据分成基础的差异,常见的收益分成可以分为利润分成、收入分成和整体分成。

(1) **利润分成**,又称"利润提成"或"利润分摊(apportionment)",计算公式为:

$$\text{超额收益} = \text{销售利润} \times \text{销售利润分成率} \tag{5-5}$$

(2) **收入分成**,又称"收入提成",以无形资产使用后的销售收入为分成基础,其分成比例又被称为销售收入分成率或销售收入提成率,计算公式为:

$$\text{超额收益} = \text{销售收入} \times \text{销售收入分成率} \tag{5-6}$$

因为

$$\text{超额收益} = \text{销售收入} \times \text{销售收入分成率} = \text{销售利润} \times \text{销售利润分成率}$$

所以

$$\text{销售收入分成率} = \text{销售利润分成率} \times \text{销售利润率}$$

$$\text{销售利润分成率} = \text{销售收入分成率} \div \text{销售利润率}$$

(3) **整体分成**,又称"整体分割",思路是把企业视为一个整体,同时把各种无形资产也视为一个整体,将所有无形资产创造的收益按照各种无形资产的权重进行分割。这种方法在实际中具有很强的操作性。无形资产通常很少单独产生经济收益,一般与运营资本和有形资产一起包含在企业中,企业将其作为一个投资组合产生了整体的经济收益。将企业总的经济收益分配到各个类别的资产中,能够将无形资产所带来的收益从企业整体收益中分离出来,进而再将单项无形资产的收益从无形资产整体收益中分离出来。计算公式为:

$$\text{超额收益} = \text{企业整体收益} \times \alpha \times \beta \tag{5-7}$$

式中,α 为所有无形资产在总资产中的占比,β 为待估无形资产在所有无形资产中的占比,企业整体收益一般为代表企业价值的现金流。

运用整体分成法计算无形资产超额收益时,需要具备以下几个条件:①企业全年创造的收益可以按照由无形资产和有形资产创造的不同收益进行分割;②企业经营中各类有形资产的相对比重及相应回报率能够量化;③对无形资产有明确的分类标准,从而易于无形资产整体分成。

第二节 无形资产的折现率

合理确定折现率是收益法在无形资产评估中得以恰当运用的重要前提条件之一,也是难点和障碍之一。折现率确定的微小差异,可能会给评估结果带来较大的差异。因此,应当重视无形资产折现率确定方法的选择和运用,以进一步提高无形资产的评估质量。当前,无论是监管部门,还是其他利益相关方都对资产评估质量提出了更高的要求。比如证监会《关于进一步提高上市公司财务信息披露质量的通知》中关于资产评估事项明确要求,使用收益现值法评估的,董事会应对采用的折现率等重要评估参数、预期各年度收益等重要评估依据以及评估结论合理性发表意见,并予披露。

无形资产折现率的常用测算方法包括风险累加法、平均资产收益率法和回报率拆分法。

一、风险累加法

风险累加法是一种将无形资产的无风险报酬率和风险报酬率量化并累加求取折现率的方法,其计算公式为:

$$\text{无形资产折现率} = \text{无风险报酬率} + \text{风险报酬率} \tag{5-8}$$

式中,无风险报酬率是指正常条件下的获利水平,是所有投资都应该得到的投资回报率。风险报酬率是指投资者承担投资风险所获得的超过无风险报酬率部分的投资回报率,根据风险的大小确定,随着投资风险的递增而加大。风险报酬率一般由评估人员对无形资产的开发风险、经营风险、财务风险等进行分析并通过经验判断取得,其计算公式为:

$$\text{风险报酬率} = \text{开发风险报酬率} + \text{经营风险报酬率} + \text{财务风险报酬率} \tag{5-9}$$

在运用风险累加法时要考虑的问题有:一是注意无形资产所面临的特殊风险。无形资产所面临的风险与有形资产不同,如商标权的盗用风险、专利权的侵权风险、非专利技术的泄密风险等。二是确定计入折现率的内容和这些内容的比率数值。三是确定折现率与无形资产收益是否匹配。

二、行业平均资产收益率法

行业平均资产收益率法是目前我国无形资产评估中确定折现率常用的方法之一,

这种方法将被评估企业所在行业的平均资产收益率作为折现率,其计算公式为:

$$\text{无形资产折现率} = \sum_{i=1}^{n} \text{可比无形资产 } i \text{ 的收益率} / n \tag{5-10}$$

行业平均资产收益率可以从社会经济统计资料中获得,也可以从上市公司的统计资料中获得,因为上市公司采用公开的财务制度,且财务报表经过注册会计师的严格审计,具有可靠性,这样计算出的行业平均资产收益率比较合理。行业平均资产收益率是企业运行情况的综合体现,可以反映不同行业的收益状况。不过,行业平均资产收益率法在运用中也存在一些问题,如行业平均资产收益率容易忽视行业内部差别,同一行业内部各个企业在决定企业风险的因素上有着很大的差异,从社会经济统计资料中直接获得的相关数据与被评估无形资产的收益能力不同,等等。因此,在对无形资产进行评估时要根据具体情况做出判断,将在此基础上修正后的行业平均资产收益率作为折现率。

三、回报率拆分法

由于无形资产收益具有不确定性和非独立性,所以无论采用何种方法来确定被评估无形资产的折现率,都应该反映该无形资产在企业整体资产组合中的收益和风险,即无形资产的收益来源于企业产销各环节的协作运行,无形资产的风险也包含在企业整体资产的风险中,不能将无形资产的风险与企业整体风险区分测算。在测算无形资产的折现率时,为了将无形资产的收益与风险融入企业整体资产的收益与风险,理论与实务界比较常用的方法是回报率拆分法。

回报率拆分法采用逆向研究的思路,从企业整体回报率出发,对其他有形资产、无形资产的回报率逐一量化,从而推导出被评估无形资产的回报率,以此测算无形资产的折现率。

1. 加权平均资金成本的确定

税前加权平均资金成本(Weighted Average Cost of Capital Before Tax,WACCBT)代表期望的总投资回报率。它是期望的股权投资回报率(税前)和债权投资回报率(税前)的加权平均值。计算公式为:

$$\text{WACCBT} = R_e \times W_e \times \frac{1}{1-T} + R_d \times W_d \tag{5-11}$$

式中,R_e 为股权投资回报率,R_d 为债权投资回报率,W_e 为股权占总资本的比重,$W_e = \frac{E}{D+E}$(E 为股权价值,D 为债权价值),W_d 为债权占总资本的比重,$W_d = \frac{D}{D+E}$,T 为企业适用的所得税税率。

2. 加权平均资产回报率的确定

从投资的角度来分析企业,由于非付息负债几乎没有花费企业的资金成本,因此企业资产投资通常可以分为营运资金投资、固定资产投资和无形资产投资三类。加权平均资产回报率(Weighted Average Return on Assets,WARA)是营运资金、固定资产、无形资产各自比重与其各自回报率乘积之和,计算公式为:

$$\text{WARA} = W_c \times R_c + W_g \times R_g + W_i \times R_i \tag{5-12}$$

式中,W_c 为营运资金占全部经营性资产的比重,W_g 为固定资产占全部经营性资产的比重,W_i 为无形资产占全部经营性资产的比重,R_c 为营运资金投资期望回报率,R_g 为固定资产投资期望回报率,R_i 为无形资产投资期望回报率。

3. 无形资产折现率的确定

若 WACCBT = WARA,则可计算出无形资产投资的期望回报率(折现率):

$$R_i = \frac{1}{W_i}(\text{WACCBT} - W_c \times R_c - W_g \times R_g) \tag{5-13}$$

下面探讨式(5-13)中涉及的各个参数的确定方法。

(1)股权投资回报率 R_e 的确定。通常采用资本资产定价模型,其公式为 $R_e = R_f + \beta \times (R_m - R_f) + R_s$,式中 R_f 为无风险收益率,一般选择对应投资期限的国债收益率,β 为市场风险系数,R_m 为股市风险回报率,R_s 为公司特有风险超额收益率。

(2)债权投资回报率 R_d 的确定。一般采用公司债券市场利率或银行贷款利率。

(3)股权价值 E 的确定。考虑到流通性问题,E = 流通股数 × 收盘价 × (1 - 缺少流通折扣率)。

(4)债权价值 D 的确定。D = 流动付息负债账面价值 + 长期负债账面价值。

(5)营运资金投资期望回报率 R_c 的确定。由于投资营运资金所承担的风险相对最小,在实务中,一般取一年内平均银行贷款利率作为营运资金投资期望回报率。

(6)固定资产投资期望回报率 R_g 的确定。在实务中,R_g 的确定方法有多种,比较常见的做法是,认为企业固定资产投资包括部分自有资金加银行贷款。如果自有资金占比为 x,则银行贷款占比为 $1-x$,加权得到固定资产投资期望回报率,其公式为 $R_g = x \times \dfrac{R_e}{(1-T)} + (1-x) \times R_d$,式中 R_e 为股权投资回报率,R_d 取 5 年及 5 年以上同期银行贷款利率。

(7)W_c、W_g 和 W_i 的确定。W_c、W_g 和 W_i 分别代表营运资金、固定资产和无形资产占全部经营性资产的比重,各个参数的计算公式为:

$$W_c = 营运资金 / 全部经营性资产 \tag{5-14}$$

$$W_g = 固定资产/全部经营性资产 \tag{5-15}$$

$$W_i = 无形资产/全部经营性资产 \tag{5-16}$$

式中,全部经营性资产 = 股权价值 × (1 - 缺少流通折扣率) + 付息债权价值 - 非经营性资产净值;营运资金 = 流动资产 - 非付息流动负债;固定资产 = 固定资产账面价值;无形资产 = 全部经营性资产 - 营运资金 - 固定资产。需要说明的是,如果认为会计计量能够充分反映资产的价值,那么 W_c、W_g 和 W_i 就可以根据账面价值来确定,即营运资金 = 流动资产(账面价值) - 非付息流动负债(账面价值);固定资产 = 固定资产账面价值;无形资产 = 无形资产账面价值;全部经营性资产 = 营运资金 + 固定资产 + 无形资产。

【例 5-4】 挑选某行业有代表性的四家公司 A、B、C、D,计算得到该四家公司的流动资产占全部资产的比重为 30%,固定资产占全部资产的比重为 25%,无流动负债。该行业中,投资流动资产所承担的风险较小,其回报率可取一年内平均银行贷款利率 7.5%;投资固定资产自有资金占比为 30%,5 年以上平均银行贷款利率为 7.8%。另外,无风险收益率为 2.5%,同期股市风险回报率为 8%,公司对应的市场风险系数为 0.95,公司特有风险超额收益率为 2.5%,企业所得税税率为 25%,债权的年期望回报率为 7%,该行业平均股权占总资本的比重为 65%。请根据以上材料,计算出该行业无形资产折现率。

解:

(1) 确定加权平均资金成本

$$\text{WACCBT} = R_e \times W_e/(1-T) + R_d \times W_d$$

其中,$R_e = R_f + \beta \times (R_m - R_f) + R_s = 2.5\% + 0.95 \times (8\% - 2.5\%) + 2.5\% = 10.225\%$;$R_d = 7\%$;$W_e = 65\%$;$W_d = 35\%$。则有:

$$\text{WACCBT} = 10.225\% \times 65\%/(1-25\%) + 7\% \times 35\% = 11.31\%$$

(2) 确定加权平均资产回报率

$$\text{WARA} = W_c \times R_c + W_g \times R_g + W_i \times R_i$$

其中,$R_c = 7.5\%$;$R_g = 30\% \times 10.225\%/(1-25\%) + 70\% \times 7.8\% = 9.55\%$;$W_c = 30\% - 0 = 30\%$;$W_g = 25\%$;$W_i = 1 - 30\% - 25\% = 45\%$。则有:

$$\text{WARA} = 30\% \times 7.5\% + 25\% \times 9.55\% + 45\% \times R_i$$

如果 WARA = WACCBT,则有:

$$30\% \times 7.5\% + 25\% \times 9.55\% + 45\% \times R_i = 11.31\%$$

计算得到 $R_i \approx 14.83\%$,即该行业无形资产折现率为 14.83%。

第三节　无形资产的收益期

实务中,根据收益的形式,可以将收益划分为分段型、等额型、增长型等,但这并不意味着运用收益法进行评估时,只要套用某个模型就可以了。恰恰相反,确定评估对象的收益规律,从而明确其收益的变化轨迹,是评估师工作中最重要的内容。

一、无形资产收益期的常见类型

无形资产收益期(或称有效期)与其寿命年限密切相关,是在寿命年限内持续发挥作用并产生经济利益流入的期限。无形资产的寿命包括以下常见类型:

1. 法定寿命

法定寿命是指由法律法规或合同明确规定的无形资产权利存续期限,是资产拥有者依法享有的独占权或使用权的时间边界,其本质是通过法律强制力保障的权利有效期。专利权、商标权、著作权、土地使用权等无形资产的法定寿命均由法律强制性设定。

2. 合同有效期限

与无形资产有关的商业合同有效期限可能影响其经济分析。这些商业合同包括使用、开发利用合同,境内和境外的许可合同及转让价格协议。此外,已公开合同更新条款及其历史更新情况都应纳入决定合同有效期限的影响因素。

3. 经济寿命

经济寿命是指无形资产能持续为企业带来超额收益(如垄断利润、成本优势)的期限。当无形资产无法通过使用、许可、转让等方式产生现金流入,以及相比替代资产(如新技术、新品牌),其带来的收益显著降低或成本显著升高时,无形资产的经济寿命结束。无形资产的经济寿命受到很多因素的影响,包括技术成熟度和迭代速度、竞争格局和市场需求、维护成本和资产关联性等。经济寿命与法定寿命存在显著差异,由于法律条文及合同条款中并没有规定大多数无形资产的经济寿命,因此企业需对此类无形资产进行分析,以确定法律条文及合同条款对其剩余经济寿命是否构成限制。

4. 其他类型寿命

(1)司法寿命。司法寿命是指由法院或类似权力机构判决的经济损失期限。如法院规定:由版权侵权所造成的损失始于某日终于某日(作为历史损失的度量),在判决后的某一具体期限内,须支付版权所有者合理的特许费(作为未来损失的度量)。

（2）技术寿命。技术寿命是一项无形资产所承载的技术被新技术替代所经历的时间。相比旧技术，新技术可提供更好、更快、更便宜的产品及服务。当新技术优于旧技术时，就会发生技术替代。例如，一家公司拥有一项传统燃油汽车发动机的专利，但随着电动汽车技术的快速发展，电动汽车在性能、环保性和使用成本上逐渐超越传统燃油汽车。消费者对电动汽车的需求迅速增长，导致传统燃油汽车的市场需求逐渐下降。最终，尽管该燃油汽车发动机专利的合法保护期尚未到期，但其在技术层面已被淘汰，失去了市场价值。

（3）功能寿命。功能寿命是指一项无形资产发挥功能的期间。相比其他类型资产的寿命，无形资产的功能寿命受到的限制较少。例如某种流行酱料的配方是一个很有价值的商业机密，直到科学家发现该酱料的某种成分可能诱发癌症。虽然其配方仍具有其原有的功能，即功能寿命不变，但该酱料的销量将急剧下降，其配方的经济寿命也将受到不利影响。与此类似，与某个特殊产品相关的专利也可能会在其整个法定寿命内发挥功能（能够阻止竞争者使用该专利技术），然而如果一种更新的技术使这种专利产品的功能过时了，那么该专利较长的法定寿命也就失去了意义。

二、收益期的确定原则

无形资产在发挥作用的过程中，其损耗是客观存在的。无形资产损耗的价值量，是确定无形资产收益期的前提。因为无形资产没有物质实体，所以它的价值不会随其使用期限的延长而发生实体上的变化，即它不像有形资产那样存在由于使用或自然力作用形成的有形损耗。然而，无形资产价值降低是由无形损耗形成的，即因科学技术进步而引起价值降低。具体来说，无形资产价值降低主要由下列三种情况引起：①新的、更为先进的、更经济的无形资产出现，这种新的无形资产可以替代旧的无形资产，当采用原有无形资产无利可图时，原有无形资产的价值就丧失了；②因为无形资产传播面扩大，其他企业获得这项无形资产已不需要任何成本，当拥有这项无形资产的企业不再具有获取超额收益的能力时，它的价值也就大幅贬低或丧失；③当企业拥有的由某项无形资产所决定的产品销量骤减，需求大幅下降时，这项无形资产的价值就会降低，甚至完全丧失。

以上说明的是确定无形资产收益期的理论依据。需要强调的是，无形资产能够获得超额收益的时间才是真正的无形资产收益期。资产评估实践中，无形资产收益期的预计和确定，可依照下列方法：

（1）法律条文、合同条款、企业申请书中分别有规定法定有效期限和收益年限的，可按照法定有效期限与收益年限孰短的原则确定；

（2）法律条文未规定有效期限的，合同条款或企业申请书中有规定收益年限的，可按照规定的收益年限确定；

（3）法律条文、合同条款、企业申请书中均未规定有效期限和收益年限的，按预计收益期限确定。预计收益期限可由统计分析或与同类资产比较得出。

下面列举常见的无形资产收益期的确定思路。

（1）专利权。专利权的收益期是技术寿命与法律寿命两者中较短者，不仅取决于技术寿命的长短，还受到法律寿命的影响，法律寿命是技术寿命的上限。

当专利权的技术寿命长于法律寿命时，专利权的收益期为法律寿命。因为一旦法律对专利权的保护到期，其他竞争者便可以无偿使用该项专利技术，对于原专利权的拥有企业而言，该项专利技术的普及意味着企业垄断地位的消失，专利权对企业的价值将转化为社会福利。

当专利权的法律寿命长于技术寿命时，专利权的收益期为技术寿命。随着科学技术的进步，当市场上出现更为先进的替代技术时，专利权的技术寿命结束，意味着企业的市场垄断结束。即使法律对专利权的保护期未结束，企业对该项专利技术的运用也不会获得超额收益，专利权的价值大幅降低甚至降为零。

（2）专有技术。对于非专利技术而言，不存在法律保护期限，只要企业的技术秘密不发生外泄，非专利技术就可能长期给企业带来垄断地位。因此，非专利技术的寿命不取决于法律保护期限，而是取决于该项技术的技术寿命、保密情况和市场需求。只要未出现同类或更为先进的替代技术，非专利技术的寿命就可以无限延长。

当替代技术出现时，非专利技术的寿命就将随之进入衰退期，直到生命期终结。当企业的非专利技术发生外泄时，其他企业将获取企业的技术秘密并无偿加以运用，从而使得市场竞争状况发生改变，企业将丧失原有的垄断地位，获取超额收益的时间和能力将受到影响。随着技术秘密的扩散，非专利技术虽然未被其他技术取代，但是对于原企业而言，市场垄断地位将消失，超额收益将减少，非专利技术的寿命将缩短，对企业的价值也将降低。

（3）商标权。由于企业的商标权法律保护期限可以无限延展，因此商标权（或品牌）的寿命不取决于法律保护期限，而是取决于企业对商标或品牌的管理。

企业品牌的寿命同样包括诞生、成长、成熟、衰退四个阶段，品牌的生命期即为品牌的市场寿命。企业要使品牌在市场上永葆竞争力，使其寿命无限延长，就需要不断进行产品创新和提高产品质量，同时加强品牌的运营和管理，提高企业产品的知名度和普及度，使企业在市场竞争中保持优势地位，长期获取超额收益，从而不断提高企业品牌的价值。

三、无形资产收益期的确定方法

1. 法定年限法

相当一部分无形资产由于受到法律或合同的特定保护才成为企业控制的资产,因此法定有效期限就是其经济寿命的上限。著作权、专利权、特许经营权、租赁权等均具有法律或合同规定的期限。但是需要注意的是,法定(合同)有效期限内是否具有盈利能力是分析收益期的关键点之一。

2. 更新周期法

更新周期法根据无形资产的更新周期确定其剩余寿命,适用于部分专利权、著作权和非专利技术。无形资产更新周期分为产品更新周期和技术更新周期。前者适用于高技术产业和新兴产业,由于其产品与科学技术联系紧密,产品更新周期从根本上决定了依附其上的无形资产的更新周期,特别是针对产品的实用新型设计,必然随着产品的更新而更新;技术更新周期适用于产生新一代技术并替代原有技术的情况,通常需运用同类无形资产的历史经验数据进行统计分析。

3. 剩余经济寿命预测法

剩余经济寿命预测法根据产品竞争情况、可替代技术和更新趋势综合确定无形资产尚可使用的经济寿命。运用该方法时应与向技术专家、市场营销专家进行咨询相结合,并根据企业特征对个别因素进行修正。

第四节 收益法在无形资产评估中的应用

一、收益法的概念

收益法(income approach)又称收益现值法、收益还原法、收益资本化法(income capitalization approach),是指通过估算被评估资产的未来预期收益并折算成现值,借以确定被评估资产价值的一种资产评估方法。

从资产购买者的角度出发,购买一项资产所付的代价不应高于该项资产或具有相似风险因素的同类资产未来收益的现值。运用收益法对企业资产进行评估的实质是:将资产未来收益转换成资产现值,而将其现值作为待评估资产的评估价值。

收益法涉及三个基本要素:被评估资产的预期收益,折现率或资本化率,被评估资产取得预期收益的持续时间。与此相应,收益法的三个基本前提是:

(1)被评估资产的未来预期收益可以预测并可以用货币计量;

(2)资产拥有者获得预期收益所承担的风险也可以预测并可以用货币计量;

(3) 被评估资产预期收益年限可以预测。

运用收益法评估无形资产,其基本程序是:

(1) 收集并验证与评估对象未来预期收益有关的数据资料,包括经营前景、财务状况、市场形势以及经营风险等;

(2) 分析测算评估对象的未来预期收益;

(3) 确定折现率或资本化率;

(4) 分析测算评估对象未来预期收益持续的时间;

(5) 用折现率或资本化率将评估对象的未来预期收益折算成现值;

(6) 分析确定评估结果。

收益法就是通过评估无形资产产生的未来超额收益并将其折算成现值,从而得到无形资产价值的评估方法,其计算公式为:

$$V = \sum_{i=1}^{n} \frac{R_i}{(1+r)^i} \tag{5-17}$$

式中,V 为无形资产价值的评估值;i 为年份;R_i 为被评估无形资产在第 i 年创造的收益;r 为被评估无形资产适用的折现率;n 为无形资产的剩余经济寿命。

二、注意事项

收益法在实务应用中,尤其是对一些具有成长性的无形资产的评估,常以两阶段模型出现。两阶段模型把总时间 n 分为两个阶段 n_1 和 n_2:第一个阶段 n_1 被称为预测期,此期间一般具有较高的增长或较大的投入,通过对公司的收入与成本、资产和资本等项目的详细预测,得出每一时间段的超额收益;第二阶段 n_2 被称为稳定期或持续期,此期间增长和投入较为稳定,呈现明显的规律性特征,此期间现金流的现值(折现到第 n_1 年)之和被称为终值(Terminal Value, TV)。因此,两阶段模型的计算公式为:

$$V = \sum_{i=1}^{n_1} \frac{R_i}{(1+r)^i} + \frac{TV}{(1+r)^{n_1}} \tag{5-18}$$

在两阶段模型中,需要关注以下两个问题。

1. 预测期的选取会影响资产价值吗?

尽管预测期的选取很重要,但它并不影响资产的价值,而只是影响资产的价值在预测期和稳定期之间的分布。如图 5-2 所示,无论预测期如何选取,资产价值始终为 1 000 元;当预测期为 3 年时,预测期价值为 200 元,稳定期价值为 800 元;当预测期为 7 年时,预测期价值为 600 元,稳定期价值则为 400 元。

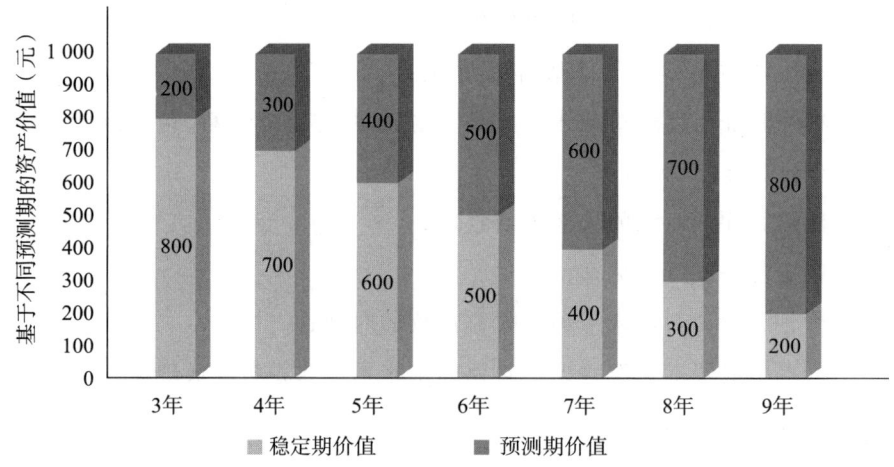

图 5-2　基于不同预测期的资产价值估算比较

那么如何合理选择预测期的长度呢？一般认为，预测期应该有足够的长度，以使得资产能够在期末达到稳定状态。稳定状态有一些财务指标可以衡量，如资产和负债随销售额比例增长；销售净利率为常数；资本结构和股利政策已定；不增加外部权益资金；增长所需权益资金来自内部；财务比率保持平稳。

对于一些前期投入比较大的无形资产，资产价值可能大部分来自稳定期，而且预测期可能会很长，这时不能机械地假定预测期为 3 年或 5 年，而是应该根据资产产生收益的状态进行合理推断。

2. 竞争优势与增长率

很多资产评估师习惯性地假定，稳定期内新投入资本的回报率等于资本成本。在这种情况下，增长率不会增加价值，也不会破坏价值，资产评估师可以不必再去预测增长率。但对于有些无形资产来说，这种假设过于保守，比如贵州茅台和五粮液的高端白酒都有很高的资本回报率，而且由于品牌优势，白酒业务会持续增长，投资回报率实质上不会下降。针对这种情况，如果假定新投入资本的回报率等于资本成本，就会大大低估该项无形资产的价值。这类情况常见于创新药物类无形资产、商标与品牌资产以及一些软件类资产。可见，对于具有竞争优势的无形资产来说，应该结合具体情景进行单独分析，而不能采取过分保守的态度来解决。

三、算题演示

【例 5-5】　甲公司将一项专利使用权转让给乙公司，该专利的主要信息有：

（1）法律保护期限为 10 年，已过 4 年，通过对该专利的技术论证和发展趋势分析，技术人员认为该专利剩余使用寿命为 5 年。

（2）该专利系 3 年前从外部购入，确定的销售收入分成率为 8%，账面成本为 100 万元，3 年间物价累计上涨 25%，经专业人员测算，含有该专利的产品销售利润率为 20%，专利适用的折现率为 20%。

（3）通过对市场供求状况及有关会计资料的分析得知：乙公司实际生产能力为年产某型号产品 20 万台。成本费用约为每台 400 元，未来 5 年间产量与成本费用变动不大。该产品由于采用了专利技术，性能将有较大幅度的提高，未来第 1—2 年每台售价可达 500 元，第 3—4 年每台售价将降为 450 元，第 5 年将降为 430 元。

要求：根据上述资料确定该专利评估值。

解：

（1）确定利润分成率

利润分成率 = 收入分成率 ÷ 销售利润率 = 8% ÷ 20% = 40%

（2）确定每年利润额

第 1—2 年利润 =（500 - 400）× 20 = 2 000（万元）

第 3—4 年利润 =（450 - 400）× 20 = 1 000（万元）

第 5 年利润 =（430 - 400）× 20 = 600（万元）

（3）计算超额收益

第 1—2 年超额收益 = 2 000 × 40% = 800（万元）

第 3—4 年超额收益 = 1 000 × 40% = 400（万元）

第 5 年超额收益 = 600 × 40% = 240（万元）

（4）确定评估值

$$V = \frac{800}{(1+20\%)} + \frac{800}{(1+20\%)^2} + \frac{400}{(1+20\%)^3} + \frac{400}{(1+20\%)^4} + \frac{240}{(1+20\%)^5}$$

$$= 1\ 743.06（万元）$$

【例 5-6】 G 公司属于某大型现代化服务企业下属的子公司，主要业务为研发设计。目前该公司拥有一项较好前景的技术专利 Y。现对该公司技术专利 Y 的市场价值进行评估，目的是为管理层确定对外投资总额提供价值参考意见。现有资料如下：

（1）根据专家预测，该公司的技术专利 Y 在 4 年后会过时，市场期望投资回报率为 20%。

（2）该类无形资产在整体资产中的贡献率为 25%，技术专利 Y 占公司全部无形资产的 20%。

（3）公司 2022 年销售收入为 6 000 万元，评估基准日（2022 年 12 月 31 日）固定资产为4 000万元,无形资产为3 000万元,营运资金为600万元,无负债。

(4) 公司所得税税率为25%,有形资产折旧年限为8年,无形资产摊销年限为6年,采用直线折旧、摊销法。

(5) 根据预测,公司未来4年的收入增长率为15%,销售成本占销售收入的比重为40%,营业费用占销售收入的比重为20%,资本性支出占销售收入的比重为5%,营运资金占销售收入的比重为15%。为简便计算,本例中对资本性支出不进行折旧或摊销等会计处理,也不考虑其会计处理对企业未来现金流的影响。

要求:根据上述资料,评估技术专利Y在2022年12月31日的市场价值。

解:

由题目所给信息可知,该情景下没有明确的收入和利润分成信息,而给出了无形资产在整体资产中的贡献率,故使用整体分成法比较适当,分成的基础为代表公司整体价值的企业自由现金流,其计算思路为:

FCFF = 息税前利润 × (1 - 税率) + 折旧与摊销 - 资本性支出 - 追加营运资金

即

$$FCFF = EBIT(1-T) + D\&A - Capex - \Delta WCR$$

(1) 计算EBIT(1-T),计算结果如下表所示。

EBIT(1-T)的计算

项目	2022年	2023年	2024年	2025年	2026年
收入增长率(%)		15	15	15	15
销售收入(万元)	6 000	6 900	7 935	9 125	10 494
销售成本(万元)	2 400	2 760	3 174	3 650	4 198
营业费用(万元)	1 200	1 380	1 587	1 825	2 099
折旧(万元)	500	500	500	500	500
摊销(万元)	500	500	500	500	500
EBIT(万元)	1 400	1 760	2 174	2 650	3 198
EBIT(1-T)(万元)	1 050	1 320	1 631	1 988	2 398

(2) 计算追加营运资金和资本性支出,其中 $\Delta WCR = WCR_i - WCR_{i-1}$,式中WCR为营运资金需求(working capital requirement)的简称,WCR = 流动资产 - 流动负债,由于资本性支出占销售收入的5%,计算结果如下表所示。

追加营运资金和资本性支出的计算 单位:万元

项目	2022 年	2023 年	2024 年	2025 年	2026 年
销售收入		6 900	7 935	9 125	10 494
营运资金	600	1 035	1 190	1 369	1 574
追加营运资金		435	155	179	205
资本性支出		345	397	456	525

（3）计算企业自由现金流,计算结果如下表所示。

企业自由现金流的计算 单位:万元

项目	2022 年	2023 年	2024 年	2025 年	2026 年
EBIT(1−T)	1 050	1 320	1 631	1 988	2 398
（+）折旧		500	500	500	500
（+）摊销		500	500	500	500
（−）追加营运资金		435	155	179	205
（−）资本性支出		345	397	456	525
自由现金流		1 540	2 079	2 353	2 668

（4）计算技术专利 Y 的收益贡献率。

技术专利 Y 的收益贡献率 = 无形资产贡献率 × 专利技术 Y 占企业全部无形资产的比重 = 25% × 20% = 5%

（5）采用收益法估算无形资产价值,适用的折现率为 20%,技术专利 Y 在 2022 年 12 月 31 日的市场价值为:

$$V = 5\% \times \left[\frac{1\,540}{(1+20\%)} + \frac{2\,079}{(1+20\%)^2} + \frac{2\,353}{(1+20\%)^3} + \frac{2\,668}{(1+20\%)^4} \right]$$

$$= 268.75（万元）$$

第五节 无形资产评估中的税务摊销收益问题

一、税务摊销收益的概念

在交易、转让无形资产时,受让方通常都可以将受让的无形资产按购买价值入账。很多国家或地区的企业所得税法和会计准则都规定,无形资产的账面价值应该在其经济寿命期内逐年摊销并且每年的摊销额可以列入税前成本,用于抵减会计主体的应纳税所得额。例如，根据我国会计准则的规定，企业外购的无形资产应该以其购买价格入账，并且在其使用寿命期内逐年摊销。根据企业所得税法的规定，无形资产的摊销额可以据实列入成本，计入企业应纳税所得额。

无形资产的受让方在计缴企业所得税时，由于无形资产摊销额可以减少应纳税所得额，从而减少企业所得税支出。因此，可以理解为受让方因无形资产的摊销而产生了抵税收益，称为税务摊销收益（Tax Aamortization Benefit，TAB）。一般认为，资产评估师运用收益法评估无形资产时，可以选择税前或税后的收益进行折现。如果选择税前收益进行折现，则不会产生税务摊销收益问题。如果选择税后收益进行折现，则涉及税务摊销收益价值的确定问题。但无形资产评估过程中是否需要考虑税务摊销收益，目前业内尚有争论，国内评估界也没有统一规定。

二、税务摊销收益对企业的影响

税务摊销收益对企业的影响主要有以下几种情形：

第一，当企业从事整体或部分资产的收购和处置等经济活动时，比较常见的是公司合并对价分摊的无形资产公允价值评估，这是以财务报告为目的的资产评估。如果不考虑税务摊销收益，则根据对价分摊计算方法，税务摊销收益值进入商誉部分。根据我国《企业所得税法》，非同一控制下的企业合并，无形资产按照直线法计算的摊销费用，准予扣除；而外购商誉的支出，只能在企业整体转让或者清算时才准予扣除。可见，不同的处理方法会影响到企业的所得税支出。

第二，无形资产转让和投资时，不同的处理方法仅仅是影响评估值，并不影响所得税支出。但评估值的不同可能会影响到交易双方的谈判，同时影响到财务报告中资产的价值，影响到各种财务指标的计算，进而影响企业决策。如果涉及国有资产，则还会影响到国有资产管理。

第三，税务摊销收益的处理还会对转让定价产生影响。随着跨国企业的普遍化，跨国（境）交易日益频繁。跨国（境）交易涉及两个国家（地区）税务政策的差异，影响商品或服务价格的主要因素是向卖方拥有的资产支付使用费用，大部分此类资产是无形的。将无形资产转让给投资控股公司，可以对资产的所有者提供极大的税收优惠（主要是所得税）。目前，通用标准是将正常交易的价格与给定的转让定价进行对比，其使用费用表示为适当的价值投资收益（收益法估值），各方需要对无形资产不断地进行评估，而无形资产价值是否包含税务摊销收益也是争议的话题之一。

既然税务摊销收益处理对企业、政府税务部门和监管方都会产生一定的影响，那么就有必要分析无形资产价值是否包含摊销税务收益。或者说，资产评估师在采用收益法对无形资产进行评估时,如果选用税后收益而不考虑税务摊销收益,是否会产生收益或价值漏损?回到收益法的参数理解上,在考虑无形资产带来的超额收益时,我们认为可以是收入的增加,也可以是成本和费用的降低。无论是利润指标,还是现金流指标,都需要考虑税收因素,如果该资产的出现可以带来税收的减免,那么可以认为这部分收益是这项资产带来的。从这个角度分析,需要考虑税务摊销收益,否则就会出现收益漏损,进而导致价值漏损。另外,在资产评估方法中,考虑因税收而带来的收益也是普遍做法,比如在成本法中,无论是功能性贬值还是经济性贬值,资产价值均把因资产损耗而产生的税收减免加回资产价值中。

基于以上分析,本教材认为,资产评估师在运用收益法评估无形资产时,如果选择税后收益,则需要恰当地分析税务摊销收益。

三、税务摊销收益的计算方法

税务摊销收益的计算思路为测算无形资产摊销所产生的税收减免带来的收益现值。

假设折现率为 r,摊销年限为 n,直线法摊销,残值为 0,税率为 T,未考虑税务摊销收益时评估出来的无形资产初始价值为 V_0。

定义税务摊销收益为 TB,无形资产最终价值为 V,则有 $V = V_0 + TB$,每年摊销额为 $\dfrac{V}{n}$,摊销额可以列入成本、费用抵减应纳税所得额,则每年可以抵减的应纳税所得额为 $\dfrac{V \times T}{n}$,折现得到现值 $TB = \dfrac{V \times T}{n} \times (P/A, r, n)$。

则有

$$\frac{V \times T}{n} \times (P/A, r, n) = V - V_0$$

得到

$$V = \frac{V_0}{1 - \dfrac{T}{n} \times (P/A, r, n)}$$

$$TB = \frac{V_0 \times T \times (P/A, r, n)}{n - T \times (P/A, r, n)} = V_0 \times \left[\frac{n}{n - T \times (P/A, r, n)} - 1 \right]$$

税务摊销收益占无形资产初始价值的比重为:

$$\theta = \frac{TB}{V_0} = \frac{n}{n - T \times (P/A, r, n)} - 1 = \frac{T \times (P/A, r, n)}{n - T \times (P/A, r, n)}$$

计量税务摊销收益最显著的影响是可以增加无形资产的公允价值,根据情景的不同,带来的资产公允价值增值率不同。下面用一个例题来说明税务摊销收益对无形资产价值的影响。

【例 5-7】 假设某企业在并购时有一项价值 100 万元的无形资产,该无形资产每年将产生 10 万元的收益,摊销年限为 10 年,假定适用的折现率为 10%,企业所得税税率为 25%。

要求:试分析税务摊销收益对公允价值计量的影响。

解:

根据上述资料,有:

$$\text{TB} = \frac{100 \times 25\% \times (P/A, 10\%, 10)}{10 - 25\% \times (P/A, 10\%, 10)} = 18.15(\text{万元})$$

$$\theta = \frac{\text{TB}}{V_0} = \frac{18.15}{100} = 18.15\%$$

也就是说,在给定条件下,考虑税务摊销收益可以增加 18.15 万元的公允价值,增值率达到 18.15%。

习 题

一、单项选择题

1. 下列关于收益法的说法中,错误的是( )。

A. 采用收益法评估无形资产的折现率通常与企业价值评估的折现率相同

B. 收益法适用于评估收入增长型和费用节约型两种无形资产的价值

C. 收益法通过预测无形资产未来产生的现金流量来评估其价值

D. 收益法通常在市场上许可费率数据不可获取或不可靠的情况下采用

2. 下列关于超额收益法的表述中,错误的是( )。

A. 著作权、计算机软件多是直接产生收益

B. 专利权、专有技术、商标多是间接产生收益

C. 对于可辨认无形资产,应以其当前使用所产生的超额收益进行评估

D. 无形资产获得超额收益的期限才是真正的无形资产收益期

3. 使用收益法评估无形资产时,需要确定超额收益。下列无形资产一般不属于间接收益方式的是( )。

    A. 商标   B. 著作权   C. 专利权   D. 专有技术

4. 下列方法中,不属于无形资产收益期常用确定方法的是( )。

    A. 剩余经济寿命预测法   B. 加权平均寿命法

C. 更新周期法　　　　　　　　D. 法定年限法

5. 下列关于预计和确定无形资产收益期的方法的说法中,错误的是(　　)。

A. 法律条文、合同条款、企业申请书中分别规定有法定有效期限和收益年限的,可按照法定有效期限与收益年限孰长的原则确定

B. 法律条文未规定有效期限,合同条款或企业申请书中规定有收益年限的,可按照规定的收益年限确定

C. 法律条文、合同条款、企业申请书均未规定有效期限和收益年限的,按预计收益期限确定

D. 预计收益期限可以采用统计分析或与同类资产比较得出

6. 在无形资产评估的收益法中,关于分成率的计算公式,下列说法错误的是(　　)。

A. 超额收益 = 销售收入 × 销售收入分成率

B. 超额收益 = 销售利润 × 销售利润分成率

C. 销售收入分成率 = 销售利润分成率 ÷ 销售利润率

D. 销售利润分成率 = 销售收入分成率 ÷ 销售利润率

7. 评估专业人员在采用(　　)执行无形资产评估业务时,应当了解无形资产的法定寿命及相关保密措施,根据无形资产相关行业、技术发展情况估计无形资产剩余经济寿命,恰当选择无形资产的收益期。

A. 市场法　　　B. 收益法　　　C. 成本法　　　D. 重置成本法

8. 在运用收益法时,应当依据的原则是(　　)。

A. 价值评估的方法　　　　　　B. 收益与折现率相匹配

C. 假设条件　　　　　　　　　D. 价值标准

9. 基于对未来增量收益的预期而确定无形资产价值的评估方法是(　　)。

A. 增量收益法　　B. 超额收益法　　C. 直接估算法　　D. 许可费节省法

10. 在测算无形资产的折现率时,回报率拆分法采用逆向研究方式,从(　　)出发,对其他有形资产、无形资产的回报率进行量化,倒推出被评估无形资产的回报率,测算无形资产的折现率。

A. 企业整体回报率　　　　　　B. 流动资产回报率

C. 无形资产回报率　　　　　　D. 资本成本回报率

二、多项选择题

1. 下列方法中,确定无形资产收益期时常用的有(　　)。

A. 更新周期法　　B. 累加法　　C. 法定年限法　　D. 直接估算法

E. 剩余经济寿命预测法

2. 确定无形资产评估折现率的过程中,应该注意的事项有( )。

A. 可辨认无形资产与不可辨认无形资产的超额收益

B. 无形资产评估中的折现率一般高于有形资产评估中的折现率

C. 无形资产评估中的折现率有别于企业价值评估中的折现率

D. 收益法的适用情形

E. 折现率口径与收益额口径保持一致

三、计算题

1. A 企业有一种已经使用 10 年的注册商标。根据历史资料,该企业近 5 年使用这一商标的产品比同类产品的价格每件高 0.7 元,该企业每年生产 100 万件,该商标目前在市场上有良好趋势,生产的产品基本上供不应求。根据预测,在生产能力足够的情况下,使用这一商标的产品每年生产 150 万件,每件可获超额利润 0.5 元,预计该商标能够继续获取超额利润的时间是 10 年。前 5 年保持目前超额利润水平,后 5 年每年可获取的超额利润为 32 万元。假定该商标评估适用的折现率为 10%,评估该商标的价值。

2. 甲公司将已使用 20 年的注册商标转让给乙公司。根据乙公司提供的历史资料,该商标账面价值为 200 万元,甲公司近 5 年使用这一商标的产品比同类产品的价格每件高 0.7 元,甲公司每年生产该产品 150 万件。该商标目前在市场上有良好趋势,生产的产品基本供不应求。根据对未来市场前景的预测,在生产能力足够的情况下,使用这一商标的产品每年可生产 200 万件,每件可获得超额利润(现金流)0.5 万元,预计该商标能够继续获取超额利润的时间为 10 年。前 5 年保持目前超额利润水平,后 5 年每年可获取的超额利润为 32 万元。假定该商标评估适用的折现率为 10%,评估该商标的价值。

3. A 企业将拥有的一项专利权许可给甲企业使用,特委托评估公司进行评估。评估人员了解到以下情况:①双方协商的合作期暂定为 4 年,确定的利润分成率为 30%。②未来 4 年,预计甲企业的产品销量分别是 9 万件、10 万件、12 万件、15 万件,每件售价和成本费用分别是 100 元和 70 元。③据技术所属行业和市场情况,评估人员确定的风险报酬率为 15%,企业适用的所得税税率为 25%,无风险收益率为 5%。要求:计算该专利权的评估价值。

第六章

市场法评估无形资产

两刃相割,利钝乃知;二论相订,是非乃见。

——汉·王充《论衡·案书》

学习目标

思政目标:了解我国知识产权市场交易制度,理解数据交易中心的重要地位。
知识目标:知晓常见无形资产市场交易机制,熟悉分成率等重要参数的计算方法。
能力目标:能够运用市场法评估无形资产,掌握市场法中各参数的确定思路和注意事项。

无形资产的市场化是需求方通过市场手段取得无形资产的许可使用权甚至产权以满足企业对无形资产的需求,供应方则通过出售或许可使用无形资产获得相应经济利益的一种制度安排。在市场的作用下,各参与主体都在想方设法地对自身现有的无形资产进行挖掘、开发、整合,通过市场活动将各种附加值体现出来。然而,我国传统的资源配置理论与实务一直忽视了无形资产的市场配置,而发达国家市场上的无形资产配置竞争却十分激烈。为此,我们必须完善资源配置理论,把无形资产配置充实进去,学会运用无形资产优化资源配置,发挥市场的功能,提高企业的核心竞争力。对于无形资产评估来说,无形资产的市场化有助于市场法在无形资产评估中的运用,使评估师在方法和途径方面有更好的选择。

本章的主题是市场法在无形资产评估中的应用,主要知识点结构如图6-1所示。

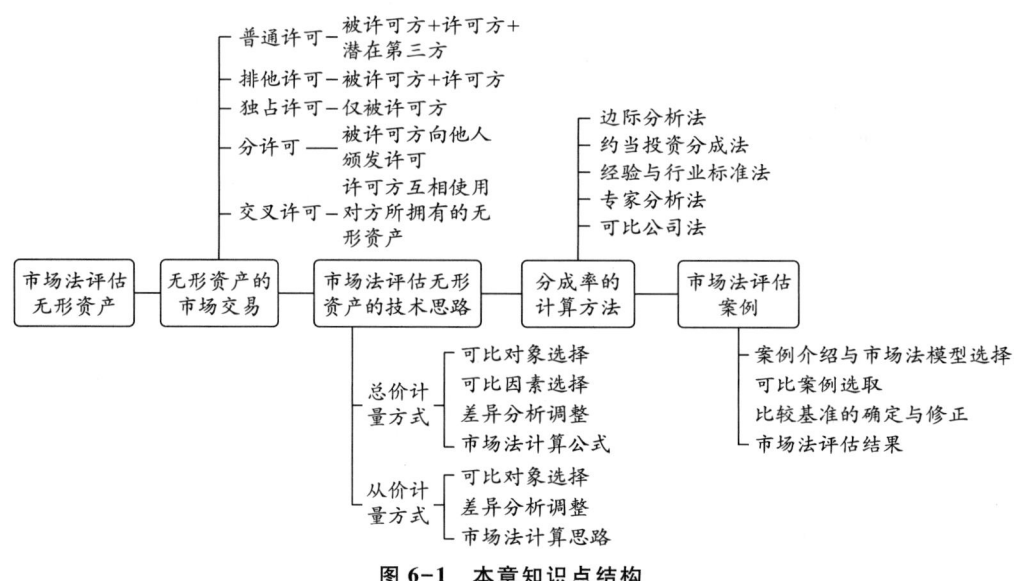

图 6-1 本章知识点结构

第一节 无形资产的市场交易

一、无形资产市场化的重要性

一项资产之所以市场化,重要原因在于其可以通过市场流动实现资产价值,即市场的多方主体都可以从中获取相应的价值。对于无形资产的供需双方来说,无形资产的市场化一方面可以让无形资产的供应方追求更高的研发投资回报,拥有更多的专利组合,以及通过市场发掘出无形资产可能存在的用途;另一方面可以让无形资产的需求方在利用市场资源的情况下发挥自己的长处,了解市场信息以及自己以后的需要,同时把握关键的市场时机。

市场具有许多经济和社会功能:为产品或劳务的生产商或提供商提供关于流通场所以及消费者偏好的信息,同时还有助于分散风险和专业化分工(例如,发明家可以专注于发明工作,然后再将发明成果销售给开发者)。更为重要的是,市场价格提供了关于产品和劳务的信息,知识产权等无形资产的高效流转有力地促进了创新资源要素的有序流动和优化配置,加速释放了创新活力。

无形资产的市场化促进了我国产业结构调整,从需求端有效激发了知识产权服务业的发展动能,有力带动了知识产权服务业供给侧结构性改革。中国制造向中国服务转型的标志之一就是无形资产的重要性突显,无形资产在微观企业中的比重加大。

延伸阅读 6-1:
我国知识产权转化运用成效良好

此外，无形资产的转让、许可使用、出资、拍卖、质押、诉讼、损失赔偿、财务报告、纳税等，可以促进评估、法律等中介行业的迅速发展。截至2023年年底，我国知识产权服务机构数量约为8.9万家，从业人员数量约为98.4万人，年总营业收入约为2 850亿元，知识产权服务业机构数量的不断增长、业态的不断丰富、规模的不断壮大，为知识产权运用的快速发展、生态的加快形成提供了非常重要的支撑保障。

无形资产市场化的实现依赖于可靠的市场环境、无形资产价值计量与评估的发展、无形资产市场信息化及相关技术的发展，以及知识产权等相关法律的完善。

（1）可靠的市场环境。市场环境是指影响无形资产市场经济活动的一系列外部因素，核心包括市场参与人员的价值观、道德水平、契约精神以及市场结构与政策等，这些因素与人们进行无形资产的市场经济活动有密切关系。市场环境为无形资产市场化提供基本的规则与构架，决定了无形资产市场化的程度，影响参与人员的参与意识与参与水平，是其他要素的基础。以数据资产为例，2021年以来，国家相关政策、法律法规等密集出台，各地积极探索。截至2024年8月，全国已有26个省（区、市）开展了数据交易场所、交易公司组建工作，国内主要数据交易场所达到65个，旨在通过市场和平台解决交易过程中的效率、合规、安全、信任等问题。

（2）无形资产价值计量与评估的发展。资产价值计量与评估的产生在于资产市场经济活动的需要，是服务于市场经济活动的服务活动。无形资产价值计量与评估的作用主要在于：①保全资本，实现生产要素的价值补偿；②以无形资产投资、转让等活动为目的，以便为其价格的确定提供可靠的依据；③为企业产权变动和各种技术贸易活动等提供中介服务，报告对供需双方特定的公允价值，促进企业资产经营活动目的的实现。

延伸阅读6-2：数据交易如何更规范高效

（3）无形资产市场信息化及相关技术的发展。无形资产具有天然的信息不对称性，这一特点也是阻碍无形资产市场化的重要因素。推动无形资产市场信息化有助于改变这一特点，通过信息化让无形资产"现身"，使得市场经济活动更为容易。无形资产在流通中会产生价值，但在交易中容易发生所有权交接不清楚、隐私泄露等问题，反而阻碍了流通。破解这一两难问题，技术支撑必不可少。

（4）知识产权等相关法律的完善。无形资产具有无形性、附着性和公益性等特征，在产权归属和经济贡献等方面天然具有争议性，而且这种争议性很难处理。因此，需要法律为无形资产创新提供保障，为无形资产市场化提供平台，甚至激励人们从事与无形资产相关的活动。

二、无形资产市场交易方式

无形资产参与市场交易最为普遍的形式就是许可。无形资产的许可交易是指无形资产权利人同意将其权利的一部分转移给另一方,以换取资金、产品或服务,该转移是基于合约的,转移的期限是指定的。

无形资产的许可方式主要有以下几种:

普通许可。许可方允许被许可方在规定的地域范围内使用在合同中所约定的无形资产内容,同时保留在该地域范围内许可方自己使用该项无形资产以及再与第三方就该项无形资产签订许可合同的权利。

排他许可。许可方允许被许可方在规定的地域范围内独家使用其无形资产,而不再许可第三方在该地域范围内使用其无形资产,但仍保留许可方自己使用其无形资产的权利。

独占许可。许可方允许被许可方在规定的地域范围内,独占该项无形资产的使用权,任何第三方,包括许可方自己在内,均无权使用该项无形资产。

分许可。获得许可的被许可方在指定的地域范围内又向他人颁发了无形资产许可,相当于原来主许可的分许可。

交叉许可。拥有两项以上无形资产的许可方都希望使用对方所拥有的无形资产,这时可采取交叉许可的方式实施,多见于改进型发明创造所产生的依存知识产权。

通过许可运用无形资产具有以下优势:

(1)现金投资相对较少。尽管在大量的无形资产许可交易中会涉及不菲的许可费,但相对于自主研发或交叉持股等形式,通过许可交易活动形式运用无形资产的投资较少,而且风险较小。

(2)不需要长期承诺。在理想状态下,如果一项许可被认为双赢,则它可以持续多年,并使两家企业保持紧密联系。但如果许可安排不令人满意,也为双方提供了"退出机制",从而使得持有者有机会在无形资产达到经济寿命之前,寻找其他方式对其进行运用。

(3)许可后,许可人仍然可以保持对该项无形资产的部分权利和控制。

(4)为企业中与非主流业务相关的无形资产提供了加以运用的机会,或者为无形资产的某些特质在其他企业产生作用提供了机会。

不过,通过许可运用无形资产也有一些缺陷,主要体现在:

(1)在一段时间内对许可的那部分权利失去控制。

（2）被许可人可能受一些不确定性和固有风险的影响而无法很好地运用无形资产。破产、资金短缺、技术更新、环境变化及自然灾害等都可能使被许可人虽然掌握无形资产，但无力运用。

（3）由于无形资产许可交易中存在大量的信息不对称以及当事人对无形资产的认知存在偏差，因此在具体的运用过程中可能无法达到预期的效果。

（4）被许可人可能利用无形资产可获得的知识，绕开无形资产或在其基础上进行改进，从而成为许可人的竞争者。

第二节 市场法评估无形资产的技术思路

一、市场法的评估思路

市场法是指利用市场上相同或类似资产的近期交易价格，经过直接比较或类比分析以估测待评估资产价值的各种评估技术方法的总称。由于无形资产的主要市场交易形式是许可，因此在市场条件下，无形资产的价值又常被称为许可费（license fee），在一些领域中，也被称为补偿（compensation）、酬金（remuneration）、收入（income）、收益（profit）、提成费（royalty）、使用费（fee）、服务费（service fee）等，其本质是受让方为取得某项无形资产所支付的价款。如在世界知识产权组织编写的《技术贸易手册》中，技术价格被定义为技术受让方为取得技术使用权所愿支付的、出让方可以接受的使用费的货币表现。

需要说明的是，在市场上无形资产的交易通常是作为整个公司或部门交易的一部分来完成的，一个特定的专利或商标作为独立的财产被交易的案例较少，即使是特定的无形资产单独进行交易时，其价格也很少被披露。如果能够找到所需的资料，则市场法可以成为无形资产评估的首选方法。与其他方法相比，市场法的优势在于它依赖于市场销售、租赁和许可。实务中，当所需的资料充分时，市场法对于所有类型的无形资产来说都具有可操作性、逻辑性和适应性。评估的结果可以在任何时间进行必要的调整。如果能够得到可靠的交易数据，那么市场法可以是最直接和最体系化的价值评估方法。

市场法评估无形资产在实务中的优势包括：

（1）市场法（相对估值法）比收益法（绝对估值法）占用更少的信息资源。收益法估值需要的信息较多，对于时间、信息资源有限的评估师和分析师来说，市场法是更为省时和合适的选择。

（2）易于销售。资产评估是专业人士向非专业人士提供的专业服务，所以应当保证资产评估报告及评估结论能被评估报告使用人正确理解和使用。相比收益法,以市场法确定的估值为基础销售无形资产更容易获得投资者和利益相关者的理解。

(3) 市场法更容易规避评估师和分析师的责任。当评估师和分析师采用收益法进行估值时,其基础建立在一系列的市场假设之上,如果出现分歧则较难辩解;而当采用市场法进行估值时,其责任首先由市场来承担,评估师和分析师相对容易在利益相关者面前为自己的判断辩护。

(4) 市场就是规则。市场法估值更有可能反映当前市场的状况,评估的是市场价值,而不是内生价值。在整个市场上,通过市场法估值做出的价格咨询意见往往比收益法更接近市场价格。

无形资产许可费的确定方式主要有总价计量方式和从价计量方式。

二、总价计量方式

总价计量方式是指无形资产的出让方和无形资产的受让方谈妥一笔固定的金额,由受让方一次或分次付清。总价计量方式下的市场法评估技术思路需要结合总价计量方式和无形资产自身的特征,考虑可比对象选择和差异分析调整的特殊要求。

1. 可比对象选择

总价计量方式下,标的无形资产和可比无形资产要具有可比性,此外标的无形资产相关资产组与可比无形资产相关资产组要具有可比性。可比对象选择要关注以下条件:

(1) 无形资产的可比条件。① 标的无形资产与可比无形资产功效相同或相似;② 标的无形资产与可比无形资产权利状态或包含的"权利束"(使用、收益和处分的权利内容)状态相同或类似;③ 标的无形资产与可比无形资产所处的发展阶段(在其经济寿命周期内所处的发展阶段)相同或相似。

(2) 无形资产相关资产组的可比条件。① 标的无形资产相关资产组与可比无形资产相关资产组功效相同或相似。包括两方面的内容:标的无形资产相关资产组具有相同或相似的经营业务,标的无形资产与可比无形资产在各自的资产组中发挥的作用相同或相似。② 标的无形资产相关资产组与可比无形资产相关资产组大小、规模相同或相似。由于不同的无形资产受让方的生产规模可能是不一样的,因此愿意接受的转让价格就会存在差异。这样,在采用总价计量方式确定无形资产的价值时,就需要考虑无形资产相关资产组的规模因素。

2. 可比因素选择

当运用市场法评估有形资产时,可比因素的选择是相对容易的,比如在房地产评估中,交易情况、交易日期、区域因素(区域特性、周围环境质量、道路通达度、交通设施便捷度等)、个别因素(房屋的成新率、楼层、朝向、户型格局、装修、物业类型、通风采光、景观等),都可以与过去出售的房地产进行比较,并根据差异进行调整,评估出待估资产的价值。遗憾的是,对专利、商标等无形资产(土地使用权除外)的评估没有那么容易。受限于自身特性,无形资产的交易较少。即便有交易发生,通常交易条款也较少向公众披露。尽管如此,实务中,评估无形资产时可以使用一些共性的可比因素,主要包括行业、市场份额、新技术、进入壁垒、成长性、法律保护和剩余生命周期。

3. 差异分析调整

总价计量方式的差异分析调整包括无形资产的差异分析调整和无形资产相关资产组的差异分析调整两个方面:

(1)无形资产的差异分析调整主要通过分析标的无形资产与可比无形资产所处发展阶段的差异,即剩余经济寿命的差异,或者相关资产组的经济寿命周期进行。

(2)无形资产相关资产组的差异分析调整主要包括对标的无形资产相关资产组与可比无形资产相关资产组的规模、大小、获利情况、成本维护等方面的差异进行调整。

4. 总价计量方式下市场法计算公式

假设某类无形资产的价值受 n 个因素共同影响,这些因素表现为 $factor_1$, $factor_2$, $\cdots$, $factor_n$。若可比对象有 m 个,分别标号为 $1,2,\cdots,m$,待估资产的标号为 0。可比对象的市场价格分别为 $price_1, price_2, \cdots, price_m$。资产 $i(i \in \{0,1,\cdots,m\})$ 修正后(差异分析调整)的指标值分别为 $factor_1^i, factor_2^i, \cdots, factor_n^i$。

则待估资产与可比对象 i 相比较后的比准价格(V_i)公式为:

$$V_i = price_i \times \frac{factor_1^0}{factor_1^i} \times \frac{factor_2^0}{factor_2^i} \times \cdots \times \frac{factor_n^0}{factor_n^i} \quad (6-1)$$

式中,$\frac{factor_x^0}{factor_x^i}$ 为因素 $x(x \in \{0,1,\cdots,n\})$ 的修正系数(差异分析调整系数)。

若采取简单算术平均法确定结果,则待估资产的评估价值(V_0)为:

$$V_0 = \frac{1}{m} \sum_{i=1}^{m} V_i \quad (6-2)$$

需要说明的是,还可以采取其他方法处理结果,如加权平均法。

【例 6-1】 有一项待评估专利 X,其价值主要受到交易时间、专利类型、法律保护情况、技术先进性、成熟度、应用范围和供求关系的影响。在 2023 年 6 月到 2023 年 12 月期间,物价月环比上涨 1%,其他参数修正后如表 6-1 所示。

表 6-1 可比对象参数修正表

参数	待估对象 X	可比对象 A	可比对象 B	可比对象 C
交易价格(万元)		22	20	21
交易时间	2023 年 12 月	2023 年 10 月	2023 年 6 月	2023 年 9 月
专利类型	0	−2%	0	−1%
法律保护情况	0	+1%	−3%	2%
技术先进性	0	+1%	−1%	0
成熟度	0	+5%	−3%	+2%
应用范围	0	+4%	0	+1%
供求关系	0	−1%	2%	+3%

注:表中数字是可比对象与待估对象的比较,负号表示可比对象比待估对象条件差,正号表示可比对象比待估对象条件优,数值大小代表对资产价格的修正幅度。

要求:试根据以上条件,运用市场法评估待估对象 X 的价格(要求有计算过程)。

解:

(1) 交易时间修正。结果如表 6-2 所示。

表 6-2 交易时间参数修正系数表

交易时间	2023 年 6 月	2023 年 9 月	2023 年 10 月	2023 年 12 月
修正系数	1	$(1+1\%)^3$	$(1+1\%)^4$	$(1+1\%)^6$

(2) 计算比准价格。

$$V_1 = 22 \times \frac{1.01^6}{1.01^4} \times \frac{100}{98} \times \frac{100}{101} \times \frac{100}{101} \times \frac{100}{105} \times \frac{100}{104} \times \frac{100}{99} \approx 20.77(万元)$$

$$V_2 = 20 \times \frac{1.01^6}{1} \times \frac{100}{100} \times \frac{100}{97} \times \frac{100}{99} \times \frac{100}{97} \times \frac{100}{100} \times \frac{100}{102} \approx 22.34(万元)$$

$$V_3 = 21 \times \frac{1.01^6}{1.01^3} \times \frac{100}{99} \times \frac{100}{102} \times \frac{100}{100} \times \frac{100}{102} \times \frac{100}{101} \times \frac{100}{103} \approx 20.19(万元)$$

(3) 计算待估对象 X 的价格。

$$V_0 = \frac{(V_1 + V_2 + V_3)}{3} = 21.10(万元)$$

【例 6-2】 球员是俱乐部重要的人力资源,也是俱乐部重要的特殊资产,球员个人竞技水平对俱乐部整体竞技水平有决定作用,高素质、高水平的球员更是俱乐部的"摇钱树"。随着体育数据公司的不断发展,俱乐部将能够更加深入地挖掘每一名球员的潜在价值。更重要的是,球员的频繁流动创造了球员转会市场,使得运用市场法评估球员转会价值成为可能。例如,全球知名球员价值评估机构德国转会市场(Transfer Markt)的评估思路主要是依据球员所在的联赛水平、球员的位置、球员的年龄、球员的近期比赛状态和其他队伍的出价情况等各种因素,通过一套复杂的公式计算球员的转会价值。

假设球员的转会价值主要受到位置、综合能力、年龄、效力球队、球队角色、职业素养、合同年限以及所在地区等因素的影响,其修正系数表如表6-3所示。

表6-3 修正系数表

位置	中锋	边锋	前腰	后腰	边前卫	中后卫	边后卫	门将
修正系数	10.0	9.0	9.0	8.0	7.0	6.0	5.0	4.0
综合能力	球王	足球先生	超级球员	顶级球员	优秀	良好	较好	普通
修正系数	5.0	4.0	3.0	2.5	2.0	1.5	1.0	0.8
年龄	23岁以下	23—24岁	25—26岁	27岁	28岁	29岁	30岁	31岁
修正系数	1.4	1.3	1.2	1.0	0.9	0.8	0.6	0.4
效力球队	豪门	准豪门	上游劲旅	中游球队	保级球队	降级队	次级别联赛	低级别联赛
修正系数	1.6	1.4	1.2	1.0	0.7	0.5	0.4	0.2
球队角色	绝对核心	核心	主力	轮换	主要替补	一般替补	训练	陪练
修正系数	1.3	1.2	1.0	0.8	0.6	0.4	0.2	0.1
职业素养	超级优秀	优秀	一般	较好	中等	及格	较差	非常差
修正系数	1.2	1.1	1.0	0.9	0.8	0.7	0.6	0.5
合同年限	4年以上	4年	3年	2年	1年	半年	半年内	自由球员
修正系数	1.2	1.0	0.9	0.8	0.6	0.2	0.1	0
所在地区	英国	欧盟	巴西	阿根廷	北美	非洲	亚洲	其他
修正系数	1.2	1.0	1.0	1.0	0.9	0.8	0.7	0.6

针对某待估球员,现收集到4个可比参照案例,具体情况如表6-4所示。

表6-4 可比参照案例参数表

球员	转会价格(万欧元)	位置	综合能力	年龄	效力球队	球队角色	职业素养	合同年限	所在地区
待估球员		中锋	优秀	26岁	上游劲旅	绝对核心	一般	2年	北美
球员1	3 110	后腰	良好	23岁	准豪门	轮换	优秀	4年	英国

（续表）

球员	转会价格（万欧元）	位置	综合能力	年龄	效力球队	球队角色	职业素养	合同年限	所在地区
球员2	3 359	前腰	优秀	26岁	准豪门	主力	优秀	3年	荷兰
球员3	3 732	边锋	顶级球员	27岁	上游劲旅	主力	一般	3年	英国
球员4	3 038	边锋	顶级球员	29岁	豪门	绝对核心	一般	1年	法国

要求：试根据上述材料，利用市场法确定待估球员的转会价值。

解：

（1）量化和修正相关参数，得到修正系数表，如表6-5所示。

表6-5 参数修正系数表

球员	转会价格（万欧元）	位置	综合能力	年龄	效力球队	球队角色	职业素养	合同年限	所在地区
待估球员		10.0	2.0	1.2	1.2	1.3	1.0	0.8	0.9
球员1	3 110	8.0	1.5	1.3	1.4	0.8	1.1	1.0	1.2
球员2	3 359	9.0	2	1.2	1.4	1.0	1.1	0.9	1.0
球员3	3 732	9.0	2.5	1.2	1.0	1.0	1.0	0.9	1.2
球员4	3 038	9.0	2.5	0.8	1.6	1.3	1.0	0.6	1.0

（2）计算比准价格。

$$V_1 = 3\ 110 \times \frac{10.0}{8.0} \times \frac{2.0}{1.5} \times \frac{1.2}{1.3} \times \frac{1.2}{1.4} \times \frac{1.3}{0.8} \times \frac{1.0}{1.1} \times \frac{0.8}{1.0} \times \frac{0.9}{1.2} = 3\ 635(万欧元)$$

$$V_2 = 3\ 359 \times \frac{10.0}{9.0} \times \frac{2.0}{2.0} \times \frac{1.2}{1.2} \times \frac{1.2}{1.4} \times \frac{1.3}{1.0} \times \frac{1.0}{1.1} \times \frac{0.8}{0.9} \times \frac{0.9}{1.0} = 3\ 025(万欧元)$$

$$V_3 = 3\ 732 \times \frac{10.0}{9.0} \times \frac{2.0}{2.5} \times \frac{1.2}{1.2} \times \frac{1.2}{1.0} \times \frac{1.3}{1.0} \times \frac{1.0}{1.0} \times \frac{0.8}{0.9} \times \frac{0.9}{1.2} = 3\ 450(万欧元)$$

$$V_4 = 3\ 038 \times \frac{10.0}{9.0} \times \frac{2.0}{2.5} \times \frac{1.2}{0.8} \times \frac{1.2}{1.6} \times \frac{1.3}{1.3} \times \frac{1.0}{1.0} \times \frac{0.8}{0.6} \times \frac{0.9}{1.0} = 3\ 646(万欧元)$$

（3）确定评估结果。

$$V_0 = \frac{3\ 635 + 3\ 025 + 3\ 450 + 3\ 646}{4} = 3\ 439(万欧元)$$

三、从价计量方式

从价计量方式是按照无形资产所组成的资产组获得的"单位收益"计量无形资产的价值。在实务中,从价计量方式又被称为提成模式,一般是根据交易双方达成的协定以收入的百分比计算上述无形资产的许可使用费,典型形式包括以收入分成率为核心参数的从价计量和以利润分成率为核心参数的从价计量。例如,一项专利资产的转让协议中规定,专利资产的受让方将受让的专利资产用于自身的生产业务后,需要每年按照专利产品销售收入 5% 的费用支付给专利的出让方,或者是按照专利产品经营利润 30% 的费用支付给出让方,这种按照销售收入 5% 或者按照经营利润 30% 支付转让费的专利资产转让定价模式是最典型的无形资产从价计量方式。

从价计量方式下的无形资产评估通常不需要评估出无形资产的绝对价值,而是给出一个相对比率,例如收入分成率或利润分成率。当然,从价计量方式下的市场法评估技术思路也需要结合从价计量方式和无形资产自身的特征,考虑可比对象选择和差异分析调整的特殊要求。

1. 可比对象选择

从价计量方式下,标的无形资产应与可比无形资产功效相同或类似。

对于采用"入门费+分成"计量方式的,需要合理地测算入门费和分成率,或者采用一种合理的方式将入门费换算成分成,或者相反,将分成换算成总价计量的入门费。

实务中,"入门费"经常可能是根据无形资产的出让方转让无形资产过程中所需的成本估算。有时在转让协议中约定出让方需要派员对受让方的人员进行技术培训、操作培训等,上述成本需要受让方以"入门费"的形式支付给出让方。

2. 差异分析调整

从价计量方式的差异分析调整主要包括标的无形资产与可比无形资产对各自产品收益贡献的差异分析调整以及入门费绝对值大小对分成影响的差异分析调整。

标的无形资产与可比无形资产在各自经济寿命周期内所处的位置,决定其剩余经济寿命,同时也决定其目前及以后产品销售利润率水平。因此,可以参考销售利润率差异来调整标的无形资产与可比无形资产对各自产品收益贡献的差异。

对于无形资产使用权的转让,还需关注转让协议中关于转让期限的约定对无形资产价值的影响。

3. 从价计量方式下市场法计算思路

仅计算相对比率

实务中,从价计量方式下的无形资产评估结果可以不为一个绝对的价值量,而是以一个相对比率(如利润分成率/收入分成率)的形式表现,可比对象也可以通过市场案例获得,或者通过逻辑推算过程推算获得。

评估师通过市场法得到一项无形资产从价计量方式的分成率后,仍要将其与一个特定的资产组相结合,估算出一个绝对的价值量。目前,实务中,无形资产收益法评估中的收益分成法(或称许可费节省法)就是采用这样一种逻辑。从价计量方式的市场法评估其实是许可费节省法中的一个步骤。

$$V = \sum_{i=1}^{n} \frac{\alpha Y}{(1+r)^i} \qquad (6-3)$$

式中,V 为无形资产价值的评估值;i 为年份;α 为相对比率(如利润分成率、收入分成率等),Y 为特定资产组在第 i 年创造的收益(如利润、收入等);r 为适用的折现率;n 为无形资产的剩余经济寿命。

价值乘数法

参考企业价值评估中的市盈率法、市销率法,一些评估师研发出了一些体现无形资产特性的价值乘数。例如,2023 年华为对 4G 和 5G 手机设置的许可费率上限分别为每台 1.5 美元和 2.5 美元,对 Wi-Fi 6 消费类设备设置的许可费率上限为每台 0.5 美元;对于互联网平台数据,通常采用反映当前(或者过去)时点的用户数、流量和单用户平均收入(ARPU)以及相关指标的变化趋势等数据评估其价值;对于基金管理公司,其所管理的基金的总金额通常作为计算价值比率的主要参数。

第三节 分成率的计算方法

由于收益分成的基础不同,无形资产的分成率主要分为两种:一种为利润分成率,以利润为计算基础,计算思路为,以无形资产带来的追加利润在利润总额中所占的比重为基础;另一种为收入分成率,以收入为计算基础,计算思路为,以无形资产带来的追加收入在销售收入中所占的比重为基础。无形资产分成率的计算目前尚没有统一的标准与方法,下面总结一些常见的方法。

一、边际分析法

边际分析法是选择两种不同的生产经营方式进行比较:一种是运用普通生产技术或企业原有技术进行经营,另一种是运用转让的无形资产进行经营,后者利润大于前者利润的差额,就是投资于无形资产所带来的追加利润;然后测算各年度追加利润占利润总额的比重,并按各年度利润现值的权重,求出无形资产经济寿命期间追加利润占利润总额的比重,即评估的利润分成率。这种方法的关键是科学分析追加无形资产投入可以带来的净追加利润,这也是购买无形资产必须进行决策分析的内容。

边际分析法的步骤是:

(1) 对无形资产边际贡献因素进行分析。这些因素包括:①新市场的开辟;②垄断加价的因素;③消耗量降低,成本费用降低;④产品结构优化,质量改进,功能费用降低,成本销售收入率降低。

(2) 测算无形资产经济寿命期间的利润总额及追加利润总额,并进行折现处理。

(3) 按利润总额现值和追加利润总额现值计算利润分成率,其计算公式为:

$$利润分成率 = \frac{追加利润现值}{利润总额现值} \tag{6-4}$$

由于分成对象是销售收入或销售利润,因而就有两个不同的分成率。实际上,由于销售收入与销售利润有内在的联系,因此可以根据销售利润分成率推算出销售收入分成率,反之亦然。

由于销售利润 = 销售收入 × 销售利润率,故有:

$$销售收入分成率 = 销售利润分成率 \times 销售利润率 \tag{6-5}$$

$$销售利润分成率 = 销售收入分成率 \div 销售利润率 \tag{6-6}$$

【例 6-3】 某企业转让新型 OLED 显示面板技术,受让方用于改造年产 10 万台智能电视的显示面板生产线。经对无形资产边际贡献因素的分析,测算在其经济寿命期间各年度分别可带来追加利润 100 万元、120 万元、90 万元、70 万元,分别占当年利润总额的 40%、30%、20%、15%,适用的折现率为 10%。

要求:试确定无形资产利润分成率。

解:

本例所给条件已经完成边际分析法第一步的工作。只需计算出各年的利润总额,并与追加利润一同折现,即可得出利润分成率。

各年度利润总额现值之和(P_1)(折现率为 10%)为:

$$P_1 = \frac{100}{40\%(1+10\%)} + \frac{120}{30\%(1+10\%)^2} + \frac{90}{20\%(1+10\%)^3} + \frac{70}{15\%(1+10\%)^4}$$

$$\approx 1\,214.881(万元)$$

追加利润现值之和(P_2)为:

$$P_2 = \frac{100}{(1+10\%)} + \frac{120}{(1+10\%)^2} + \frac{90}{(1+10\%)^3} + \frac{70}{(1+10\%)^4} \approx 305.505(万元)$$

故无形资产利润分成率为:

$$\text{利润分成率} = \frac{P_2}{P_1} = \frac{305.505}{1\,214.881} \times 100\% \approx 25\%$$

二、约当投资分成法

约当投资分成法是根据等量资本获得等量报酬的思想,将共同发挥作用的有形资产和无形资产换算成相应的投资额(约当投资量),再按无形资产的约当投资量占总约当投资量的权重确定无形资产利润分成率,其计算公式为:

$$\text{利润分成率} = \frac{\text{无形资产约当投资量}}{\text{受让方约当投资量} + \text{无形资产约当投资量}} \times 100\% \quad (6-7)$$

式中,无形资产约当投资量 = 无形资产重置成本 × (1 + 适用的成本利润率);受让方约当投资量 = 受让方投入的总资产的重置成本 × (1 + 适用的成本利润率)。

在确定无形资产约当投资量时,适用的成本利润率按出让方无形资产成本与企业(产品)超额利润的比值计算。当没有企业实际数时,按社会平均水平确定。在确定受让方约当投资量时,适用的成本利润率按受让方的现有水平测算。

【例6-4】 甲企业以专利技术向乙企业投资,该技术的重置成本为100万元,乙企业拟投入合营的资产重置成本为8 000万元,甲企业无形资产成本利润率为500%,乙企业拟投入合营的资产原成本利润率为12.5%。

要求:根据上述资料确定无形资产投资的利润分成率。

解:

如果按投资双方投资品的成本价格折算利润分成率,就较难体现无形资产较高的风险回报和生产效率,故采取约当投资分成法确定利润分成率。

根据资料,无形资产约当投资量 = 100 × (1 + 500%) = 600(万元)

乙企业约当投资量 = 8 000 × (1 + 12.5%) = 9 000(万元)

甲企业投资无形资产的利润分成率 = 600 ÷ (9 000 + 600) = 6.25%

三、经验与行业标准法

经验与行业标准法是依据自愿买卖条件下,技术交易利润分成率的经验值来评估无形资产。这种经验值是市场达成的均衡条件,虽非统计结果或理论推导结果,但蕴含真知灼见,在现实中有较为普遍的运用。在早期的实践中,普遍被市场接受的"三分法"和"四分法"就是具体的表现。国家知识产权局颁布的《专利开放许可使用费估算指引(试行)》关于参考基准给予提示:"根据国际一般经验,将产品利润的25%或产品销售额的5%作为专利实施许可使用费提成率的谈判基准,许可双方在此基础上对提成率作进一步调整。"

进一步的,也有不少组织给出了不同行业的利润分成率参考,根据不同细分行业形成了具体的经验数据,如国家知识产权局(见表6-6)、联合国贸易和发展组织、美国《商业周刊》杂志等。

表6-6 2017—2021年专利实施许可统计表(按销售额提成支付)

行业	无入门费			有入门费			
	平均许可年限(年)	平均提成率(%)	提成率中位数(%)	年均入门费(万元)	平均许可年限(年)	平均提成率(%)	提成率中位数(%)
制造业	6.7	6.7	4.0	122.6	10.5	5.7	4.0
化学原料和化学制品业	7.9	8.6	5.0	120.9	10.4	4.8	3.0
专用设备制造业	5.9	8.2	4.0	11.1	9.6	5.5	5.0
通用设备制造业	5.4	6.2	4.0	8.1	9.0	6.2	4.5
仪器仪表制造业	4.8	9.1	3.0	4.4	9.7	5.5	3.5
计算机、通信和其他电子设备制造业	5.5	5.9	4.0	16.6	10.7	6.4	3.0
金属制品业	7.4	3.5	2.0	10.7	8.4	4.0	5.0
医药制造业	12.0	6.9	5.0	590.8	14.9	6.0	4.0
电气机械和器材制造业	8.4	3.5	3.0	12.3	10.0	6.9	5.0
科学研究和技术服务业	7.7	5.8	3.8	149.9	10.5	5.0	5.0
批发和零售业	5.2	3.1	2.0	6.0	7.8	5.6	5.0
建筑业	6.5	4.7	3.0	8.0	5.7	4.4	5.0
信息传输、软件和信息技术服务业	4.2	4.6	5.0	11.7	10.0	12.0	7.5

资料来源:国家知识产权局。

随着交易数量的增多和相关数据库的建立,经验法逐渐演变为行业标准法。行业标准是指具体、详细地记录了大量历史交易数据的数据库,卖方和买方通过参考这些数据,最终达成一个公平合理的分成率甚至是交易价格。这个概念表达了行业规范和标准的思想,这些历史交易数据成为一种指南甚至一种标准,类似于一本复杂的价格手册。有些行业协会在部分领域甚至会提供一些精确的数值,比如电气与电子工程师学会(IEEE)和美国国家标准学会(ANSI),然而大多数情况下,行业协会给定的一般是一个特定交易类型的数值范围。

无形资产许可交易的行业数据有很多不同的来源,个人、机构甚至国家都在调查许可交易并公布调查结果。各类行业数据的来源主要有：① 调查；② 计划或已确定的规范；③ 条款清单和价格列表；④ 新闻、出版物及许可协会/从业人员的网络；⑤ 期刊、专有数据库、报道和资讯；⑥ 公布的协议；⑦ 法庭案例；⑧ 终身学习和组织学习。

四、专家分析法

专家分析法主要是依据专家的判断，然后结合层次分析等方法综合确定分成率。基本步骤为：①由有关技术专家、行业管理专家及市场营销专家确定影响分成率的因素。②由专家组确定各影响因素的权重。③由专家组成员对各影响因素进行打分。④综合评价。综合评价是对评价对象的多种影响因素的综合价值进行权衡、比较、优选和决策的活动。常见的综合评价方法有层次分析法和模糊层次分析法等。

【例 6-5】 南京某公司拟转让某项专利的所有权，专利保护期限为 20 年，该项专利已使用 5 年，并且专利产品已进入市场。从专利使用单位情况来看，该项专利市场较大，获利能力较强，联合国工业发展组织对各国该项专利的技术贸易进行统计，得出其分成率取值范围为 2.5%—4.0%。为评估该项专利的转让价值，公司聘请了 10 位工程、技术和经济类专家对该项专利进行打分评级。该项专利分成率的影响因素主要有法律、技术和经济因素。其中，法律因素又分为专利类型及法律状态、法律保护情况、侵权判定三个方面；技术因素又分为技术所属领域、替代技术、先进性、创新性、成熟度、应用范围、技术防御力七个方面；经济因素只考虑供求关系一个方面。专家对指标数据进行标准化，即以指标最优值为 100 分，最差值为 0 分，建立线性评分函数。指标权重的确定采用对比求和评分法，将待定权重评估指标列出，设计调查表，请专家对各指标的重要程度进行判断，将某项指标同其他指标逐个比较、评分，专家意见返回后，做出统计处理，检查意见的离散程度，若达到一致性要求，则进行归一处理，否则，进行下一轮调查，直至专家意见趋于一致。经过两轮意见回馈，专家意见达到一致性要求，其分值和权重如表 6-7 所示。

表 6-7 专利分成率影响因素的权重及专家评分

权重	影响因素		权重	分值					
				90—100	80—90	60—80	40—60	20—40	0—20
0.3	法律因素	专利类型及法律状态	0.4	100					
		法律保护情况	0.3	100					
		侵权判定	0.3			80			

（续表）

权重	影响因素		权重	分值					
				90—100	80—90	60—80	40—60	20—40	0—20
0.5	技术因素	技术所属领域	0.1			60			
		替代技术	0.2				50		
		先进性	0.2			80			
		创新性	0.1			80			
		成熟度	0.2	100					
		应用范围	0.1				60		
		技术防御力	0.1			80			
0.2	经济因素	供求关系	1.0			80			

要求：根据上述资料计算该项专利的分成率。

解：

可根据上述资料构建综合评价模型。其中：

法律因素分值 = $100 \times 0.4 + 100 \times 0.3 + 80 \times 0.3 = 94$

技术因素分值 = $0.1 \times 60 + 0.2 \times 50 + 0.2 \times 80 + 0.1 \times 80 + 0.2 \times 100 + 0.1 \times 60 + 0.1 \times 80 = 74$

经济因素分值 = 80

综合分值 = $94 \times 0.3 + 74 \times 0.5 + 80 \times 0.2 = 81.2$

上述确定的值实际上是一个百分数，它代表的是待估专利的分成率在可能取值范围内所属的位置，即调整系数。根据待估专利分成率的取值范围及调整系数，可最终得到分成率：$\theta = m + (n - m) \times z$，其中 θ 为待估专利的分成率，m 为分成率取值的下限，n 为分成率取值的上限；z 为分成率所在的位置，即调整系数。为此有：

$$\theta = 2.5\% + (4.0\% - 2.5\%) \times 81.2\% = 3.72\%$$

五、可比公司法

所谓可比公司法，是指在国内上市公司中选择与被评估无形资产拟实施企业位于同行业的上市公司作为"可比公司"，与被评估无形资产拟实施企业进行比较的方法。由于可比公司与被评估无形资产拟实施企业处于同行业，因此该可比公司中应该也存在无形资产，其发挥作用的方式以及功能与被评估无形资产拟实施企业相同或相似，具有可比性。我们可以通过可比公司中相关无形资产创造的收入占全部收入的比重来估算可比公司相关无形资产的许可费率,再以可比公司中相关无形资产的许可费率为基准,估算被评估无形资产的许可费率。可比公司法的实质就是将可比公司中相关无形资产的许可费率通过逻辑推导合理地计算出来。由于可比公司的股票交易可以理解为投资者对可比公司整体资产价值的认定,因此也间接地确定了可比公司中无形资产的价值。

以收入分成率为例,设定收入分成率为 w,公司主营业务收入为 S,则有:

$$\text{无形资产对收入流的贡献} = \text{全部收入流} \times \frac{\text{无形资产市场价值}}{\text{全部资产市场价值}} = w \times S \quad (6-8)$$

如果我们假定同等价值的资产创造同等价值的收益,设可比公司无形资产占全部资产的比重为 α,与被评估无形资产同类的无形资产占可比公司全部无形资产的比重为 β,则 $\alpha \times \beta$ 就是与被评估无形资产可比的可比公司中相关无形资产占可比公司全部资产的比重,式(6-8)可以演绎为:

$$\text{无形资产对收入流的贡献} = \text{全部收入流} \times \alpha \times \beta = w \times S \quad (6-9)$$

实务中,全部收入流常用 EBITDA(税息折旧及摊销前利润)等指标来替代,则式(6-9)可演绎为 EBITDA $\times \alpha \times \beta = w \times S$,进而可以得到收入分成率 w 的计算公式为:

$$w = \frac{\text{EBITDA} \times \beta \times \alpha}{S} \quad (6-10)$$

利用可比公司法计算分成率的主要步骤为:

(1)选择可比公司,一般选择同一行业具有相似业务的上市公司,经营范围与被评估无形资产拟实施企业相同或相似。

(2)统一可比公司经营收入流的口径,一般有现金流口径和利润口径,通常选择现金流口径。

(3)计算被评估无形资产在资本结构中所占的比重。首先,计算可比公司中无形资产占全部资产的比重 α;其次,分析判断与被评估无形资产同类的无形资产在可比公司全部无形资产中所占的比重 β;由此得到 $\alpha \times \beta$,即与被评估无形资产可比的可比公司中相关无形资产占可比公司全部资产的比重。

(4)截至评估基准日可比公司无形资产许可费率的估算。

(5)被评估无形资产对收入流的贡献的调整。无形资产在其经济寿命周期内的不同时期对收入流的贡献是不一样的,由于可比公司中的可比无形资产所处的经济寿命阶段与被评估无形资产所处的经济寿命阶段不同,因此可能产生不同的贡献比率,需要采用适当的方式进行修正、调整。

(6) 确定被评估无形资产的许可费率。我们通过前述步骤估算出来的被评估无形资产对收入流的贡献比率应该理解为被评估无形资产截至评估基准日的许可费率。一般来说,无形资产对收入流的贡献应该在无形资产经济寿命周期内随着时间的推移而存在下降的趋势并趋于零,无形资产对收入流的贡献比率也应该呈现下降的趋势,因此被评估无形资产在未来经济寿命周期内的贡献比率应该呈现为一个下降的序列。

【例 6-6】 复合印刷技术是包装企业的核心技术,某包装企业拟转让该项技术,需要对技术进行评估,确定该项技术的分成率。根据专家与企业财务高管判断,企业基本情况与同类上市公司一致,该项技术占企业无形资产的比重为 60%,评估基准日为 2024 年年底。

要求:试采用可比公司法确定该项技术的收入分成率。

解:

根据可比公司法确定收入分成率的思路,首先选取可比公司。同类上市公司有 4 家,即合兴包装(002228.SZ)、美盈森(002303.SZ)、顺灏股份(002565.SZ)、新通联(603022.SH)。

然后计算被评估无形资产在资本结构中所占的比重。根据 Wind 数据库,获取可比公司过往 3 年的相关财务数据,如表 6-8 所示。

表 6-8 可比公司资本结构　　　　　　　　　　　　　　　　　　单位:%

项目	年份	合兴包装	美盈森	顺灏股份	新通联
营运资金	2022	30.62	39.87	41.59	44.01
	2023	20.92	35.41	36.41	34.33
	2024	15.45	42.95	7.97	24.90
固定资产	2022	61.23	49.24	51.01	39.79
	2023	68.36	54.93	55.92	43.55
	2024	74.60	48.53	84.41	56.16
无形资产	2022	8.15	10.88	7.40	16.20
	2023	10.72	9.66	7.66	22.12
	2024	9.95	8.52	7.61	18.94

接着获取可比公司 EBITDA/营业总收入数据,计算可比公司中同类技术的收入分成率,结果如表 6-9 所示。

表 6-9　可比公司中同类技术的收入分成率　　　　　　　　　　　　单位:%

可比公司	年份	无形资产占比	技术占比	EBITDA/营业总收入	收入分成率	3年平均
合兴包装	2022	8.15	4.89	8.90	0.44	0.59
	2023	10.72	6.43	10.24	0.66	
	2024	9.95	5.97	11.35	0.68	
美盈森	2022	10.88	6.53	16.03	1.05	1.14
	2023	9.66	5.80	20.55	1.19	
	2024	8.52	5.11	23.20	1.19	
顺灏股份	2022	7.40	4.44	16.97	0.75	0.60
	2023	7.66	4.60	20.25	0.93	
	2024	7.61	4.57	2.29	0.10	
新通联	2022	16.20	9.72	21.70	2.11	2.14
	2023	22.12	13.27	18.49	2.45	
	2024	18.94	11.36	16.37	1.86	

从表 6-9 中我们可以看出,该技术对收入流的贡献占营业总收入的比重(收入分成率)在 4 家可比公司的 3 年平均值分别为 0.59%、1.14%、0.60% 和 2.14%。4 家可比公司均为机械制造行业的代表性企业,因此其技术的收入分成率应当反映了国内相同行业的技术的收入分成率水平,我们以 4 家可比公司技术的收入分成率的平均值(约 1.12%)为被评估无形资产的收入分成率。

第四节　市场法评估案例

拥有大量无形资产的企业是指企业的价值很大一部分来自无形资产,而且不一定是账面上的无形资产,其主要代表是消费品公司(依赖品牌)、制药公司(依赖专利保护的畅销药或专有技术)和技术公司(依赖熟练的技术)。纵览当今的各种企业排行榜,不难发现,榜单上含大量无形资产的企业数量在增加,排名也在提高。零售、金融、银行、电子科技、网络、保险、药品等含大量无形资产的企业"轻装上阵",故在一些场合这类企业又被称为"轻资产企业"。尽管这类企业在市场竞争中表现出很强的竞争力,但其估值及这部分资产未来收益的确定对于评估师来说是个难题。本节介绍一个市场法运用于基金管理公司的估值案例。

（一）案例介绍与市场法模型选择

BQ公司持有TH基金管理公司26%的股东权益，拟在市场中转让，需要估算其价值。主要资料有：截至评估基准日（2025年3月31日），TH基金管理公司共有4只基金，分别为TH精选、TH债券、TH成长、TH周期，公司基金资产份额共计64.15亿份，基金资产净值共计35.86亿元（见表6-10）。

表6-10 TH基金管理公司4只基金的基本信息

项目	TH精选	TH债券	TH成长	TH周期
投资范围	股票、债券和短期金融工具	固定收益类证券	股票等权益类证券	周期性股票
基金类型	混合型基金	债券型基金	股票型基金	股票型基金
管理费率（%）	1.5	0.7	1.5	1.5
托管费率（%）	0.25	0.20	0.25	0.25
评估基准日基金资产净值（亿元）	28.67	0.98	0.79	5.42

基金管理公司的业务性质属于"受人之托、代客理财"的范畴，其主要的业务收入来源为基金管理费收入。基金管理公司最核心的资产是基金管理团队，也就是说，这类企业最核心的资产是人力资源。基金管理公司虽然是一个具有大量无形资产的企业，但人力资源的价值并不会反映在该基金管理公司的资产结构中，其股权估值需要考虑这一重要特点。基金管理费一般根据基金的投资类型，按照管理基金规模的一定百分比计提。因此，管理基金规模在一定程度上反映了基金管理公司的收入规模和股权价值。基金管理公司的管理基金规模一般与基金投资收益、基金销售渠道、研投能力、公司品牌等关系密切，而与基金管理公司资本金的关系较弱。因此，在采用市场法评估基金管理公司的股权价值时，传统的市净率（P/B）乘数模型不太适宜。实务中，基于基金管理公司的特点，评估师常用股权价值与管理基金规模比率（P/AUM）作为重要的价值乘数。P/AUM乘数模型可以简明地反映基金管理公司的股权价值与管理基金规模之间的关系。

P/AUM乘数模型是将被评估的基金管理公司股权与市场近期已交易的基金管理公司股权进行比较，找出评估对象与每个可比案例之间在股权价值影响因素方面的差异，并据此对可比案例的交易价格进行调整，从而得到多个参考值，然后通过综合分析，确定评估对象的评估值。对于搜集到的具有可比性的交易案例，主要掌握交易标的、交易时间、交易形式、交易价格以及交易标的企业状况（资产管理业务范围、行业排名、人员资质、管理费率等）等信息，然后对相关因素进行修正，得到评估基准日评估对象的评估值。

根据对评估对象和可比案例的分析,本案例拟采用以下计算公式。

$$\frac{P}{\text{AUM}} = \frac{P_{参}}{\text{AUM}_{参}} \times \frac{交易时间_{评}}{交易时间_{参}} \times \frac{交易情况_{评}}{交易情况_{参}} \times \frac{人员资质_{评}}{人员资质_{参}} \times \frac{行业排名_{评}}{行业排名_{参}} \times \frac{管理费率_{评}}{管理费率_{参}}$$

其中,下标"评"代表评估对象,"参"代表参照物。

（二）可比案例选取

通过市场调查,在能获取公开信息资料的基础上,本案例选取了离评估基准日时间较近的四个交易案例作为可比案例,分别来自 A 基金管理公司、B 基金管理公司、C 基金管理公司和 D 基金管理公司,具体情况如表 6-11 所示。

表 6-11 可比案例基本信息

项目	A 基金管理公司	B 基金管理公司	C 基金管理公司	D 基金管理公司
交易股权比例(%)	24	20	19	23
交易时间	2025 年 2 月	2024 年 12 月	2025 年 1 月	2025 年 3 月
交易形式	挂牌	挂牌	挂牌	挂牌
是否关联方	否	是	是	否
成交价格(万元)	262 800	25 820	5 225	7 650
每股交易价格(元)	109.50	6.46	2.75	2.55
注册资本(亿元)	1.0	2.0	1.0	1.3
成交时管理基金数(只)	19	13	4	6
成立时间	1998 年 7 月	2005 年 6 月	2005 年 12 月	2003 年 5 月
2025 年 3 月行业排名	4	12	52	57
2025 年 3 月市场份额(%)	5.20	2.17	0.28	0.17

（三）比较基准的确定与修正

本次评估以基金管理公司股权价值与管理基金规模比率（P/AUM）为比较基础,基于公开资料,可计算得到可比案例的比较基准（见表 6-12）。

表 6-12 可比案例的比较基准（P/AUM）

项目	A 基金管理公司	B 基金管理公司	C 基金管理公司	D 基金管理公司
每股交易价格(元)	109.50	6.46	2.75	2.55
注册资本(亿元)	1.0	2.0	1.0	1.3

（续表）

项目	A基金管理公司	B基金管理公司	C基金管理公司	D基金管理公司
股权价值（P）（亿元）	109.50	12.92	2.75	3.32
成交时管理基金规模（AUM）（亿元）	1 388	456	74	44
P/AUM（%）	7.89	2.83	3.72	7.54

注：股权价值=每股交易价格×注册资本。

除 P/AUM 指标是衡量基金管理公司股权价值的主要指标外，交易时间、交易形式、人员资质、行业排名和管理费率等都是影响股权价值的因素，需要在 P/AUM 的基础上对上述因素进行修正。可比案例与评估对象（TH基金管理公司）的比较情况如表6-13所示。

表6-13 可比案例与评估对象的比较情况

比较因素	TH基金管理公司	A基金管理公司	B基金管理公司	C基金管理公司	D基金管理公司
交易情况	拟挂牌，排除关联方	挂牌，非关联方	挂牌，关联方	挂牌，关联方	挂牌，非关联方
交易时间	2025年3月	2025年2月	2024年12月	2025年1月	2025年3月
人员资质（持证数）	34	148	86	36	26
行业排名	58	4	12	52	57
平均管理费率（%）	1.48	1.32	1.09	1.48	1.19

根据评估人员的综合判断，以评估对象的因素分值为基准，分别对可比案例的相应因素给予分值并计算，具体情况如表6-14所示。

表6-14 可比案例的因素评分

比较因素	TH基金管理公司	A基金管理公司	B基金管理公司	C基金管理公司	D基金管理公司
交易情况	100	100	90	90	100
交易时间	100	95	90	92	100
人员资质（持证数）	100	112	108	102	98
行业排名	100	115	105	102	100
平均管理费率	100	95	90	100	90

进一步的，可以得到可比案例与评估对象比较因素的修正系数表，如表6-15所示。

表 6-15 比较因素修正系数表

比较因素	A 基金管理公司	B 基金管理公司	C 基金管理公司	D 基金管理公司
$P/\text{AUM}(\%)$	7.89	2.83	3.72	7.54
交易情况	1.00	1.11	1.11	1.00
交易时间	1.05	1.11	1.09	1.00
人员资质(持证数)	0.89	0.93	0.98	1.02
行业排名	0.87	0.95	0.98	1.00
平均管理费率(%)	1.05	1.11	1.00	1.11
修正后 $P/\text{AUM}(\%)$	6.79	3.42	4.32	8.54

（四）市场法评估结果

根据上述资料，可以得到评估对象的 $P/\text{AUM}=(6.79\%+3.42\%+4.32\%+8.54\%)/4=5.77\%$，TH 基金管理公司的股权价值为：

$V=$ 管理基金规模 $\times P/\text{AUM}=35.86\times 10\,000\times 5.77\%=20\,691.22$（万元）

TH 基金管理公司的全部股东权益价值评估结果为 20 691.22 万元，BQ 公司持有的 TH 基金管理公司 26% 的股东权益的价值为：

$$V_0=20\,691.22\times 26\%\approx 5\,379.72（万元）$$

习 题

一、多项选择题

1. 下列关于运用市场法进行价值评估的局限性的说法中，正确的是（　　）。

A. 难以寻找与被评估企业相同或类似的可比对象

B. 评估结果可能存在偏差

C. 灵活性较大，难以进行有效监管

D. 具有较强的主观性

E. 无论是总价计量方式还是从价计量方式下的市场法评估，找到可比对象都非常容易

2. 下列标准中，确定无形资产可比对象时通常选用的有（　　）。

A. 所处发展阶段的相似性　　　　B. 功效的相似性

C. 交易条件的相似性　　　　　　D. 研发成本的相似性

E. 权利内容的相似性

3. 下列各项中,属于市场法使用的注意事项的有( )。

A. 总价计量方式的适用性问题

B. 从价计量方式与许可费节省法的关系

C. 调整分成率应关注的问题

D. 无形资产成本的计量方式问题

E. 差异分析调整的问题

4. 总价计量方式的调整包含( )。

A. 无形资产的可比条件

B. 无形资产相关资产组的可比条件

C. 标的无形资产与可比无形资产的差异分析调整

D. 标的无形资产与可比无形资产相关资产组的差异分析调整

E. 无形资产自身的特征

5. 评估无形资产转让利润分成率的方法主要有( )。

A. 边际分析法   B. 转让分摊法   C. 市场类比法   D. 约当投资分成法

E. 成新率法

6. 在对无形资产进行评估时,下列有关分成率的说法中,正确的是( )。

A. 分成率是一个绝对价值指标

B. 分成率是分配比例指标

C. 分成率是对整个资产组而言的,不能单独考虑无形资产的分成率

D. 资产组的资本结构与分成率大小无关

E. 资产组获利能力与无形资产分成率无必然联系

二、计算题

1. 有一项待评估专利 X,其市场价值主要受交易时间、专利类型、法律保护情况、技术先进性、成熟度、应用范围和供求关系影响。在 2023 年 12 月到 2024 年 12 月间,物价月环比上涨 1%,其他参数修正后如下表所示。

可比对象参数修正表

参数	待估对象 X	可比对象 A	可比对象 B	可比对象 C
交易价格(万元)		22	20	21
交易时间	2024 年 10 月	2024 年 5 月	2023 年 12 月	2024 年 3 月
专利类型	0	−2%	0	−1%
法律保护情况	0	+1%	−3%	2%

（续表）

参数	待估对象 X	可比对象 A	可比对象 B	可比对象 C
技术先进性	0	+2%	−1%	0
成熟度	0	+4%	−3%	+2%
应用范围	0	+4%	0	+1%
供求关系	0	+1%	−2%	1%

要求：运用市场法评估待估对象 X 的市场价值。

2. A 企业使用某项技术前年利润为 50 万元，使用后年利润每年将比上年增加 20 万元，该项技术经济寿命为 5 年，折现率为 10%，求该项技术的利润分成率。

3. A 企业将一项专利使用权转让给 B 企业，拟采用对利润分成的方法。该专利系三年前从外部购入，账面成本为 80 万元，两年间物价累计上涨 5%，该专利法律保护期为 10 年，已过 4 年，尚余 6 年。经专业人员测算，该专利成本利润率为 400%，B 企业资产重置成本为 4 000 万元，成本利润率为 12.5%，则利润分成率为多少？

4. 甲企业自行研发一项专有技术用于生产经营，在使用该项技术前年利润为 100 万元，使用该项技术后年利润每年将比上年增加 15 万元，该项技术经济寿命为 4 年，折现率为 10%。甲企业聘请乙资产评估服务机构对该项技术进行评估，在评估该项技术的收益额时，采用的是分成率法。计算上述关键指标并计算利润分成率。

5. 某公司某项专利市场较大，获利能力较强，联合国工业发展组织对各国该项专利的技术贸易进行统计，得出其分成率取值范围为 2.5%—4.0%。为评估该项专利的转让价值，公司聘请了 5 位工程、技术和经济类专家对该项专利进行打分评级。专家对各指标的重要程度进行判断，将某项指标同其他指标逐个比较、评分，专家意见返回后，做出统计处理，检查意见的离散程度，若达到一致性要求，则进行归一处理，否则，进行下一轮调查，直至专家意见趋于一致。经过两轮意见回馈，专家意见达到一致性要求，其分值和权重如下表所示。计算该项专利的分成率。

专利分成率影响因素的权重及专家评分

权重	影响因素		权重	分值					
				90—100	80—90	60—80	40—60	20—40	0—20
0.3	法律因素	专利类型	0.4		85				
		法律保护情况	0.3	100					
		侵权判定	0.3				50		

（续表）

权重	影响因素		权重	分值					
				90—100	80—90	60—80	40—60	20—40	0—20
0.4	技术因素	技术所属领域	0.1		70				
		替代技术	0.2		75				
		先进性	0.2			80			
		创新性	0.1		80				
		成熟度	0.2	100					
		应用范围	0.1				60		
		技术防御力	0.1			80			
0.3	经济因素	供求关系	0.6		85				
		顾客感知	0.4				50		

第七章

实物期权法评估无形资产

> 用金融观点来看,企业投资更似一系列的期权,而不是稳定的现金流。
> ——蒂莫西·A. 鲁曼(Timothy A. Luehrman)

学习目标

思政目标:了解评估准则《实物期权评估指导意见》的操作要求和披露要求。

知识目标:了解实物期权与金融期权的区别;掌握期权价值的表现形式;熟悉期权主要参数的计算方法。

能力目标:掌握实物期权的识别思路,熟练运用B-S模型和二项树模型评估无形资产价值。

20世纪70年代以来,期权定价理论研究获得重要突破,在金融衍生品定价、公司的资本和负债定价、投资项目决策(拓展期权、放弃期权、延迟期权等)等领域有广泛的应用,已成为金融经济理论的基石。实物期权是许多单项和整体资产价值的重要组成部分,但传统资产评估和会计核算方法较难识别与计量其资产价值。随着我国知识产权战略的实施和文化产业的发展,为合理分析高科技企业和无形资产等特殊收益形式资产的价值,特别是文化产业中相关资产的价值,实物期权的评估日渐重要。

本章的主题是实物期权法在无形资产评估中的应用,主要知识点结构如图7-1所示。

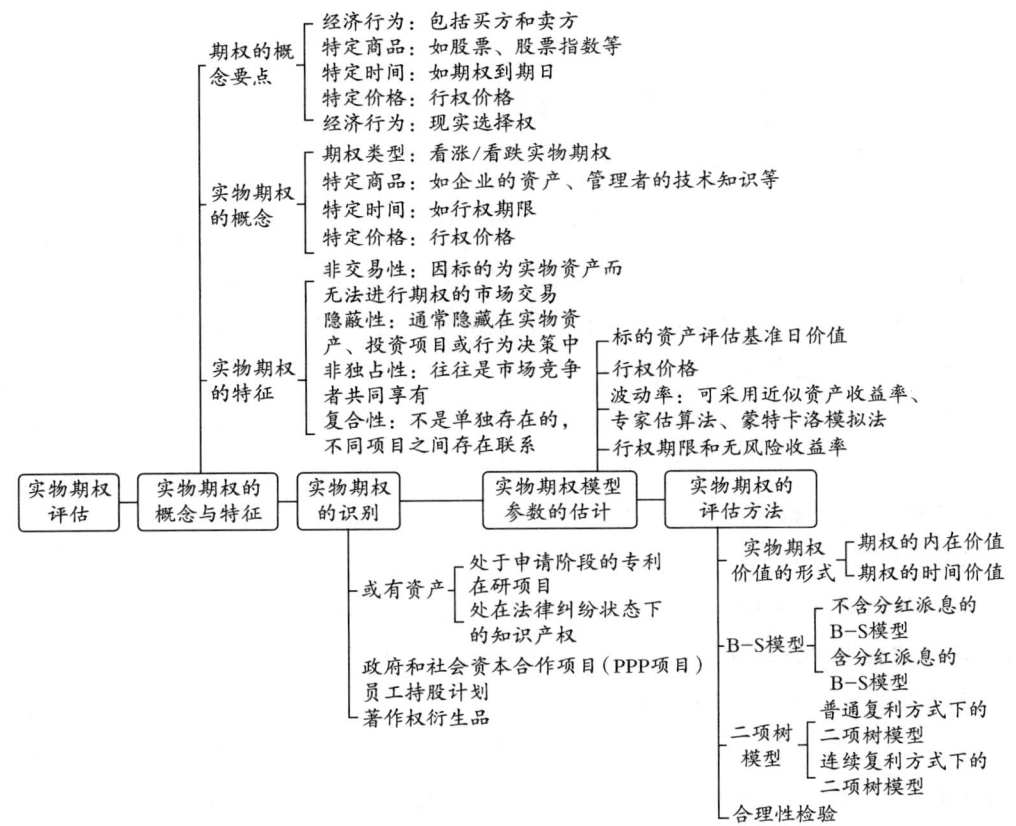

图 7-1 本章知识点结构

第一节 实物期权的概念与特征

一、期权的概念

要理解实物期权,先要理解期权。期权(Option)是一种选择权,是指一种能在未来某特定时间以特定价格买入或卖出一定数量的某种特定商品的权利。

要理解期权,至少需要关注以下几个方面:

(1) **经济行为**。期权的主体包括买方和卖方(如图 7-2 所示)。期权的买方是持有期权合约的一方,他们支付一定的费用购买期权,在期权到期时可以选择是否行使期权,如果选择行使期权,那么卖方必须按照合约规定履行合约。期权的卖方是出售期权合约的一方,他们收取一定的费用出售期权,在期权到期时须按照合约规定履行合约。

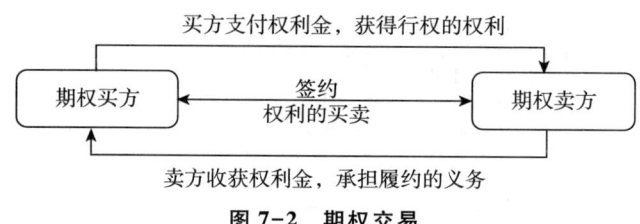

图 7-2 期权交易

对于买方而言，如果期权对应的权利是以特定价格买入基础资产（underlying asset），就称之为看涨期权（call option）；如果期权对应的权利是以特定价格卖出基础资产，就称之为看跌期权（put option）。

（2）**特定商品**，是指基础资产或标的资产。每一个期权合约都对应一项基础资产，基础资产可以是股票、股票指数、期货合约甚至是一些实物资产或开发项目等。对应不同的标的资产就形成不同的期权：对应股票就形成股票期权，对应股票指数就形成指数期权，对应实物资产就形成实物期权。

（3）**特定时间**，是指权利的未来时间约束，超过约束的时间范围，权利就会变得无效。这种约束主要体现在期权到期日（expiration date），到期日即期权合约所约定的期权持有人可以实际执行该期权的最后日期。有两种情况：一种是时间点，期权持有人只能在某一特定日期（到期日）行使权利，这种期权被称为欧式期权（European options），比如规定行使期权的时间是期权到期日的北京时间下午4:00，过了这一时间，再有价值的期权都会自动失效；另一种是时间段，期权持有人在到期日之前的任何时间均可行使权利，这种期权被称为美式期权（American option）。

（4）**特定价格**，又称行权价格（strike price or exercise price），或称协议价格、执行价格、履约价格，是指约定的期权行权时基础资产交易（买入或卖出）的价格。在行权日，无论基础资产的价格上涨或下跌到什么水平，只要期权买方要求执行该期权，期权卖方都必须以此行权价格完成其必须履行的义务。

二、实物期权的概念

实物期权作为期权的一种重要类型，其概念是由麻省理工学院斯隆管理学院金融学教授斯图尔特·迈尔斯（Stewart Myers）在1977年首先提出的。中国资产评估协会颁布的《实物期权评估指导意见》（中评协〔2017〕54号）把实物期权定义为：附着于企业整体资产或者单项资产上的非人为设计的选择权，即指现实中存在的发展或者增长机会、收缩或者退出机会等。相应企业或者资产的实际控制人在未来可以执行这种选择权，并且预期通过执行这种选择权能带来经济利益。

对实物期权概念的理解，至少需要关注以下几个方面：

（1）**经济行为**。实物期权是以期权概念定义的现实选择权，是与金融期权相对应的概念。持有实物期权的人可以根据当前市场的变化决定是否行使权利,从而在市场上获得利润或降低风险。当然,实物期权同样存在风险,如果市场价格不利于持有者,他们可能会选择不执行期权,从而损失购买期权的费用,这与金融期权的交易模式是一样的。不同之处在于,金融期权有较为明确的期权买方和期权卖方,但实物期权可能有明确的期权买方和期权卖方,也可能没有明确的买卖双方。如产品质量保证、为防止合同违约而支付的定金等实物期权则有明确的交易双方;但诸如企业研发或渠道布局等前期投入带来的发展与增长机会,核心经济主体只有一个,这类期权更像是企业自身的一种投资。此外,期权买卖双方一般是自愿的,如员工持股计划、产品质量保证等,但也可能并非出于双方自愿,如未决诉讼,被诉方被动卷入官司。

（2）**期权类型**。在实物期权中,看涨实物期权又称增长期权,是指在现有基础上增加投资和资产,从而扩大业务规模或者扩展经营范围的期权。常见的增长期权包括对实业项目进行追加投资的期权、分阶段投资的期权、在既定战略规划下进入下一阶段的期权,利用原有有形和无形资产扩大经营规模或者增加新产品、新业务的期权,文化艺术品以及影视作品开发实物衍生产品或者演绎作品的期权等。看跌实物期权又称退出期权,是指在前景不好的情况下,可以按照合理价格即没有明显损失地部分或者全部变卖资产,或者低成本地改变资产用途,从而收缩业务规模或者范围以至退出经营的期权。常见的退出期权包括房地产类资产按接近或者超过购置成本的价格转让的期权,制造业中的通用设备根据业务前景而改变用途的期权,股权投资约定退出条款形成的期权等。

（3）**特定商品**,即实物期权附着于的对象（基础资产或标的资产）,一般是企业整体资产或单项资产,可能来自专利、土地或自然资源的所有权,也可能来自管理者的管理能力、技术知识或者企业自身的信誉、市场地位及规模等。实物期权的确认与基础资产的确定密切相关。在实际操作中,实物期权所对应的基础资产应是确定的,而不是模糊的。这种确定有两个层面的含义:一是基础资产必须是特定的,即实物期权依附的机会源于具体的专利或专利组合,或者具体的市场地位;二是基础资产中可能含有一个或多个实物期权,多个实物期权之间可能还存在交互关系,评估专业人员需要与委托方确定是其中的某个或某几个（需要明确具体对象及数量）。如果某实物期权较为模糊、难以识别,则评估专业人员需要根据有关参数所需信息的可获取性和可靠性,判断是否具备评估条件,不具备实物期权评估条件时,应当终止实物期权评估。实物期权的相互关系可以根据以下标准进行评价:①如果多个实物期权之间有互斥关系或者替代关系,即选择执行了其中一个实物期权,其他实物期权就不能或者不必要执行,则应当选择其中最重要的实物期权。②如果多个实物期权之间有互补关系,则根据执行的可能性都选或者都不选为评估对象。常见的有互补关系的实物期权是各种可能的机会之间有战略协同性的期权。③如果多个实物期权之间有因果关系或者前后关系,则根据执行的可能性只选择在前或者为因的实物期权进行评估。

(4) **特定时间**。实物期权通常没有准确的行权期限,可以按照预计的最佳行权时间估计行权期限。评估实践中,行权期限是指评估基准日至实物期权行权时间的时间长度。一般来说,在看涨期权中,行权时间是指购买(获得)基础资产的时间,行权期限为基础资产从无到有的时间长度,而不包含持有基础资产的时间;而在看跌期权中,行权时间是指出售(退出)基础资产的时间,行权期限为持有基础资产的时间,即基础资产从有到无的时间长度。

(5) **特定价格**。行权价格是指执行实物期权时,买进或者卖出标的资产所支付或者获得的金额。增长期权的行权价格是形成标的资产所需要的投资金额;退出期权的行权价格是标的资产在未来行权时间可以卖出的价格,或者在可以转换用途的情况下,标的资产在行权时间的价值。比如评估某在建工程的实物期权价值,基础资产是"工程",行权价格可以根据成本法来计量,为建好这项工程所花费的全部成本在行权日的价值。再如评估某正在制作的影视作品的实物期权价值,基础资产是"影视作品",行权价格可以根据成本法来计量,为制作完成这部影视作品所花费的全部成本在行权日的价值。

三、实物期权的特征

与金融期权相比,实物期权具有非交易性、隐蔽性、非独占性和复合型等特征。

1. 非交易性

金融期权存在合法的交易场所,而实物期权因标的为实物资产而无法进行期权的市场交易。

2. 隐蔽性

实物期权通常隐藏在实物资产、投资项目或行为决策中,投资的一个机会或投资项目中可能含有一个或多个实物期权,投资者可以根据需要选择其中一个或多个。

3. 非独占性

多数实物期权不存在投资者单独享有的情况,往往是市场竞争者共同享有,共享实物期权的价值不仅受到期权定价公式参数的影响,还与竞争者的市场策略有关。

4. 复合性

一般情况下,实物期权不是独立存在的。不同的项目之间存在联系,一个项目下的子项目之间也存在联系。

第二节 实物期权的识别

并非所有资产或投资都具有内置的期权,也并非所有期权都具有价值,因此识别有效的实物期权就变得非常重要。

实物期权评估主要包括识别期权、判断条件、估计参数、估算价值四个步骤。识别期权是实物期权评估的第一步,要求资产评估专业人员全面了解有关资产的情况以及资产未来使用前景和机会,识别不可忽视的实物期权,明确实物期权的标的资产、期权种类、行权价格、行权期限等。

为了评估一项资产或投资是否存在有价值的期权,有几个关键问题需要回答:

(1) 第一项投资或资产是随后投资或拓展的必要前提吗?如果不是,那么第一项投资或资产是投资或拓展的必要程度如何?

(2) 公司对随后的投资或拓展具有排他权吗?如果没有,那么初始的投资能够为公司随后的投资提供很大的竞争优势吗?这种期权的价值最终不是来自第二项和随后的投资产生的现金流,而是来自这些现金流创造的超额回报。来自第二项投资的超额回报的潜力越大,第一项投资的期权价值就会越高。超额回报的潜力取决于公司启动随后的投资时,第一项投资能为公司提供多大的竞争优势。

(3) 竞争优势的持续能力如何?在一个竞争的市场上,超额回报会吸引竞争对手,而竞争会驱逐超额回报。一家公司拥有的竞争优势越具持续力,内置于初始投资的期权的价值就越大。

下面介绍一些常见的实物期权,并对其条件和参数进行简要分析。

一、或有资产

或有资产是指过去的交易或事项形成的潜在资产,其存在须通过未来不确定事项的发生或不发生予以证实。或有资产是不能确认的,但在某些情况下是需要披露的。通常存在的或有资产包括处于申请阶段的专利、处于研制阶段的新产品、处在法律纠纷状态下的知识产权等。

(一) 处于申请阶段的专利

专利评估不仅是质押融资工作之需,还广泛地适用于专利资产生命周期(发明创造阶段、专利申请阶段、专利审查阶段、专利维持阶段)的评估。

【例 7-1】 甲公司是一家以中国为基地、面向全球的加工高端设备的企业,为集成电路和泛半导体行业提供极具竞争力的高端设备和高品质的服务。截至2024年年底,公司累计申请专利2 259项,已获授权专利1 266项,处于申请阶段的专利993项。公司化合物半导体材料制备的关键技术X是处于申请阶段的发明专利之一,前期研发时间为3年,已投入1亿元,预计该专利申请成功还需要8个月,相关费用为2 000元,专利申请成功后可拥有20年的专利保护期,每年可为公司创造超额收益1 500万元。该类技术市场要求的回报率为20%。请根据资料,识别关键技术X是否为实物期权,并对其条件和参数进行简要分析。

【简要分析】

（1）经济行为：主要有甲公司一个经济主体,其经济行为的目的是获得专利,实现关键技术X专利的从无到有,因此可视为看涨期权。

（2）特定商品：该实物期权对应的基础资产是关键技术X专利,该基础资产目前尚未形成,也不能在市场上交易。该基础资产的价值可以通过未来现金流折现计算而得。

（3）特定时间：获得实物期权对应的基础资产的时间预计还需要8个月,因此行权期限预计为8个月。

（4）特定价格：甲公司为了获得关键技术X专利所要支付的金额,主要为相关申请费用2 000元。

（二）在研项目

在研项目是指处在研发过程中且尚未量产的项目。在财务会计中,对于企业内部研发项目的支出,有两种处理方法：一种是资本化,即符合资本化条件的研发费用计入相关无形资产；另一种是费用化,即不符合资本化条件的研发费用记入当期管理费用。在资产评估中,需要进一步识别在研项目的价值,判断其获利能力,分析其成为资产的可能。

【例7-2】 乙公司是一家全球性的生物科技公司,专注于开发和推广创新且价格可负担的抗肿瘤药物,旨在为全球患者改善治疗效果,提高药物可及性。公司目前拥有一款用于治疗多种血液肿瘤的小分子抑制剂Y,它是一种针对程序性死亡受体1（PD-1）的人源化单克隆抗体。截至2024年年底,公司已累计投入59.66亿元,该药品在中国已获批用于10项适应证,预计可实现产品价值90亿元。目前,该药品正在做全球的关键性临床试验,主要目的有两个：一是针对在中国已获批的适应证向海外申请新药上市,预计获批时间为18个月,相关费用为3 000万元；二是拓展新的适应证,完成20项潜在注册可用临床试验,预计获批时间为26个月,相关费用为8.76亿元。如果在海外成功申请新药上市,则预计每年可获得专利许可费和药品超额收益1.2亿元,相应的药品专利保护期限为 20 年;如果拓展新的适应证研发成功并获批,则预计每年可为公司创造超额收益 2.6 亿元,相应的药品专利保护期限为 20 年。请根据资料,识别药品 Y 是否蕴含实物期权,并对其条件和参数进行简要分析。

【简要分析】

(1) 经济行为:主要有乙公司一个经济主体,乙公司希望通过在研项目实现两个目的,其一为已有适应证的出海,即获得海外地区的生产、上市和销售权利;其二为拓展新的适应证。可见,本例中存在两个明显的实物期权。两个目的均为实现特定商品的从无到有,均可视为看涨期权。

(2) 特定商品:前者是实现该研发项目对应产品在海外的上市(简称为"基础资产 1");后者是实现新适应证对应产品的国内上市(简称为"基础资产 2")。两个基础资产的价值均没有交易过的资产或者没有可用的市场价格来计算,需要使用收益法等方法进行评估,通过相关参数计算而得。其中,基础资产 1 的价值可以通过未来现金流折现而得,相关参数为:预计每年可获得专利许可费和药品超额收益 1.2 亿元,相应的药品专利保护期限为 20 年;基础资产 2 的价值也可以通过未来现金流折现而得,相关参数为:预计每年可为公司创造超额收益 2.6 亿元,相应的药品专利保护期限为 20 年。

(3) 特定时间:两个实物期权的行权时间是不一样的,乙公司获得基础资产 1 预计需要 18 个月,故第一个实物期权预计的行权期限为 18 个月;乙公司获得基础资产 2 预计需要 26 个月,故第二个实物期权预计的行权期限为 26 个月。

(4) 特定价格:乙公司获得基础资产 1 所需支付的费用预计为 3 000 万元,故第一个实物期权的行权价格为 3 000 万元;乙公司获得基础资产 2 所需支付的费用预计为 8.76 亿元,故第二个实物期权的行权价格为 8.76 亿元。

(三) 处在法律纠纷状态下的知识产权

知识产权纠纷包括侵权纠纷、合同纠纷、行政纠纷以及归属权纠纷等。相关纠纷往往由企业的竞争对手发起,具有争议标的大、攻击性强、牵涉面广等特点。如在翱捷科技上市过程中,竞争对手展讯通信对其发起多起专利侵权诉讼,索赔金额合计达 2 亿余元。知识产权纠纷可能导致企业不具备独立持续经营能力,资产评估专业人员在面临处在法律纠纷状态下的知识产权时,需要判断其胜诉的可能性,分析知识产权的状态及其相关参数。

【例 7-3】 丙企业向法院起诉丁企业侵犯了其发明专利权,法院尚未对该案件进行公开审理,预计 8 个月后审理判决,相关诉讼费用为 200 万元,胜诉概率为 68%。如果终审判决结果是丙企业胜诉,则丙企业预计可获得赔偿款 1 000 万元,且维持市场竞争地位,未来超额收益现金流折现值为5 000万元。

【简要分析】

(1) 经济行为:本例中主要涉及两个经济主体,丙企业和丁企业,但丁企业是被动应诉的。丙企业起诉的目的是获得一项没有法律纠纷的发明专利权,可视为一份看涨期权。对于丙企业而言,将来可能胜诉而获得的赔偿属于一项或有资产,但这项或有资产是否会转化为真正的资产,要由法院的判决结果确定。如果终审判决结果是丙企业胜诉,那么这项或有资产就转化为丙企业的一项资产。如果终审判决结果是丙企业败诉,那么这项或有资产就消失了,更不可能形成丙企业的资产。

(2) 特定商品:该实物期权对应的基础资产是一项没有法律纠纷的发明专利权。一旦获得该项资产,丙企业可获得1 000万元的赔偿款和5 000万元的未来超额收益现金流折现值。

(3) 特定时间,丙企业能否获得该项资产需要看法院的判决,预计8个月后审理判决,因此可认为行权期限为8个月。

(4) 特定价格:丙企业为了解决法律纠纷,预计相关诉讼费用为200万元,因此行权价格为200万元。

二、政府和社会资本合作项目

在 PPP(Public-Private-Partnership,政府和社会资本合作模式)项目中,常见的付费机制主要包括政府付费、使用者付费、可行性缺口补助三类。可行性缺口补助是指使用者付费不足以满足项目公司成本回收和合理回报时,由政府给予项目公司一定的经济补助,以弥补使用者付费之外的缺口部分,使项目具备商业上的可行性。可行性缺口补助是在政府付费机制与使用者付费机制之外的一种折中选择,通常用于可经营性系数较低、财务效益欠佳、直接向最终用户提供服务但收费无法覆盖投资和运营成本的项目,如文化及体育场馆、保障房等。有可行性缺口补助的PPP项目,其价值有充分的保障,获得了广大投资者的青睐。

【例7-4】 戊公司拟建设一座年处理建筑垃圾15万吨的垃圾处理厂,包含建筑垃圾处理车间、卸料冲洗区、骨料生产和养护车间、产品存放区、堆场以及办公设施等。项目采用可行性缺口补助的方式实现合理收益,经营期限为30年。可行性缺口补助的计算方式为:非项目公司或不可抗力的原因,在某年度项目公司的实际处理量 Q 低于基本处理量 Q_0,则当地政府给戊公司的可行性缺口补助 =(基本处理量 Q_0 - 实际处理量 Q)× 垃圾处理费 P_c。同时,戊公司和当地政府约定的最低收益为基本处理量 Q_0 × 垃圾处理费 P_c。

【简要分析】

（1）经济行为：本例中主要涉及两个主体——戊公司和当地政府。戊公司与当地政府签订有可行性缺口补助合约，这一经济行为的目的是保证在公司实际处理量 Q 低于基本处理量 Q_0 时仍有收益保障，即在收益不乐观的情形下，可以约定的价格（基本处理量 $Q_0 \times$ 垃圾处理费 P_c）结束该项目，属于一种看跌期权。如果某年度项目公司的实际处理量 Q 低于基本处理量 Q_0，戊公司就规避了一次损失。

（2）特定商品：该实物期权对应的基础资产是一个有可行性缺口补助的 PPP 项目，该项目每年的收入至少为基本处理量 Q_0 对应的收入。

（3）特定时间：由于经营期限为 30 年，每年进行可行性缺口补助的计算，即可视为存在 30 份独立的看跌期权，每份期权的行权时间为每年年末。

（4）特定价格：具体到每份实物期权，戊公司和当地政府约定的最低收益（行权价格）为基本处理量 $Q_0 \times$ 垃圾处理费 P_c。

三、员工持股计划

员工持股计划属于一种特殊的报酬计划，是指为了吸引、保留和激励公司员工，通过让员工持有股票，使员工享有剩余索取权的利益共享机制和拥有经营决策权的参与机制。员工持股计划的实施有助于完善公司与员工的利益共享机制，提高员工的凝聚力，实现公司、股东和员工利益的一致性，促进各方共同关注公司长远发展，从而为股东带来更高效、持久的回报；同时有助于进一步完善公司治理结构，倡导员工与公司共同持续发展、共同富裕的理念，调动公司骨干员工的工作积极性，提高公司行业竞争力，共创共赢。

根据《企业会计准则第 11 号——股份支付》，完成等待期内的服务或达到规定业绩条件才可行权的换取职工服务的以权益结算的股份支付，在等待期内的每个资产负债表日，应当以对可行权权益工具数量的最佳估计为基础，按照权益工具授予日的公允价值，将当期取得的服务计入相关成本或费用和资本公积。

【例 7-5】 2024 年 7 月底，己公司与 600 名骨干员工签订如下激励计划：公司向激励对象授予股票期权 300 万股，员工持股计划入股价格的确定方法基于 2024 年 7 月下旬新增股东认缴入股价格 7.76 元/股给予一定的折扣，定价 4.50 元/股，锁定期为 2 年，锁定期内限制流通，不允许转让或出售。请分析该员工持股计划的实物期权特性。

【简要分析】

（1）经济行为：该员工持股计划涉及的经济主体主要包括己公司与 600 名骨干员工。对于 600 名骨干员工来说，通过勤勉尽责的长期服务获得了一项或有资产，即一个以低于市场价的价格购入股权资产的机会(看涨期权),可视为看涨期权的持有方。对于己公司来说,通过一定的资产成本或费用获得了骨干员工勤勉尽责的长期服务,让骨干员工获得了一个看涨期权,可视为看涨期权的提供方。因此,对于不同的经济主体,其分析思路是有差异的。

(2) 特定商品:对于600名骨干员工来说,看涨期权对应的基础资产就是可流通的公司股权,该股权目前的市场价格为7.76元/股,但锁定期(2年)结束后价格未知。

(3) 特定时间:尽管是在2024年7月底签订的员工激励计划,但要等待2年才能获得可交易的流通股,因此行权期限为2年,行权时间为2026年7月底。

(4) 特定价格:双方约定的价格为4.50元/股,签约时间为2024年7月底,而员工只有在特定时间(2026年7月底)才能获得可交易的流通股,因此员工的获得成本应该是当前的行权价格(4.50元/股)加上相应的货币时间价值,若无风险报酬率为r,则行权价为$4.50 \times (1+r)^2$元/股。

【例7-6】 庚公司是一家上市公司,于2024年8月实施员工持股计划,要求参加员工持股计划的公司员工总人数为500人,授予股份690万股,来源为公司回购专用账户的公司A股普通股股份,回购股份的价格为6.39元/股。

该员工持股计划首次授予的收益份额自授予协议约定的授予日起予以锁定,在满足持股期限及约定的解锁条件后按照以下时间点及比例予以解锁,具体安排如表7-1所示。

表7-1 庚公司员工持股计划解锁安排

解锁安排	解锁时间	解锁比例
第一个解锁期	自本员工持股计划授予协议约定的授予日起算满12个月	30%
第二个解锁期	自本员工持股计划授予协议约定的授予日起算满24个月	30%
第三个解锁期	自本员工持股计划授予协议约定的授予日起算满36个月	40%

该员工持股计划的解锁安排为,将2024年至2027年三个会计年度作为业绩考核年度,每个年度考核一次,各年度公司层面业绩考核目标如表7-2所示。

表7-2 庚公司员工持股计划解锁条件Ⅰ

解锁安排	对应年度	业绩考核目标(营业收入)
第一个解锁期	2024—2025年度	22亿元
第二个解锁期	2025—2026年度	28亿元
第三个解锁期	2026—2027年度	36亿元

根据各解锁期对应考核年度业绩考核目标的完成情况(业绩目标达成率 $P=$ 实际完成值/业绩考核目标)确定解锁比例(X),具体如表 7-3 所示。

表 7-3 庚公司员工持股计划解锁条件 Ⅱ

考核指标	业绩考核目标完成情况	解锁比例(X)
业绩目标达成率(P)	$P \geqslant 100\%$	$X = 100\%$
	$100\% > P \geqslant 95\%$	$X = 90\%$
	$95\% > P \geqslant 90\%$	$X = 80\%$
	$P < 90\%$	$X = 0$

评估基准日为 2024 年 8 月 30 日,公司股票收盘价格为 12.87 元/股,请分析该员工持股计划的实物期权特性,同时说明该员工持股计划的会计处理思路。

【简要分析】

(1)该员工持股计划涉及的经济主体主要包括庚公司与 500 名员工。实施员工持股计划的目的在于建立和完善员工、股东的利益共享机制,改善公司治理水平,提高员工的凝聚力和公司的竞争力,调动员工的积极性和创造性,促进公司长期、持续、健康发展。对于员工来说,通过勤勉尽责的长期服务获得了一项或有资产(带条件解锁),可视为一份看涨期权,对应的基础资产是庚公司 A 股普通股股份,特定时间有三个,可视为三份期权。该员工持股计划是按条件授予员工的,员工不需要额外支付价款,约定的特定价格可按 0 元处理。

(2)在评估基准日(2024 年 8 月 30 日),尚未到解锁期,根据《企业会计准则第 11 号——股份支付》,在等待期内的资产负债表日,应当以对可行权权益工具数量的最佳估计为基础,按照权益工具授予日的公允价值,将当期取得的服务计入相关成本或费用和资本公积。以标的股份 690 万股授予本员工持股计划为对象,以 2024 年 8 月 30 日公司股票收盘价格(12.87 元/股)进行测算,预计本员工持股计划授予股份支付费用为授予时点股份公允价值扣除取得成本(6.39 元/股),计算结果为 4 471.2 万元,然后按照适当比例逐年摊销。

四、著作权衍生品

著作权价值评估中,应当关注该作品会演绎出新作品并产生衍生收益的可能性,当具有充分证据证明该作品在可预见的未来可能会演绎出新作品并产生衍生收益时,评估师应当谨慎、恰当地考虑这种衍生收益对著作权资产价值的影响。当原创作品的演绎作品尚未形成时,评估师应当了解其衍生收益的产生在评估基准日具有较大的不确定性，应当按或有资产对衍生收益对应的著作权资产的价值进行评估。

【例 7-7】 辛公司是热播电视剧 Z 的制片方，电视剧 Z 的总投资为 3 000 万元，黄金放映周期为 6 个月，该片中女主角佩戴的一款"H"形项链在电视剧播出后广受欢迎。辛公司想要开发、生产并销售这一衍生品，从概念设计到商业化大约需要 15 天，预计投入为 200 万元，可能创造净利润 800 万元。请分析电视剧 Z 衍生品的实物期权特性。

【简要分析】

（1）经济行为：主要经济主体为辛公司，其经济行为为开发著作权的衍生品（一款"H"形项链），可将"H"形项链（著作权演绎作品的衍生收益）看作电视剧 Z（著作权）的一个看涨期权。

（2）特定商品：辛公司通过经济行为想要获得的基础资产是著作权的衍生品（一款"H"形项链）。

（3）特定时间：从评估基准日到最佳行权时间为 15 天，即从概念设计到商业化所需的 15 天。

（4）特定价格：辛公司可以通过 200 万元获得"H"形项链（著作权演绎作品的衍生收益），因此行权价格为 200 万元。

第三节 实物期权模型参数的估计

对于金融期权，标的资产价格、行权价格、行权期限等参数较容易在资本市场中获得。但对于实物期权，标的资产不一定存在交易市场，期权种类不易识别，行权价格和行权期限等参数较难估计。本节重点讨论实物期权模型主要参数的估计。

一般而言，评估实物期权所需的参数通常包括标的资产评估基准日价值（S）及其波动率（σ）、行权价格（X）、行权期限（T）以及无风险收益率（r）等。

一、标的资产评估基准日价值

在金融期权中，标的资产的评估基准日价值（S）可以从资本市场中直接获得，但在实物期权中，需要评估师去判断标的资产及其评估基准日价值。标的资产即实物期权所对应的基础资产。增长期权的标的资产是当前资产带来的潜在业务或项目；退出期权的标的资产是实物期权所依附的当前资产。

在评估实物期权时，标的资产的评估基准日价值可以根据成本法、收益法等适当的方法进行评估，但应当明确标的资产的评估基准日价值中没有包含实物期权的价值。如果标的资产尚未形成,则在实务操作中一般会采用市场投资的观点来确定资产的评估基准日价值,即采用经济项目可行性研究报告中关于"标的资产"的经济可行性评价。

二、行权价格

行权价格(X)是指执行实物期权时,买进或卖出相应资产所支付或获得的金额。增长期权的行权价格是形成标的资产投资所需要的金额;退出期权的行权价格是标的资产在未来行权时间可以卖出的价格,或者在可以转换用途的情况下,标的资产在行权时间的价值。

三、波动率

波动率(σ)表征的是标的资产对拥有或控制相应企业或资产的个人或组织收益产生的不确定性。一般而言,对于金融期权模型,波动率可以直接根据股票的历史价格数据,计算其历史收益率的标准差求得,计算方法相对成熟;对于实物期权模型,由于其标的资产大多为不确定的非商业化无形资产或其他投资项目等,既不存在期权的市场价格,又不存在历史价格,因此波动率的计算较为困难、复杂。此外,金融期权的波动率主要受市场变化的影响,而实物期权价值的变动不但受到市场变化和标的资产自身特性的影响,还受到相关主体(拥有者或控制者、竞争对手与供应链成员等)行为变化的影响,相关主体对实物期权的态度、策略和判断都会影响到标的资产价值的变化。这些特点使得波动率的估算成为实物期权模型的难点,也在某种程度上影响了实物期权理论在资产评估中的应用。

波动率的内涵与特性使得实物期权模型中波动率的确定更多地采用假设、随机模拟或经验估值的方式。依据《实物期权评估指导意见》,波动率可以通过类比风险相近资产的波动率确定,也可以根据标的资产以往价格相对变动情况先估计出历史波动率,再根据未来风险变化情况进行调整确定。目前采用得比较多的方法主要有以下三种:

(一)近似资产收益率法

近似资产收益率法主要是采用金融期权求波动率的方法,通过相关股票价格数据估算,即利用具有相同或类似项目的上市公司的历史数据来近似得到标的资产价格的标准差。由于资本市场数据的易获得性,该方法在现实中有较为广泛的应用。但这种计算方法存在一个重要问题,即相关股票价格的运动规律能否代表标的资产价格的运动规律,即相关股票价格波动与标的资产价格波动的相关性问题。更重要的是,期权模型的波动率是指期权价格变化的波动率,而非对应资产价格的波动率。除了利用资本市场数据,还有学者提出采用相关产品的价格变化来估算波动率。需要指出的是,由于股票价格波动是随机的,因此对于某个特定股票的预期波动率不能用其单一股票的历史数据来估算,一般应至少采用该股票所在行业全部股票波动率的标准差平均值来估算。

资产的收益率一般分为普通收益率和对数收益率(又称资产连续复利收益率),假设资产在第 t 期的价格为 P_t,在第 $t+1$ 期的价格为 P_{t+1}。

(1) 如果期间没有分红,则普通收益率公式为:

$$k_1 = \frac{P_{t+1} - P_t}{P_t} \tag{7-1}$$

对数收益率公式为:

$$k_2 = \ln\left(\frac{P_{t+1}}{P_t}\right) \tag{7-2}$$

(2) 如期间有分红 D,则普通收益率公式为:

$$k_3 = \frac{P_{t+1} + D - P_t}{P_t} \tag{7-3}$$

对数收益率公式为:

$$k_4 = \ln\left(\frac{P_{t+1} + D}{P_t}\right) \tag{7-4}$$

假设资产有 $n+1$ 个价格状态,资产的收益率分别为 $x_1, x_2, \cdots, x_n$(样本),其平均值为 μ,则其标准差为:

$$\sigma = \sqrt{\frac{1}{n-1}\sum_{i=1}^{n}(x_i - \mu)^2} \tag{7-5}$$

基于样本估算标准差可以测量收益率在平均值(中值)附近分布的范围大小。

【例 7-8】 某上市公司股票在 2024 年 9 月至 2025 年 8 月期间,每月的平均股价如表 7-4 所示(期间未除权和发放股利)。

表 7-4 2024 年 9 月至 2025 年 8 月某上市公司股票月均价 单位:元

月份	2024-09	2024-10	2024-11	2024-12	2025-01	2025-02
均价	34	26	22	30	31	24
月份	2025-03	2025-04	2025-05	2025-06	2025-07	2025-08
均价	36	40	34	37	39	42

要求：计算该上市公司股票价格在普通收益率情况和对数收益率情况下的年波动率。

解：

首先分别计算该上市公司股票价格的普通收益率和对数收益率（见表 7-5）。

表 7-5　2024 年 10 月至 2025 年 8 月某上市公司股票价格的普通收益率和对数收益率

单位：%

月份	2024-10	2024-11	2024-12	2025-01	2025-02	2025-03	2025-04	2025-05	2025-06	2025-07	2025-08
普通收益率	−23.53	−15.38	36.36	3.33	−22.58	50.00	11.11	−15.00	8.82	5.41	7.69
对数收益率	−26.83	−16.71	31.02	3.28	−25.59	40.55	10.54	−16.25	8.46	5.26	7.41

然后分别计算普通收益率和对数收益率的均值：

$$\mu_1(\text{普通收益率均值}) \approx 4.20\% ; \mu_2(\text{对数收益率均值}) \approx 1.92\%$$

进而计算其标准差：

$$\sigma_1 \approx 23.35\% ; \sigma_2 \approx 21.82\%$$

由于计算出来的是月标准差，需要转换为年标准差，故该上市公司股票价格在普通收益率情况和对数收益率情况下的年波动率分别为：

$$\sigma_1 = \sqrt{12} \times 23.35\% \approx 80.90\% ; \sigma_2 = \sqrt{12} \times 21.82\% \approx 75.57\%$$

（二）专家估算法

专家估算法又称德尔菲（Delphi）法。德尔菲法是对不确定性问题求解的一种重要方法，也是估算波动率的重要方法，主要思路是依据专家对标的资产的认识给出波动率的大小，然后取中间值或加权平均值作为波动率。该方法也较为方便，但主观性较大，受专家专业能力和判断态度的影响较大。

如果采用的是 B-S 模型，则还可以根据专家对实物期权在风险中性情况下执行的概率来反推标的资产价格的波动率，由于在风险中性情况下实物期权执行的概率为 $N(d_2)$，若专家判断出实物期权在风险中性情况下执行的概率为 ρ，则有：

$$\rho = N(d_2) = N\left(\frac{\ln(S/X) + (r - \sigma^2/2)T}{\sigma\sqrt{T}}\right) \tag{7-6}$$

若其他参数均能确定，则能计算出标的资产价格的波动率 σ。

【例 7-9】 把某正在研发的专利技术视为实物期权，标的资产现在的价格为 50

元,行权价格为 30 元,无风险收益率为 3%,行权期限为 2 年;利用向专家调查的方式,请专家判断出专利技术研发成功的概率为 65%。

要求:试确定标的资产价格的波动率。

解:

根据 $\rho = N(d_2)$,有 $65\% = N(d_2) = N\left(\dfrac{\ln(50/30) + (0.03 - \sigma^2/2) \times 2}{\sigma\sqrt{2}}\right)$。

求解得 $\sigma \approx 53.06\%$。

(三) 蒙特卡罗模拟法

蒙特卡罗(Monte Carlo)模拟法一般被称为概率统计技术,是一种通过设定随机过程,反复生成时间序列,计算参数估计量和统计量,进而研究其分布特征的方法。该方法首先根据标的资产预期的现金流量表,分析影响标的资产价值的各不确定性因素,再根据各不确定性因素的概率分布,用蒙特卡罗模拟得到标的资产在不同情景下的净现值,最后计算其波动率。随着计算机技术的普遍应用,蒙特卡罗模拟法在一些无形资产评估方面的使用频率越来越高。

蒙特卡罗模拟法确定波动率的基本步骤为:①确定现金流的影响因素及其概率分布;②根据概率分布进行随机抽样,模拟各年现金流;③根据模拟的现金流计算若干净现值;④计算平均净现值(NPV)及标准差(S);⑤计算波动率 $\sigma = S/\text{NPV}$。

四、行权期限和无风险收益率

行权期限(T)是指评估基准日至实物期权行权时间之间的时间长度。实物期权通常没有准确的行权期限,可以按照预计的最佳行权时间估计行权期限。通常可以根据稳健性原则通过适当低估行权期限而减少其估计难度。

无风险收益率(r)是指不存在违约风险的收益率,可以参照剩余期限与实物期权行权期限相同或者相近的国债到期收益率确定。

第四节 实物期权的评估方法

一、实物期权价值的形式

与普通期权一样,实物期权的价值由内在价值和时间价值两个部分组成。

$$\text{实物期权价值} = \text{期权的内在价值} + \text{期权的时间价值} \tag{7-7}$$

(一)期权的内在价值

期权的内在价值是指期权立即履约时的价值,即期权持有者立即行使该期权合约所赋予的权利时所能获得的收益。

对于看涨期权而言,约定期权的行权价格为 X,如果设 S_T 是基础资产在 T 时刻的价值,则看跌期权在 T 时刻的价值应该可以用下列函数表述:

$$f(S_T) = \begin{cases} S_T - X, & \text{if } S_T \geq X \\ 0, & \text{if } S_T < X \end{cases} \quad (7-8)$$

对于看跌期权而言,约定期权的行权价格为 X,如果设 S_T 是基础资产在 T 时刻的价值,则看跌期权在 T 时刻的价值应该可以用下列函数表述:

$$f(S_T) = \begin{cases} 0, & \text{if } S_T \geq X \\ X - S_T, & \text{if } S_T < X \end{cases} \quad (7-9)$$

看涨期权与看跌期权的获利区间如图 7-3 所示。

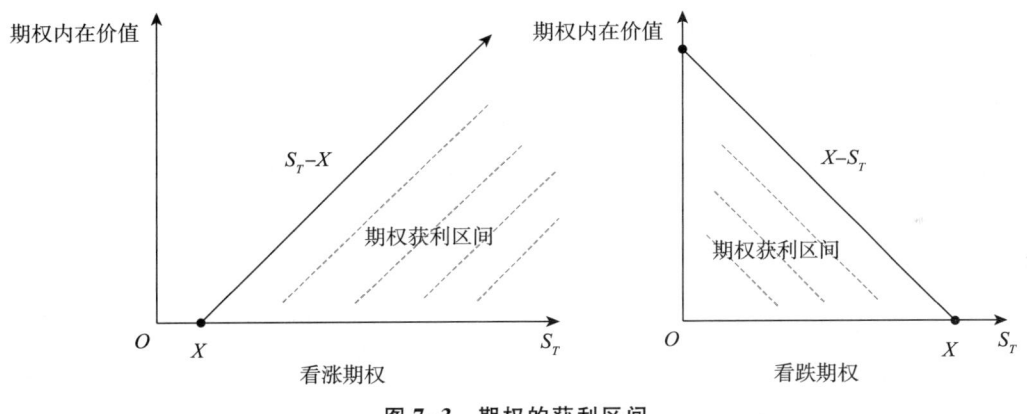

图 7-3 期权的获利区间

【例 7-10】 以看涨期权为例,约定的行权价格为 80 元,若基础资产在行权日的市价为 100 元,假定参与主体是理性的,则期权持有者会立即履约(以 80 元的价格购入基础资产),可获得 20 元(100-80)的收益,即该期权的内在价值为 20 元。若基础资产在行权日的市价为 60 元,假定参与主体是理性的,则期权持有者不会履约,无法获得收益,即该期权的内在价值为 0。

【例 7-11】 以看跌期权为例,约定的行权价格为 80 元,若基础资产在行权日的市价为 100 元,假定参与主体是理性的,则期权持有者不会履约(不会以 80 元的价格出售基础资产),无法获得收益,即该期权的内在价值为 0。若基础资产在行权日的市价为 60 元,假定参与主体是理性的,则期权持有者会履约,可获得 20 元(80-60)的收益,即该期权的内在价值为 20 元。

需要说明的是,由于实物期权刻画的是资产在未来可能的状态,在大部分情况下,在评估基准日时,基础资产在行权日的市价是预先不知道的。实物期权评估方法是假定基础资产在未来的价格符合一定的规律,如遵循随机过程或特定的概率分布。

当期权的内在价值大于零时,我们称之为实值期权(in-the-money option)。当看涨期权的行权价格低于基础资产在行权日的市场价格时,该看涨期权具有内在价值。当看跌期权的行权价格高于基础资产在行权日的市场价格时,该看跌期权具有内在价值。

当期权的内在价值等于零时,我们称之虚值期权(out-of-the-money option)或平值期权(at-the-money option)。当看涨期权的行权价格高于基础资产在行权日的市场价格时,该看涨期权不具有内在价值。当看跌期权的行权价格低于基础资产在行权日的市场价格时,该看跌期权不具有内在价值。

(二)期权的时间价值

期权的时间价值也称外在价值,是指期权在一定时间内变化的价值。一般而言,距离期权合约到期日越长,期权的时间价值越高,因为投资者愿意出更高的价格等待股票朝对自己合约有利的方向变化。越临近到期日,时间价值越低;到期日时,时间价值为0,期权的价值只剩下内含价值。这个过程也叫期权价值的时间损耗。

(三)期权价值评估思路

从20世纪50年代开始,现金流折现法成为资产估价的主流方法,任何资产的价值都可以用其预期未来现金流的现值来估价。人们曾力图使用现金流折现法解决期权定价问题,但是一直没有成功,重要原因之一就是期权的必要报酬率(折现率)非常不稳定。期权的风险依赖于标的资产的市场价格,而市场价格是随机变动的,期权的必要报酬率(折现率)也就处于不断变动之中。既然找不到一个适当的折现率,现金流折现法也就无法使用。因此,必须开发新的模型,才能解决期权定价问题。

评估实物期权的价值可以选择和应用多种期权定价方法或模型。到目前为止,理论上合理、应用上方便的模型主要有布莱克-舒尔斯模型(Black-Scholes Model,简称B-S模型)和二项树模型(Binomial Model)等。

B-S模型和二项树模型都可以用于计算买方期权与卖方期权的价值。B-S模型针对欧式期权定价,是连续时间下的期权定价模型;二项树模型是离散时间下的期权定价模型,理论上对欧式期权和美式期权都适用,但多数情况下应用不是很方便。美式期权和欧式期权都只有一次执行机会。在其他条件相同的情况下,美式期权的价值不会超过对应的欧式期权很多。在期权行权期限内标的资产没有红利流量的情况下，美式买方期权和欧式买方期权的价值完全相同；在期权行权期限内标的资产有红利流量的情况下，应用 B-S 模型评估可能会在一定程度上低估期权的价值，可以考虑采用针对红利的 B-S 模型的变型来评估。

在极限意义上（每期时间为无限短的情况下），B-S 模型和二项树模型的评估结果相同。在估算实物期权价值时，可以根据参数估计和计算方便的原则，选择采用 B-S 模型或二项树模型。

如果没有足够的数学背景知识，要全面了解期权定价模型是存在困难的。本书不打算全面介绍实物期权定价模型，重点主要在于阐述实物期权的识别与价值分析、方法描述和案例应用。

二、B-S 模型

B-S 模型，也称布莱克-舒尔斯-默顿模型（Black-Scholes-Merton Model），期权定价的 B-S 模型一般分为两类：不含分红派息的 B-S 模型以及含分红派息的 B-S 模型。所谓不含分红派息的 B-S 模型，即在估算股票期权价值时，认为标的股票在期权到期日之前这段时间内没有分红派息，或者说不考虑分红派息。所谓含分红派息的 B-S 模型，即在估算股票期权价值时，需要考虑标的股票在期权到期日之前这段时间内进行分红派息对期权价值的影响。

任何一个模型都基于一定的市场假设，B-S 模型满足以下假设：①资产价格是一个随机变量，服从对数正态分布；②在期权有效期内，无风险利率是恒定的；③市场无摩擦，即不存在税收和交易成本，所有证券完全可分割；④该期权是欧式期权，即在期权到期前不可执行；⑤不存在无风险套利机会；⑥证券交易是持续的；⑦投资者能够以无风险利率借贷。

（一）不含分红派息的 B-S 模型

该模型针对无红利流量情况下欧式期权的价值评估，考虑了标的资产评估基准日价值（S）及其波动率（σ）、期权行权价格（X）、行权期限（T）、无风险收益率（r）五大因素以确定期权价值。模型形式为：

$$买方期权价值 \ C_0 = SN(d_1) - Xe^{-rT}N(d_2) \tag{7-10}$$

$$卖方期权价值 \ P_0 = Xe^{-rT}N(-d_2) - SN(-d_1) \tag{7-11}$$

其中，C_0 和 P_0 分别代表欧式买方期权和卖方期权的价值；e^{-rT} 代表连续复利下的现值系数；$N(d_1)$ 和 $N(d_2)$ 分别表示在标准正态分布下，变量小于 d_1 和 d_2 时的累计概率。

d_1 和 d_2 的取值如下：

$$d_1 = \frac{\ln\left(\frac{S}{X}\right) + \left(r + \frac{\sigma^2}{2}\right)T}{\sigma\sqrt{T}} \qquad (7-12)$$

$$d_2 = \frac{\ln\left(\frac{S}{X}\right) + \left(r - \frac{\sigma^2}{2}\right)T}{\sigma\sqrt{T}} \qquad (7-13)$$

d_1 和 d_2 的关系为 $d_1 = d_2 + \sigma\sqrt{T}$。

股票期权与实物期权的参数具有不同的含义，具体如表 7-6 所示。

表 7-6　股票期权与实物期权参数含义对比

参数	股票期权	实物期权
标的资产价值（S）	股票的现值	预期现金流的（净）现值
行权价格（X）	执行价格	投资成本
行权期限（T）	有效期	直到投资机会消失
波动率（σ）	股票价格的不确定性	项目价值的不确定性
无风险收益率（r）	无风险利率	无风险利率

选择 B-S 模型估算实物期权价值的步骤如下：

第一步，估计有关参数数据；

第二步，计算 d_1 和 d_2；

第三步，求解 $N(d_1)$ 和 $N(d_2)$；

第四步，计算买方期权或卖方期权的价值。

（二）含分红派息的 B-S 模型

该模型针对有红利流量情况下欧式期权的价值评估，考虑了标的资产评估基准日价值（S）及其波动率（σ）、期权行权价格（X）、行权期限（T）、无风险收益率（r）、连续复利计算的股息率（δ）等因素以确定期权价值。模型形式为：

$$\text{买方期权价值 } C_0 = Se^{-\delta T}N(d_1) - Xe^{-rT}N(d_2) \qquad (7-14)$$

$$\text{卖方期权价值 } P_0 = Xe^{-rT}N(-d_2) - Se^{-\delta T}N(-d_1) \qquad (7-15)$$

其中，C_0 和 P_0 分别代表欧式买方期权和卖方期权的价值；e^{-rT} 代表连续复利下的现值系数；$N(d_1)$ 和 $N(d_2)$ 分别表示在标准正态分布下，变量小于 d_1 和 d_2 时的累计概率。d_1 和 d_2 的取值如下：

$$d_1 = \frac{\ln\left(\frac{S}{X}\right) + \left(r - \delta + \frac{\sigma^2}{2}\right)T}{\sigma\sqrt{T}} \tag{7-16}$$

$$d_2 = \frac{\ln\left(\frac{S}{X}\right) + \left(r - \delta - \frac{\sigma^2}{2}\right)T}{\sigma\sqrt{T}} \tag{7-17}$$

(三) 例题演示

【例 7-12】 2024 年 12 月 15 日,甲公司股票价格为每股 60 元,以甲公司股票为标的资产的看涨期权的收盘价格为每股 6 元,此项看涨期权的行权价格为每股 58.8 元。该看涨期权还有 188 天到期。甲公司股票年连续复利收益率的年波动率预计为 45%,连续复利的年无风险利率为 8%。

要求:使用 B-S 模型计算该项期权的价值(一年按 365 天计算)。

解:

资产当前价格 $S = 60$,约定的行权价格 $X = 58.8$,无风险收益率 $r = 8\%$,收益率的年波动率 $\sigma = 45\%$,行权期限 $T = 188/365$。

$$d_1 = \frac{\ln\left(\frac{60}{58.8}\right) + \left(0.08 + \frac{0.45^2}{2}\right) \times \frac{188}{365}}{0.45\sqrt{188/365}} = 0.35$$

$$d_2 = \frac{\ln\left(\frac{60}{58.8}\right) + \left(0.08 - \frac{0.45^2}{2}\right) \times \frac{188}{365}}{0.45\sqrt{188/365}} = 0.03$$

查表或计算可得:

$$N(d_1) = 0.6368 \ ; \ N(d_2) = 0.5120$$

使用 B-S 模型计算该项期权的价值:

$$C_0 = 60 \times 0.6368 - 58.8 \times e^{-0.08 \times \frac{188}{365}} \times 0.5120 = 9.3177 \text{(元)}$$

【例 7-13】 某软件公司正在研发某 App(应用软件),尚未到应用阶段。目前有一个战略投资者希望入股投资该公司,需要对该 App 的市场价值进行评估。现有资料如下:如果 App 研发成功并取得较好的市场应用,可为公司节省 800 万元的软件购置费用;从目前阶段到研发成功还需投入 500 万元;无风险收益率为 5%;从评估基准日到 App 研发成功所需时间预计为 1.5 年;该类软件公司过去一年半内股票收益率的年波动率为 38%。

要求:试用实物期权法估算该 App 的市场价值。

解：

由于目前该 App 尚未到应用阶段，因此该 App 不能按一项确定的资产进行评估，目前只能按或有资产进行评估，可视为一个实物期权。根据所给资料，可采取无红利流量情况下欧式期权的价值评估模型进行评估。依据 B-S 模型，共有 5 个参数需要确定，包括标的资产评估基准日价值（S）及其波动率（σ）、期权行权价格（X）、行权期限（T）以及无风险收益率（r），模型形式为 $C_0 = SN(d_1) - Xe^{-rT}N(d_2)$。

其中，S 为 App 研发成功后，其在评估基准日所表现的市场价值，可视为软件购置费用，为 800 万元；

X 为 App 从目前阶段到研发成功尚需要的全部投入的终值，为 500 万元；

r 为无风险收益率，为 5%；

T 为评估基准日到 App 研发成功所需要的时间，为 1.5 年；

σ 为该类软件公司过去一年半内股票收益率的年波动率，为 38%。

根据无红利流量情况下欧式期权的价值评估模型，有 $S = 800$，$X = 500$，$r = 5\%$，$\sigma = 38\%$，$T = 1.5$。

$$d_1 = \frac{\ln\left(\frac{800}{500}\right) + \left(0.05 + \frac{0.38^2}{2}\right) \times 1.5}{0.38\sqrt{1.5}} = 1.40$$

$$d_2 = \frac{\ln\left(\frac{800}{500}\right) + \left(0.05 - \frac{0.38^2}{2}\right) \times 1.5}{0.38\sqrt{1.5}} = 0.94$$

查表或计算可得：$N(d_1) = 0.9192$；$N(d_2) = 0.8264$。

使用 B-S 模型计算该项期权的价值：

$$C_0 = 800 \times 0.9192 - 500 \times e^{-0.05 \times 1.5} \times 0.8264 = 352.02 \text{（万元）}$$

【例 7-14】 某公司正在开发一款新生物技术疫苗，目前还没有完成"三期临床"，由于有一个新的战略投资者希望投资，因此需要对该生物技术疫苗截至目前状态的市场价值进行评估。现有资料如下：该疫苗市场前景良好，目前同类同功能疫苗在市场中的价值大约为 1 500 万元；从目前阶段到研制成功还需投入 1 200 万元；无风险收益率为 3%；从评估基准日到疫苗研制成功所需时间为 2 年；专家依据疫苗在评估基准日研制情况，分析判断出研制成功的概率为 58.32%。

要求：写出买方 B-S 模型，并说明要确定的 5 个参数及其含义；试用实物期权法估算该研发项目的市场价值，要求写出计算过程。

解：

由于目前该疫苗尚未完成试制程序，因此该疫苗不能按一项确定的疫苗生产技术进行评估，也就是该疫苗目前只能按或有资产进行评估。根据所给资料，可采取无红利流量情况下欧式期权的价值评估模型进行评估。依据 B-S 模型，共有 5 个参数需要确定，包括标的资产评估基准日价值（S）及其波动率（σ）、期权行权价格（X）、行权期限（T）以及无风险收益率（r），模型形式为 $C_0 = SN(d_1) - Xe^{-rT}N(d_2)$。

其中，S 为新疫苗研制成功后，其在评估基准日所表现的市场价值，可视为同类同功能疫苗在市场中的价值，为 1 500 万元；

X 为疫苗从目前阶段到研制成功尚需要的全部投入的终值，为 1 200 万元；

r 为无风险收益率，为 3%；

T 为从评估基准日到疫苗研制成功所需要的时间，为 2 年；

σ 为投资者投资生物技术疫苗所能获得回报率的波动率，由于知道研制成功的概率为 58.32%，则可用隐含方式估算波动率，$N(d_2)$ 是风险中性下的执行概率，有 $N(d_2) = 0.5832$，反推出 $\sigma = 40.39\%$。

最后，根据无红利流量情况下欧式期权的价值评估模型，有：

$$d_1 = \frac{\ln\left(\dfrac{1\,500}{1\,200}\right) + \left(0.03 + \dfrac{0.4039^2}{2}\right) \times 2}{0.4039\sqrt{2}} \approx 0.78$$

$$d_2 = \frac{\ln\left(\dfrac{1\,500}{1\,200}\right) + \left(0.03 - \dfrac{0.4039^2}{2}\right) \times 2}{0.4039\sqrt{2}} \approx 0.21$$

查表或计算可得：$N(d_1) = 0.7823$；$N(d_2) = 0.5832$。

使用 B-S 模型计算该项期权的价值：

$$C_0 = 1500 \times 0.7823 - 1200 \times e^{-0.03 \times 2} \times 0.5832 \approx 514.37 \text{（万元）}$$

三、二项树模型

根据计算复利的方式不同，本书把二项树模型分为两种：一种为连续复利方式下的二项树模型，另一种为普通复利方式下的二项树模型。

复利就是复合利息，它是指每年的收益还可以产生收益，具体是将整个借贷期限分割为若干段，前一段按本金计算出的利息要加入本金，形成增大了的本金，作为下一段计算利息的本金基数，直到每一段的利息都计算出来，加总之后，就得出整个借贷期限内的利息，简单来说就是俗称的"利滚利"。而连续复利是指在期数趋于无限大的极限情况下得到的利率,此时不同期限之间的间隔很短,可以被看作无穷小量。

连续复利是一种理论上的付息方式,在学术上,它有许多数学上的好处,方便我们在分析复杂金融问题时,剥离离散的付息对连续的价格函数所造成的影响。连续复利方式和普通复利方式会导致终值与现值的差异,假定一年期的无风险利率为 r,时间为 t,以 1 元为单位,两种方式下的终值与现值分别如表 7-7 所示。

表 7-7 连续复利方式和普通复利方式下的差异

计息方式	现值	终值
普通复利方式	$\dfrac{1}{(1+r)^t}$	$(1+r)^t$
连续复利方式	e^{-rt}	e^{rt}

二项树模型可以用于计算欧式期权价值,也可以在一定程度上计算美式期权价值。二项树模型建立在以下假设基础之上:①市场投资没有交易成本;②投资者都是价格的接受者;③允许完全使用卖空所得款项;④允许以无风险利率借入或贷出款项;⑤未来资产的价格是两种可能值中的一个。

(一)普通复利方式下的二项树模型

为了理解二项树模型的思路,我们重点探讨一期二项树模型和二期二项模型。图 7-4 展示了一期二项树和二期二项树中基础资产状态演化情况。

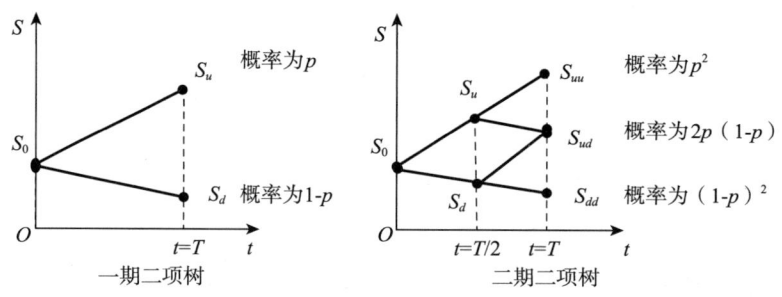

图 7-4 二项树中基础资产状态演化

1. 一期二项树模型

从 0 到 T 时刻,基础资产价格发生一次变化,只有两种情况,要么从 S_0 变成 S_u(上升,概率为 p),要么从 S_0 变成 S_d(下降,概率为 $1-p$),则一期二项树期权的内在价值为 $p \times f_u + (1-p) \times f_d$。考虑时间价值后,普通复利方式下,将内在价值折现至 0 时刻,有一期二项树期权价值为:

$$f = \frac{1}{1+r}[p \times f_u + (1-p) \times f_d] \tag{7-18}$$

其中,各参数的含义是:

f 代表买方期权或卖方期权的价值。

r 代表一期的无风险利率,不是一年的无风险利率,若一年期的无风险利率为 r_f,每期的时间长度为 t,则满足 $r = t \times r_f$。

f_u 代表标的资产价格一次上升后期权的价值。

f_d 代表标的资产价格一次下降后期权的价值。

p 代表标的资产价格在一期中上升的概率,$(1-p)$ 代表标的资产价格在一期中下降的概率。

需要说明的是,p 一般不需要经过专门估计,而是可以依据其他参数计算出来,因此又被称为假概率。

依据风险中性原理,假设投资者对待风险的态度是中性的,则所有资产的期望报酬率都应当是无风险利率。无风险利率符合:无风险利率 = 上行概率 × 上行时收益率 + 下行概率 × 下行时收益率,或者资产价格满足:期初价格 × (1 + 无风险利率) = 上行概率 × 上行时价格 + 下行概率 × 下降时价格。因此有 $S_0 \times (1+r) = S_u \times p + S_d \times (1-p)$,两边均除以 S_0,有:

$$1 + r = \frac{S_u}{S_0} \times p + \frac{S_d}{S_0} \times (1-p) \tag{7-19}$$

令 $u = S_u/S_0$,$d = S_d/S_0$,分别代表标的资产价格一次上升后为原来的倍数和一次下降后为原来的倍数,则有 $p = \frac{1+r-d}{u-d}$。

2. 二期二项树模型

从 0 到 T 时刻,基础资产价格发生两次变化。第一次变化有两种情况:第一种情况为从 S_0 变成 S_u(上升,概率为 p),第二种情况为从 S_0 变成 S_d(下降,概率为 $1-p$)。第二次变化有三种情况:第一种情况为从 S_u 变成 S_{uu}(两次上升,概率为 p^2),第二种情况为从 S_u 变成 S_{ud} 或者从 S_d 变成 S_{ud}[先上升后下降或者先下降再上升,概率为 $2p \times (1-p)$],第三种情况为从 S_d 变成 S_{dd}[两次下降,概率为 $(1-p)^2$]。

二期二项树期权的内在价值为 $p^2 \times f_{uu} + 2p \times (1-p) \times f_{ud} + (1-p)^2 \times f_{dd}$。考虑时间价值后,普通复利方式下,将内在价值折现至 0 时刻,有二期二项树期权价值为:

$$f = \frac{1}{(1+r^*)^2}[p^2 \times f_{uu} + 2p \times (1-p) \times f_{ud} + (1-p)^2 \times f_{dd}] \tag{7-20}$$

其中,各参数的含义是:

f 代表买方期权或卖方期权的价值。

r^* 代表一期的无风险利率,不是一年的无风险利率。若一年期的无风险利率为 r_f,每期的时间长度为 t,则满足 $r^* = t \times r_f$。若整个行权期限 T 的无风险利率为 r,则 $r^* = r/2$。

f_{uu} 代表标的资产价格两次上升后期权的价值。

f_{dd} 代表标的资产价格两次下降后期权的价值。

f_{ud} 代表标的资产价格一次上升和一次下降后期权的价值。

p 代表标的资产价格在一期中上升的概率。

3. 参数估算

普通复利方式下的参数估计存在三种不同的情形,其估算方式比较如表 7-8 所示。

表 7-8 不同情形下参数估算方式比较(普通复利)

情形	参数		
	知道标的资产价格在未来的可能值,期间没有现金流	不知道标的资产价格在未来的可能值,但知道标的资产价格的波动率	知道标的资产价格在未来的可能值,且期间有现金流(上升时为 B_u,下降时为 B_d)
u,d	$u = S_u/S_0; d = S_d/S_0$	$u = e^{\sigma\sqrt{T}}; u = e^{-\sigma\sqrt{T}}$	不估算
p	$\dfrac{1+r-d}{u-d}$	$\dfrac{1+r-d}{u-d}$	$\dfrac{(1+r)S_0 - S_d - B_d}{S_u + B_u - S_d - B_d}$
f_u, f_d	一期二项树:$f_u = S_u - X; f_d = \max\{S_d - X, 0\}$		
f_{uu}, f_{dd}, f_{ud}	二期二项树:$f_{uu} = S_{uu} - X; f_{ud} = \max\{S_{ud} - X, 0\}; f_{dd} = \max\{0, S_{dd} - X\}$		

4. 期数选择

在应用二项树模型时,可以根据需要将期权的行权期限划分为任意多个变化期,从而增加在期权到期时标的资产价格及对应的期权价值的可能值。一般而言,划分的期数越多,评估结论越准确。在实物期权评估中,由于基础数据的估计不可能很准确,通过增加期数提高评估结论的准确性意义不大。从实际评估效果考虑,建议一般采用一期或两期二项树模型即可。

不过,需要说明的是,在多期二项树模型下,可以通过判断在各期期末实物期权提前执行的必要性倒推计算各期期末实物期权的价值,从而计算美式实物期权在评估基准日的价值。

(二)连续复利方式下的二项树模型

连续复利方式与普通复利方式下,期权的内在价值是一样的,区别在于期权的时间价值的计算方式不同。

1. 一期二项树模型

连续复利方式下,一期二项树的期权价值模型为:

$$f = e^{-rT}[p \times f_u + (1-p) \times f_d] \tag{7-21}$$

其中,各参数的含义是:

f 代表买方期权或卖方期权的价值。

r 代表无风险利率。

T 代表期权行权期限。

f_u 代表标的资产价格一次上升后期权的价值。

f_d 代表标的资产价格一次下降后期权的价值。

p 代表标的资产价格在一期中上升的概率,$(1-p)$ 代表标的资产价格在一期中下降的概率。

2. 二期二项树模型

连续复利方式下,二期二项树的期权价值模型为:

$$f = e^{-2rt}[p^2 \times f_{uu} + 2p \times (1-p) \times f_{ud} + (1-p)^2 \times f_{dd}] \tag{7-22}$$

其中,各参数的含义是:

f 代表买方期权或卖方期权的价值。

r 代表无风险利率。

t 代表每期的时间长度,在二期二项树中,有 $t = T/2$。

f_{uu} 代表标的资产价格两次上升后期权的价值。

f_{dd} 代表标的资产价格两次下降后期权的价值。

f_{ud} 代表标的资产价格一次上升和一次下降后期权的价值。

3. 参数估算

连续复利方式下,$u,d,f_u,f_d,f_{uu},f_{dd},f_{ud}$ 等参数的确定与普通复制方式下是一样的,但参数 p 的确定略微有些差异。

如果比较明确地知道标的资产价格在未来的可能值,或者标的资产价格的波动率 σ,则 $p = \dfrac{e^{rT}-d}{u-d}$。

假设知道标的资产价格在未来的可能值,且期间有现金流,期初 t_0 时刻标的资产价格为 S_0;上行时,t_0+t 时刻标的资产价值为 S_u,期间收益为 B_u;下行时,t_0+t 时刻标的资产价格为 S_d,期间收益为 B_d;则上行时收益率为 $(S_u+B_u-S_0)/S_0$,下行时收益率为 $(S_d+B_d-S_0)/S_0$;在连续复利方式下,期望报酬率为 $e^{rT}-1$。根据风险中性原理有:

$$e^{rT} - 1 = p \times \frac{S_u + B_u - S_0}{S_0} + (1-p) \times \frac{S_d + B_d - S_0}{S_0} \quad (7-23)$$

计算可得上行概率为:

$$p = \frac{e^{rT} S_0 - S_d - B_d}{S_u + B_u - S_d - B_d} \quad (7-24)$$

(三) 例题演示

【例 7-15】 一项欧式期权,约定价格为 30 元,到期时间为 6 个月,假定无风险利率为 5%。标的股票当前价格为 28 元/股,假设到期时,标的股票的价格将有两种可能:上升到 40 元/股,或下降到 20 元/股。

要求:分别计算连续复利方式下和普通复利方式下期权的价值。

解:

无风险利率 $r_f = 5\%$;一期的无风险利率 $r = t \times r_f = 0.5 \times 5\% = 2.5\%$。

1. 连续复利方式下的期权价值计算

第一步,计算 u, d 和 p。其中,$u = \frac{40}{28}, d = \frac{20}{28}, p = \frac{e^{5\% \times 0.5} - 20/28}{40/28 - 20/28} \approx 0.4354$。

第二步,计算实物期权到期时的各种可能值。这是一个一期二项树,$f_d = 0$,$f_u = 40 - 30 = 10$。

第三步,计算实物期权到期时的期望价值。$f = e^{-5\% \times 0.5} \times 0.4354 \times 10 \approx 4.25$(元)。

2. 普通复利方式下的期权价值计算

标的股票价格在一期中上升的概率:

$$p = \frac{1 + r - d}{u - d} = \frac{1 + 2.5\% - 20/28}{40/28 - 20/28} \approx 0.4350$$

实物期权到期时的期望价值:

$$f = \frac{1}{1 + 2.5\%} \times 0.4350 \times 10 \approx 4.24 \text{(元)}$$

【例 7-16】 一项欧式期权,约定价格为 22 元,到期时间为 6 个月,假定无风险利率为 5%。标的资产当前价格为 20 元,假设到期时,标的资产价格将有三种可能:上升到 45 元,或上升到 24 元,或下降到 12.8 元。

要求:计算普通复利方式下期权的价值。

解:

首先,分析标的资产的价格走势及其期权价值,如表 7-9 所示。

表 7-9 标的资产的价格走势及其期权价值

标的资产当前价格(元)	标的资产未来价格(元)	期权价值(元)	发生概率
20	45.0	23	p^2
	24.0	2	$2p \times (1-p)$
	12.8	0	$(1-p)^2$

其次,计算各参数的值。因为 $45 = 20 \times u^2$,所以 $u = 1.5$;同样,因为 $12.8 = 20 \times d^2$,所以 $d = 0.8$。

一年期的无风险利率为 5%,该期权的行权期限为半年,期数为二期,故一期的无风险利率 $r^* = \frac{1}{2} \times \frac{1}{2} \times 5\% = 1.25\%$。

普通复利方式下:

$$p = \frac{1+r-d}{u-d} = \frac{1+1.25\%-0.8}{1.5-0.8} \approx 0.3036$$

二期二项树期权价值为:

$$f = \frac{1}{(1+r^*)^2}[p^2 \times f_{uu} + 2p \times (1-p) \times f_{ud} + (1-p)^2 \times f_{dd}] \approx 2.89(元)$$

【例 7-17】 A 公司拟开发一种新的绿色食品,相关资料如下:①项目投资成本为 1 000 万元。②该产品的市场有较大的不确定性,与政府的环保政策、社会的环保意识以及其他环保产品的竞争有关。预期该项目可以产生年均 100 万元的永续现金流,但并不确定。假设一年后则可以判断市场对该产品的需求。如果消费需求量较大,则营业现金流为 120 万元;如果消费需求量较小,则营业现金流为 80 万元。③项目的资本成本为 10%,无风险利率为 5%。

要求:(1) 计算不考虑期权的项目净现值。

(2) 试采用二项树法计算延迟决策的期权价值(普通复利方式),并判断是否应延迟执行该项目。

分析:

这是一个时机选择期权。从时间选择来看,如果一个项目在时间上不能延迟,只能立即投资或者永远放弃,那么它就是马上到期的看涨期权。项目的投资成本是期权的执行价格,项目未来现金流的现值是期权标的资产的现行价格。如果该现值大于投资成本,看涨期权的收益就是项目的净现值;如果该现值小于投资成本,则看涨期权不被执行,公司放弃该项投资。如果一个项目在时间上可以延迟,那么它就是未到期的看涨期权。项目具有正的净现值,并不意味着立即开始(执行)总是最佳的,也许等一等更好。对于前景不明朗的项目,大多值得观望,看一看未来是更好还是更差。

解:

1. 不考虑期权的项目净现值

$$\text{NPV} = \frac{100}{10\%} - 1\,000 = 0$$

2. 时机选择期权价值的计算

第一步,计算 S_0, S_u 和 S_d 等参数。

在 t_0 时刻,项目的价值 $S_0 = \frac{100}{10\%} = 1\,000$(万元)。

如果消费需求量较大,则 t_1 时刻项目的价值 $S_u = \frac{120}{10\%} = 1\,200$(万元),$t_0$ 至 t_1 期间产生 120 万元的收益,即 $B_u = 120$(万元)。

如果消费需求量较小,则 t_1 时刻项目的价值 $S_d = \frac{80}{10\%} = 800$(万元),$t_0$ 至 t_1 期间产生 80 万元的收益,即 $B_d = 80$(万元)。

第二步,由于知道标的资产价格在未来的可能值,且期间有现金流,故通过风险中性原理计算上行概率 p。

$$p = \frac{(1+r)S_0 - S_d - B_d}{S_u + B_u - S_d - B_d} = \frac{(1+5\%) \times 1\,000 - 800 - 80}{1\,200 + 120 - 800 - 80} \approx 0.3864$$

第三步,计算期权价值,容易得到标的资产价格一次上升后期权价值 $f_u = 200$,标的资产价格一次下降后期权价值 $f_d = 0$。该时机选择期权价值为:

$$f = \frac{1}{1+5\%}[0.3864 \times 200 + (1-0.3864) \times 0] = 73.60(\text{万元})$$

如果立即执行该项目,则其净现值为 0,不是一个有吸引力的项目;如果延迟执行,则考虑期权后的项目价值为 73.59 万元,大于立即执行的净现值(0)。因此,应当延迟执行该项目。

四、合理性检验

实物期权价值评估较为复杂,为确保评估结果的合理性,建议根据表 7-10 中的基本变量关系对评估结果进行合理性检验,防止出现方向性错误。

表 7-10 评估结果合理性检验

变量名称	变量符号	与买方期权价值的关系	与卖方期权价值的关系
标的资产价值	S	同向	反向
行权价格	X	反向	同向
行权期限	T	同向	同向
波动率	σ	同向	同向
无风险收益率	r	同向	反向

敏感性分析可以判断参数取值与期权价值之间的关系,是合理性检验的重要工具。以买方期权的波动率为例,对式(7-10)进行关于波动率 σ 的偏导数的运算,得:

$$\frac{\partial C}{\partial \sigma} = S \times \frac{\partial N(d_1)}{\partial d_1} \times \frac{\partial d_1}{\partial \sigma} - X\mathrm{e}^{-rT} \times \frac{\partial N(d_2)}{\partial d_2} \times \frac{\partial d_2}{\partial \sigma}$$

$$= \frac{S\mathrm{e}^{-d_1^2/2}}{\sqrt{2\pi}} \times \left(\sqrt{T} - \frac{d_1}{\sigma}\right) - \frac{X\mathrm{e}^{-rT-d_2^2/2}}{\sqrt{2\pi}} \times \left(-\sqrt{T} - \frac{d_2}{\sigma}\right)$$

$$= \frac{S\mathrm{e}^{-d_1^2/2}}{\sqrt{2\pi}} \times \left(\sqrt{T} - \frac{d_1}{\sigma}\right) + \frac{Xd_1\mathrm{e}^{-rT-d_2^2/2}}{\sigma\sqrt{2\pi}}$$

$$= \frac{S\sqrt{T}\mathrm{e}^{-d_1^2/2}}{\sqrt{2\pi}} - \frac{Sd_1\mathrm{e}^{-d_1^2/2}}{\sigma\sqrt{2\pi}} + \frac{Xd_1\mathrm{e}^{-rT-d_1^2/2+d_1\sigma\sqrt{T}-\sigma^2 T/2}}{\sigma\sqrt{2\pi}}$$

$$= \frac{\mathrm{e}^{-d_1^2/2}}{\sqrt{2\pi}} \times \left(S\sqrt{T} - \frac{Sd_1}{\sigma} + \frac{Xd_1\mathrm{e}^{\ln S/X}}{\sigma}\right) = \frac{S\sqrt{T}}{\sqrt{2\pi}}\mathrm{e}^{-d_1^2/2} > 0$$

同理可得 $\partial P/\partial \sigma > 0$,这说明波动率 σ 与买方期权价值 C 和卖方期权价值 P 都是正相关的,波动率 σ 与买方期权价值和卖方期权价值都是同向的,即在其他因素不变的情况下,波动率 σ 越大,期权价值越高,反之亦然。这也反映了因不确定性而存在的期权的价值所在。进一步分析,波动率对期权价值的影响是非线性的,具有复杂性。$\partial C/\partial \sigma$ 值越大,则期权价值对波动率的变化越敏感;反之,$\partial C/\partial \sigma$ 值越小,则波动率的变化对期权价值的影响越小。

下面以看涨期权为例,运用数值模拟说明这一点。各参数取值分别为 $S=1\,000$,$X=800$,$T=5$,$r=0.02$,σ 的取值范围为 $[0.1,3]$,步长取 0.01,计算得到如图 7-5 和

图 7-6 所示的结果。其中,图 7-5 反映了波动率 σ 与参数 d_1 及 $\partial C/\partial \sigma$ 的非线性关系。图 7-5 的左边反映了波动率 σ 与期权价值 C 的变化是同向的,波动率 σ 越大,期权价值 C 越大;图 7-6 的右边则刻画了波动率 σ 变化与期权价值 C 变化的关系,反映了波动率值为 0.36($\sigma = 0.36$) 时期权价值 C 的变化幅度最大(Diff(C) = 6.4569),而当波动率值很小或较大时,其在取值附近波动则对期权价值的影响较小。因此,在对期权价值进行评估时,需要把握好这些规律,在敏感区域需要做适当的敏感性分析,力求评估结果更加合理可靠。

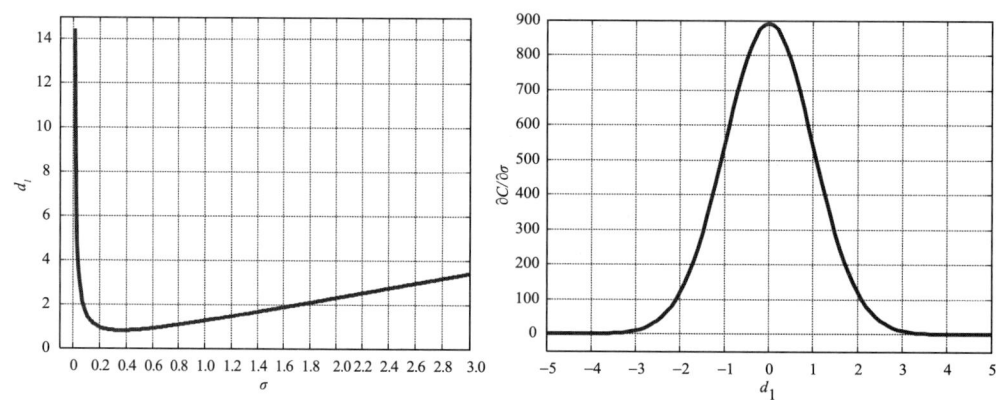

图 7-5　波动率 σ 与参数 d_1 及参数 d_1 与 $\partial C/\partial \sigma$ 的非线性关系

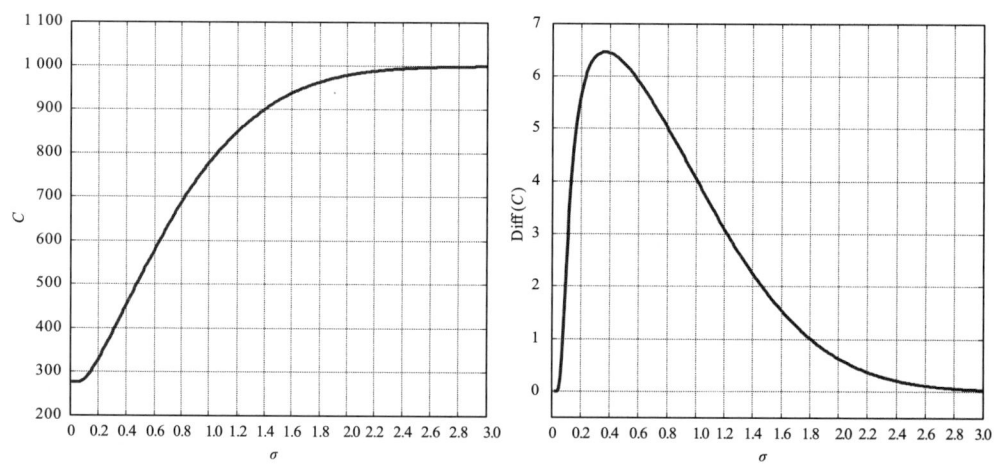

图 7-6　波动率 σ 与期权价值关系

习　题

一、单项选择题

1. 下列关于期权到期日价值的表达式中,不正确的是(　　)。

A. 看涨期权到期日价值 = Max(股票市价 - 执行价格, 0)

B. 看涨期权到期日价值 = -Max(执行价格 - 股票市价, 0)

C. 看跌期权到期日价值 = Max(执行价格 - 股票市价, 0)

D. 看跌期权到期日价值 = -Max(执行价格 - 股票市价, 0)

2. 如果股票目前市价为 50 元/股，半年后的股价为 51 元/股，假设没有股利分红，则连续复利下股票年投资收益率等于（　　）。

A. 4.00%　　　　B. 3.96%　　　　C. 7.92%　　　　D. 4.12%

3. 在其他因素不变的情况下，股价的波动率增大会使（　　）。

A. 看涨期权的价值降低　　　　B. 看跌期权的价值降低

C. 不能判断　　　　D. 看涨期权与看跌期权的价值均升高

4. 如果一个期权赋予持有人在到期日或到期日之前，以固定价格购买标的资产的权利，则该期权属于（　　）。

A. 美式看涨期权　　B. 美式看跌期权　　C. 欧式看涨期权　　D. 欧式看跌期权

5. 期权是指一种合约，该合约赋予持有人在某一特定日期或该日之前的任何时间以（　　）。

A. 固定价格购进或售出一种资产的权利

B. 较低价格购进或售出一种资产的权利

C. 较高价格购进或售出一种资产的权利

D. 平均价格购进或售出一种资产的权利

6. 某投资者买入一份看跌期权，若期权费为 C，执行价格为 X，则标的资产价格为（　　）时，该投资者不赔不赚。

A. $X + C$　　　　B. $X - C$　　　　C. $C - X$　　　　D. C

7. 在期权交易中，买入看涨期权最大的损失是（　　）。

A. 期权费　　　　　　　　B. 无穷大

C. 零　　　　　　　　　　D. 标的资产的市场价格

8. 下列关于期权的基本概念中，说法正确的是（　　）。

A. 期权合约双方的权利和义务是对等的，双方互相承担责任，各自具有要求对方履约的权益

B. 期权出售人必须拥有标的资产，以防止期权购买人执行期权

C. 欧式期权只能在到期日执行，美式期权可以在到期日或到期日之前的任何时间执行

D. 期权执行价格随标的资产市场价格变动而变动，一般为标的资产市场价格的 50%～90%

二、简答题

1. 简述实物期权与金融期权的差异性。
2. 简述实物期权的特征。
3. 简述实物期权评估的主要步骤。

三、计算题

1. 某资产 2024 年 9 月至 2025 年 8 月期间的价格如下表所示。

资产价格　　　　　　　　　　　　　　　　　　　　单位：元

月份	2024-09	2024-10	2024-11	2024-12	2025-01	2025-02
均价	38	40	44	50	46	40
月份	2025-03	2025-04	2025-05	2025-06	2025-07	2025-08
均价	45	48	42	52	52	56

要求：计算该资产在普通收益率情况和对数收益率情况下的年波动率。

2. 有一份欧式期权，约定价格为 12 元，到期时间为 6 个月，标的资产当前价格为 10 元，资产价格波动率（标准差）为 42%，年无风险利率为 4%，请分别采用一期、二期、四期二项树模型，计算普通复利方式下期权的价格，并说明期数的选择对评估价值的影响。

3. 小明和小红签订了一份购房协议，合同主要内容为：小明向小红支付定金 5 万元，约定 3 个月之后签署房屋买卖合同，约定购买房产的价格为 350 万元，小红不能违约，小明若违约则定金不退。请判断该购房协议是否为实物期权，如果是，请判断期权的类型与主要参数的含义。

第八章

无形资产评估程序

> 拷问数据到一定程度,它会坦白一切。
> ——罗纳德·科斯(Ronald Coase)(诺贝尔经济学奖获得者)

学习目标

思政目标:了解无形资产评估的基本程序,引导学生树立按照法律法规、职业道德规范和业务准则执行业务的职业意识。

知识目标:掌握无形资产评估中信息收集和清查核实的主要方法。

能力目标:能够对无形资产评估相关信息资料进行分类,并根据相关评估资料选择恰当的评估方法。

根据《资产评估基本准则》(财资〔2017〕43号),资产评估基本程序包括:明确业务基本事项,订立业务委托合同,编制资产评估计划,进行评估现场调查,收集整理评估资料,评定估算形成结论,编制出具评估报告,整理归集评估档案。在进行无形资产评估时,需要遵循资产评估的一般程序,但在具体实施过程中会涌现出一些独特性问题。

本章重点探讨信息收集和分析、资产清查以及方法选择等关键问题,主要知识点结构如图8-1所示。

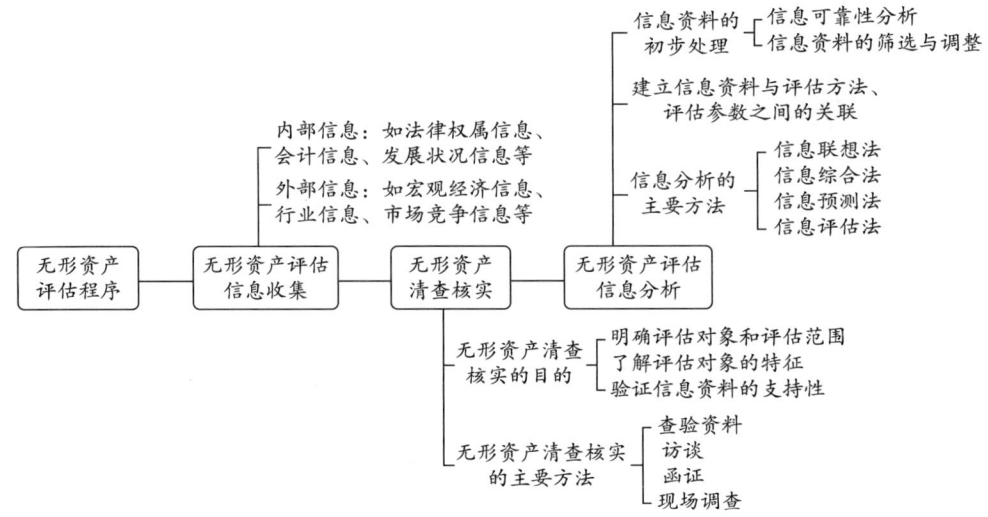

图 8-1 本章知识点结构

第一节 无形资产评估信息收集

由于无形资产信息的非对称性和不确定性程度较高,无形资产评估信息收集问题变得尤为重要。从信息经济学的角度来看,资产评估就是对数据和信息进行采集、加工、分析、深度挖掘和利用的过程。信息收集与处理是资产评估理论和实务中的基本问题,是资产评估程序中的一个重要内容。

依据来源渠道不同,信息可分为内部信息和外部信息。内部信息是指委托人或其他相关当事人提供的涉及评估对象和评估范围的信息资料。外部信息主要是指从资本市场、政府部门、各类专业机构等渠道获取的信息资料。

一、无形资产相关的内部信息

无形资产相关的内部信息主要包括法律权属信息、会计信息、发展状况信息、应用情况信息、获利能力信息、保护措施信息等。

1. 法律权属信息

不同类型的无形资产有不同的法律文件或其他证明材料。法律文件或其他证明材料是无形资产评估中重要的工作底稿之一。评估人员在执行无形资产评估业务时,应当对法律权属资料及其来源予以必要的查验和复核,掌握其真实性和可靠性。

表 8-1 列举了常见无形资产的法律权属信息。

表 8-1 常见无形资产的法律权属信息

类型	权属文件	文件签署单位	需要关注的重点信息
专利	专利证书、权利要求书等	国家知识产权局、地方管理专利工作部门等	所制造的发明的名称、发明人的姓名、专利号、专利申请日、专利申请人的姓名或名称、授权公告日等
商标	商标证书、商标图案等	国家知识产权局	商标(图样)、商标注册人、注册商标核定使用的商品或服务项目、有效期等
著作权	著作权证书等	中国版权保护中心、出版社	名称、类别、作者和著作权人、创作时间、首次发表时间、取得方式等
专有技术	研发计划、合同、合法来源证明等	研发企业自身	相关合同和交易记录、技术报告、实验数据、研究成果、产品样本、原型等
特许权	特许权协议等	特许人	特许范围、特许时间、特许对象、风险分担、权利与义务等
租赁权	租赁协议等	出租人	租赁期限以及用途、租金和押金的支付、权利与义务等
数据	数据知识产权登记证书、数据资产凭证等	国家知识产权局、第三方机构等	名称、登记主体、取得方式、应用场景、登记日期等

2. 会计信息

会计信息是指通过会计核算实际记录或科学预测,反映会计主体过去、现在、将来有关资金运动状况的各种可为人们所接受和理解的消息、数据、资料等的总称。无形资产会计信息主要包括:会计计量方法;取得方式;资产分类;账目原值;摊销方法;减值准备;重大交易事项中涉及的知识产权对该交易事项的影响及风险分析、处于申请状态的知识产权的开始资本化时间、申请状态等。表 8-2 是知识产权相关会计信息要求的披露格式。

表 8-2 知识产权相关会计信息披露格式

项目	专利权	商标权	著作权	其他	合计
一、账目原值					
1. 期初金额					
2. 本期增加金额					
购置					
内部研发					

(续表)

项目	专利权	商标权	著作权	其他	合计
企业合并增加					
其他增加					
3. 本期减少金额					
处置					
失效且终止确认的部分					
其他					
二、累计摊销					
1. 期初余额					
2. 本期增加金额					
计提					
3. 本期减少金额					
处置					
失效且终止确认的部分					
其他					
4. 期末余额					
三、减值准备					
1. 期初余额					
2. 本期增加金额					
3. 本期减少金额					
4. 期末余额					
四、账面价值					
1. 期末账面价值					
2. 期初账面价值					

3. 发展状况信息

发展状况信息是指无形资产的形成、发展和管理过程中发生的重要信息,如专利的开发或申请过程信息、商标的申请注册信息等。

利用发展状况信息可以分析无形资产的成熟程度、发展状况和开发支出等情况,对比分析无形资产预期收益、收益期限、成本费用、配套资产、风险因素等,进而合理测算研发无形资产的成本、利润和相关税费,科学评估无形资产价值。

4. 应用情况信息

应用情况主要是无形资产应用领域中的相关重大事项,包括但不限于企业的经营活动、投融资活动、质押融资、关联方及关联交易、承诺事项、或有事项、债务重组、资产置换、保全、衍生品开发、专利交叉许可等。

对于同一项无形资产,在不同的时期可能存在多次交易的情形,也可能存在质押、出质情况等。同一项无形资产在未经许可与排他许可使用或者多家许可使用情形下,其所有权的经济价值是不同的,其许可使用权的经济价值也不同。

5. 获利能力信息

获利能力信息是无形资产评估所需的关键信息,主要包括应用场景或业务模式、对企业创造价值的影响方式、获利方式、实施范围、限制条件以及竞争优势等。

6. 保护措施信息

无形资产的保护措施是指防止无形资产受到侵害而采取的各种措施。在形式上有法律保护、政策保护、行政保护、制度保护、经济保护、舆论保护和道德保护等,在技术手段上有防卫性保护、改进性保护、替换性保护、技术性保护和市场性保护等。

二、无形资产相关的外部信息

在无形资产评估中,评估专业人员应在收集内部信息的基础上,尽量获得外部信息,对内部分析预测资料进行独立验证。同时,外部信息在帮助评估专业人员确定收益期限、使用期限、未来风险、市场乘数、折现率等参数方面具有重要参考作用。

外部信息主要是指从政府部门、各类专业机构及市场等渠道获取的信息资料,主要包括宏观经济信息、行业信息、市场竞争信息、监管与法律信息等。

1. 宏观经济信息

宏观经济环境直接和间接地影响着无形资产价值的实现。评估专业人员执行无形资产评估业务,应对宏观经济环境做基本评估假设,特别是在运用收益法进行评估时,应考虑宏观经济环境对无形资产未来盈利预测及折现率的影响。

可能影响无形资产价值的宏观经济环境主要包括国家产业政策、国家宏观调控手段和有关的经济体制改革等方面。

2. 行业信息

无形资产应用涉及的行业在国民经济中的地位、行业发展水平、行业供需情况、行业(产业)政策、技术发展水平及未来发展前景,决定了该行业在国民经济中的重要性及竞争力、抗风险能力、成长性、经济周期波动性。评估专业人员执行无形资产评估业务，应当分析评估基准日行业状况及未来发展前景并做出合理假设，特别是在运用收益法进行评估时，应考虑行业状况及发展前景对无形资产未来盈利预测、收益期间及折现率的影响。

3. 市场竞争信息

评估专业人员执行无形资产评估业务，应当关注经营条件、生产能力、市场状况、产品生命周期等市场竞争信息变化对无形资产效能的制约，并分析上述因素对无形资产产品的销售数量、销售收入、销售价格、销售成本、期间费用的影响程度，把握盈利预测期间的发展趋势，合理分析市场竞争信息对无形资产价值的影响。

4. 监管与法律信息

评估专业人员执行无形资产评估业务，应当了解无形资产实施过程中所受到的国家法律法规或者其他限制的具体情形，如当地法律、税收、交通、环保等要求。例如，不允许利用专利权阻碍科技进步、不允许在贸易中利用专利实施垄断等行为，对于关乎国防的重大专利在一定条件下国家可进行强制许可，等等。

第二节　无形资产清查核实

一、无形资产清查核实的目的

在会计实务中，资产清查的目的主要是保证账账相符和账实相符。在无形资产评估中，清查核实的目的有所差异，主要是：明确评估对象；了解评估对象特征；核实其价值实现的方式、途径和可行性；分析对应的价值影响因素；收集内外部信息，为分析量化这些价值影响因素并形成最终评估结果提供支持。

（一）明确评估对象和评估范围

一般来说，评估对象与评估范围的确定是在清查核实之前，但无形资产评估对象较为复杂，委托方在委托评估时对无形资产的边界与范围的认识可能不到位，存在遗漏或偏差的情形。在实务中，评估对象可能是表外资产，或者是表内无形资产的部分权益。评估专业人员需要与委托人进行专业沟通，协助委托人识别并界定被评估无形资产的边界与范围。

在清查核实过程中，识别无形资产评估对象，可以关注以下三个方面：

一是无形资产的类型。如专利包括实用新型、外观设计和发明专利；著作权包括发表权、署名权、修改权、复制权、发行权、出租权、展览权、表演权、放映权、广播权、信息网络传播权、摄制权、改编权、翻译权等。同一评估对象的不同类型权利的价值存在差异。

二是无形资产的组合性,即被评估无形资产是单项无形资产,还是两个或多个无形资产的组合。无形资产组合是指一系列具有互补作用或能够共同发挥作用的无形资产,按照特定目的或要求组成的能实现某种特定功能或满足某业务单元要求的集合。在评估过程中,评估专业人员需要关注无形资产组合对价值的影响,应当根据评估目的、评估对象的具体情况,对无形资产进行分类或整合。如专利权、商业秘密、产品信息系统等组合在一起,其价值往往高于单项资产的价值。

三是被评估无形资产的权属,如所有权、使用权(独占、非独占等)以及其他权利等。从理论上讲,评估对象和评估范围的确定是委托方的责任,但在评估实务中,由于无形资产评估对象的复杂性和专业性,有时委托方需要评估专业人员协助其完成评估对象和评估范围的确定。评估专业人员此时需要注意:一是对无形资产评估对象的界定要符合相关准则要求;二是不要越位,针对特定经济行为,无形资产可能的评估对象都有哪些,需要评估哪些,能够评估哪些,最终需要由委托方确定,并在评估委托合同中明确约定,由委托人进行申报确认。

(二) 了解评估对象的特征

明确无形资产评估对象后,评估专业人员还需要确认该无形资产的特征,包括确认无形资产的存在、确认无形资产的种类以及确认无形资产的有效期限等。

1. 确认无形资产的存在,判断评估对象是否存在、是否完整

首先应验证无形资产的来源是否合理,产权是否明晰,关注其经济行为是否合法、有效。需要重点关注:①查询被评估无形资产的内容、国家有关规定、专业人员评价情况、法律文书,核实有关资料的真实性和可靠性,核查无形资产的归属是否为委托人所有或为他人所有。法律文书主要包括专利证书、商标注册证、著作权登记证书等。②鉴定其应用能力,分析是否满足使用要求,是否存在与之相适应的特定技术条件和经济条件,分析被评估无形资产是否满足资产确认的条件。

2. 确认无形资产的种类

在确认无形资产真实存在之后,应对其种类、具体名称、存在形式加以明确。有些无形资产由若干无形资产组合而成,应通过合并或分离的形式进行资产确认,避免重复评估和遗漏评估。

3. 确认无形资产的有效期限

无形资产存在时效性，只在有效期限内发挥作用。如专利权一旦超过法律保护年限，就不能再确认为无形资产。若存在未交专利年费的情况，则等同于专利被撤回，同样不能确认为无形资产。有效期限对无形资产的评估值具有很大的影响，比如有的商标历史越悠久，价值越高，当然有的商标虽时间较长，但不一定有较高的价值。

（三）验证信息资料的支持性

对于经过清查核实的无形资产，可以进一步验证信息资料的支持性。对于无形资产的经济寿命期限，通过清查核实，可以对其法律保护期限、经济寿命期限等有更好的判断。验证信息资料的支持性，可以关注以下几个方面：

（1）获取有关协议和董事会纪要等文件、资料，确定无形资产是否存在，是否由被评估单位拥有或控制。

（2）结合借款项目，了解是否存在用于债务抵押、担保的无形资产。

（3）如果是外购取得的无形资产，则检查相关合同、款项支付和相关税费计算清缴情况，以及相关协议和董事会纪要等文件。

（4）如果是自行研发取得或接受捐赠的无形资产，则检查其原始凭证是否完整，法律程序是否完备，会计处理是否正确。

（5）如果是债务重组或非货币性资产交换取得的无形资产，则检查有关协议等资料，确认是否真实有效。

（6）掌握专有技术的持有和保密状况等。

二、无形资产清查核实的主要方法

无形资产清查核实的主要方法包括查验资料、访谈、函证、现场调查等。

（一）查验资料

1. 查验权属证明资料

有关无形资产权利的法律文件或其他证明资料是确定无形资产是否存在以及以何种方式存在的主要依据，也是评估无形资产价值的重要出发点。核实有关无形资产权利的法律文件或其他证明资料时，应注意掌握其真实性和可靠性程度。

权属证明资料查验除采用通常的核对原件方式外，还可以充分利用政府网络平台，通过查询知识产权局、版权局的信息等进行。

2. 查验生产经营资料

无形资产不能单独产生收益,需要其他资产共同作用。对于已经实施应用的无形资产,需要查验提供的资料与实际情况的一致性。对于尚未实施的无形资产,则需要分析相关资料的可信性。

3. 查验财务资料

与企业经营财务资料不同,无形资产财务资料往往不是单独核算,需要从相关账、表甚至原始凭证等经营财务资料中筛选获取。如无形资产的成本构成可能涉及资本化的"研发支出"科目,也可能涉及费用化的"管理费用""主营业务成本"等科目。不进行查验就无法直接判断无形资产成本构成的内容、金额,也难以合理测算其重置成本。如果委托方提供了相关无形资产的财务资料,则评估专业人员应当对这些资料的真实性、合理性进行核实查验。

(二)访谈

评估专业人员应当从无形资产研发、使用、管理、相关产品(或服务)的使用几个角度进行访谈。对管理人员的访谈主要侧重于无形资产实施的总体目标、市场定位、开发规划、财务绩效等方面;对研发人员的访谈主要侧重于无形资产的研发过程、功能、技术、替代性、技术寿命及经济寿命等方面;对生产人员的访谈主要侧重于无形资产实际实施与设计开发是否存在差异,是否存在功能性或经济性贬值,实际使用效率、效果等方面;对客户的访谈则主要侧重于无形资产产品(或服务)被市场接受的程度。

(三)函证

在无形资产评估中,函证并不是必需的。但在一些情况下,评估专业人员可能需要采用函证方式来核实资料的真实性、合理性。

(四)现场调查

在评估实务中,由于无形资产没有实物形态,给人一种无现场的错觉,因此对无形资产的现场调查往往容易被忽视。事实上,无形资产一般需要与相关硬件设施、原材料等有形资产相结合,通过化无形为有形,为企业创造经济利益。因此,无形资产评估应当根据具体情况,考虑相关资产所在地开展现场调查。现场调查不仅可以获得对目标企业及其经营范围的总体感性认识,还可以补充必要的细节。通过观察企业日常经营,或许可以得到一些更具实质性的内容。

第三节　无形资产评估信息分析

一、信息资料的初步处理

主要是对收集的信息进行可靠性分析和分类整理。

(一) 信息的可靠性分析

信息的可靠性是指信息的真实性、准确性、完整性和客观性。这是信息分析的重要标准,尤其是在当今信息爆炸的时代,大量的信息使得我们很难判断哪些信息是可信的。信息的可靠性主要取决于信源(渠道),包括信源过去提供的信息质量、信源提供信息的动因、信源是否拥有该信息(一手信息)以及信源的可信度。一般来说,从信源得来的未经处理的事实属于一级信息,可靠性高,是评估专业人员分析的最重要的资料;处理过的信息属于二级信息,需要评估专业人员进行去伪存真和去粗取精分析。信源的可靠性可以分为完全可靠、通常可靠、比较可靠、通常不可靠、不可靠、无法评价可靠性。

(二) 信息的筛选与调整

信息的筛选与调整原则主要有以下几个:

(1) 相关性原则。这里有一个重要的概念,即信息相关性,是指信息与信息使用者要做的事情的相关程度。显然,相关性越高,信息的价值越高,信息的可用性越高。按照相关性原则可以把信息划分为可用性无形资产信息资料、有参考价值的无形资产信息资料、不可用的无形资产信息资料。

(2) 时效性原则。信息时间越接近评估基准日,时效性越好。信息时间距评估基准日越长,时效性越差。

二、建立信息资料与评估方法、评估参数之间的关联

评估过程使用信息资料的目的是选择合适的评估方法、确定评估模型的各种参数,以确定无形资产的评估值。评估信息资料分析的过程,即建立"评估信息资料—评估方法—评估模型—评估参数—评估结果"支持性逻辑链条。具体分析过程包括:

(一) 评估对象相关信息资料的分析

评估专业人员需要确定作为评估对象的无形资产的存在性,确认评估对象存在性

相关的资料,包括权属证明材料、相关开发协议/合同、相关许可使用合同、政府部门公告等信息资料,以及预期带来收益的能力资料等。

（二）评估方法选择相关信息资料的分析

无形资产评估方法的选择主要取决于评估目的、评估对象及方法应用所需资料的完备性（见表8-3）。无形资产成本构成明细、研发时间、预期经济寿命、各种贬值的确认和计量资料是成本法应用的关键；无形资产未来预期收益是否能够合理预测、其他资产贡献收益是否可以合理扣除、未来预期收益期限是否明确以及收益实现风险是否能够量化是收益法应用的关键；可比信息是无形资产市场法应用的关键；标的资产评估基准日价格、行权价格、相关资产收益率的波动率、行权期限等是实物期权法应用的关键。

表8-3 相关信息资料对无形资产评估方法选择的影响

评估方法	关键参数	信息资料要求	方法影响或限制
成本法	重置成本	完整的成本投入资料	有些无形资产无法重置,有些无形资产的成本与价值难以对应
收益法	折现率	风险可以确定并量化、市场投资回报率数据	无形资产折现率应当区别于其他资产折现率
	收益额（直接估算法）	需要在市场上找到一个没有无形资产的类似企业,且获得相关数据	通常难以找到满足条件的可比企业
	收益额（差额法）	企业财务数据,行业财务数据（尤其是平均收益率）	评估对象有较为明显的溢价,可比性问题
	收益额（收益分成法）	分成率、营业收入/营业利润/现金流	整体分成时,较难合理扣除其他无形资产的贡献
市场法	可比交易信息或价值乘数	可比交易案例,交易案例数量、信息公开程度和可比性需要满足要求	在交易信息不完全、案例差异性超过可比性的情况下,难以采用
	许可费率	可比许可协议的详细资料、统计的行业平均数据、行业经验数据	贴近市场交易,获取数据途径较多,数据可观察性较好
实物期权法	行权价格、波动率、行权期限等	基础资产的完整信息、近似资产的市场信息	实物期权的复合性,看涨期权对应的基础资产可能尚未形成

(三) 评估参数确定相关信息资料的分析

如果相关信息资料可以满足各种方法的选择要求,则需要进一步分析这些信息资料,确定是否能够直接确定各方法中的参数,或者可以采用合理的量化工具得出参数数据。比如,根据相关信息资料统计的许可费率数据可能是区间值,对于特定的无形资产,则需要考虑市场竞争状况、替代品、交易各方议价能力、无形资产功能等因素,采用合适的方法对区间值进行修正,然后得出评估对象的许可费率。

(四) 限制及瑕疵事项相关信息资料的分析

相关法律法规、合同协议、质押担保、法律诉讼等事项对无形资产使用的限制,制约了无形资产权利运用的程度、范围、期限、方式等,从而影响了对无形资产价值的评估。对于难以量化的事项,需要在评估报告中进行披露。

(五) 建立索引关系,形成完整的逻辑链条

不同类别的评估信息需要与分析形成的结论建立对应关系,编制索引是一种比较有效的方法。通过建立索引关系,将收集的信息与相关结论构建起完整的逻辑链条。

三、信息分析的主要方法

信息分析的方法主要包括信息联想法、信息综合法、信息预测法和信息评估法。

1. 信息联想法

信息联想法从信息联系的普遍性上去进行思维加工,从离散的表层信息中识别出相关的隐蔽信息,明确信息之间的相互联系,由此组合产生新的信息。常见的信息联想法有比较分析、逻辑分类、头脑风暴、触发词、强制联想、特性列举、偶然联想链、因果关系、相关分析、关联树和关联表、聚类分析、判别分析、路径分析、因子分析、主成分分析等。

2. 信息综合法

信息综合法是在深入分析、认识有关信息的基础上,根据信息内在的逻辑关系和需要,将两个或两个以上各自独立的信息进行有机组合,激活成一种新质信息的方法。常见的信息综合法有归纳综合、图谱综合、SWOT(Strengths,优势;Weaknesses,劣势;Opportunities,机会;Threats,威胁)分析、系统辨识、数据挖掘等。

3. 信息预测法

信息预测法是指根据过去和现在已经掌握的有关某一事物的信息资料,运用科学

的理论和技术,深入分析和认识事物演变的规律性,从已知信息推出未知信息,从现有信息导出未来信息,从而对事物的未来发展做出科学预测的方法。常见的信息预测法有逻辑推理、趋势外推、回归分析、时间序列、马尔可夫链等。

4. 信息评估法

信息评估法是在对大量相关信息进行分析与综合的基础上,经过优化选择和比较评价,形成能满足决策需要的支持信息的过程,通常包括综合评估、技术经济评价、实力水平比较、功能评价、成果评价、方案选优等形式。

习 题

一、单项选择题

1. 下列关于无形资产评估信息分析的说法中,错误的是(　　)。

A. 一级信息是从信源得到的未经处理的事实,可靠性高

B. 二级信息是变动过的信息,如证券分析师的投资分析报告

C. 二级信息需要去伪存真和去粗取精的分析

D. 尽量使用接近财务报告日的相关资料

2. 下列选项中,不属于无形资产清查核实方法的是(　　)。

A. 查验资料　　　B. 现场调查　　　C. 媒体报道　　　D. 函证

3. 下列选项中,属于专利资产所有权的法律文件的是(　　)。

A. 权利要求书　　B. 专利许可合同　C. 专利保密协议　D. 专利转让协议

二、多项选择题

1. 按照来源渠道不同,信息可分为内部信息和外部信息。下列选项中,属于无形资产评估的外部信息的是(　　)。

A. 宏观经济资料

B. 行业状况和发展前景资料

C. 企业对无形资产的保护措施

D. 无形资产相关外部监管、法律法规资料

E. 企业处理无形资产的会计政策

2. 无形资产清查核实的目的包括(　　)。

A. 明确评估对象　　　　　　　　　B. 明确评估范围

C. 确定评估价值　　　　　　　　　D. 验证信息资料的支持性

E. 确认无形资产是否存在,判断评估对象是否存在、是否完整

第九章

专利资产评估

> **学习目标**

思政目标：了解专利资产评估的基本程序，引导学生树立按照法律法规、职业道德规范和业务准则执行业务的职业意识，熟悉我国常见专利资产评估的情形。

知识目标：掌握收益法在专利资产评估中的应用及参数的确定方法。

能力目标：能够运用收益法对专利资产进行评估，界定专利资产评估对象的范围。

随着专利资产在企业价值中的战略意义和价值贡献的提升，近年来，专利资产评估需求逐步提升，一些新应用场景的评估需求逐渐增多。本章案例旨在引导学生掌握专利资产评估的思路与方法，要求学生完整了解无形资产评估的技术过程，掌握收入预测、分成率确定、折现率确定等知识，拓宽对无形资产评估的分析思路与领域。

第一节 专利资产评估概述

专利资产评估是指资产评估机构及其资产评估专业人员遵守法律、行政法规和资产评估准则，根据委托对评估基准日特定目的下的专利资产价值进行评定和估算，并出具资产评估报告的专业服务行为。

本节重点探讨专利资产评估中的两个关键问题，即专利资产评估对象界定和专利资产价值影响因素分析。

一、专利资产评估对象界定

尽管专利是一个法律概念,但在现实生活中,因为人们对其的需求是多方面的,认知也存在差异,所以专利的范围、形式、类型也较为丰富。也就是说,专利资产可能有不同的内涵与外延。执行专利资产评估业务时,评估专业人员需要清楚地界定评估对象,并收集相关资料给予佐证。

(一)专利资产基本状况分析

执行专利资产评估业务时,评估专业人员应当要求委托人明确专利资产的基本状况。专利资产的基本状况通常包括:

(1)专利名称。

(2)专利类别。我国专利的类别包括发明、实用新型和外观设计三种。

(3)专利申请的国别或地区。

(4)专利申请号或专利号。

资料卡

当国家知识产权局受理专利申请时,会给申请人一个专利申请号。如恒瑞医药2023年1月19日申请的发明专利"一种固相合成五肽的方法",专利申请号为:CN2023100 63155.9。其中,第一部分:中国国家代码,为CN。第二部分:前4位数字,为专利申请年份。第三部分:第5位数字,代表类型,其中数字1表示发明专利申请,数字2表示实用新型专利申请,数字3表示外观设计专利申请,数字8表示进入中国国家阶段的PCT(专利合作条约)发明专利申请,数字9表示进入中国国家阶段的PCT实用新型专利申请。第四部分:第6—12位数字,是流水号;第五部分:校验位。当专利被授予专利权后,就会拥有专利号,专利号一般就是将专利申请号开头的CN变成ZL(中国专利号和专利申请号数字一样)。

(5)专利的法律状态。从专利申请被受理之日起,专利便有了法律属性的信息,这就是专利的法律状态。专利的法律状态会伴随着各个法定程序和法律事件而动态变化。专利的法律状态的主要类型有:①专利申请尚未被授权;②实质审查请求生效(仅针对发明专利申请);③专利申请撤回;④专利申请被驳回;⑤专利权有效;⑥专利权终止;⑦专利权或专利申请权转移;⑧专利权无效;⑨专利权质押。

(6)专利申请日,是指国务院专利行政部门收到专利申请的请求书、说明书和权利要求书的日期。专利申请日是专利保护期限的起始时间,也是专利审查员及评估人员判断申请技术新颖性及创造性的时间点,该日期记录在专利申请受理通知书和专利证书上。

(7) 专利授权日,是指专利行政部门授予申请人专利权的时间,专利授权的时间直接影响到专利权生效的时间,是专利权的生效日。

(8) 专利申请文件,是指专利申请人申请专利时提交的法律文件,必须采用书面形式,并按照规定的统一格式填写。

申请发明专利的,申请文件包括发明专利请求书、说明书及其附图、权利要求书、摘要及其附图。其中,请求书包括发明专利的名称、发明人或设计人的姓名、申请人的姓名和名称、地址等;说明书包括发明专利的名称、所属技术领域、背景技术、发明内容、附图说明和具体实施方式;权利要求书主要说明发明的技术特征,清楚、简要地表述请求保护的内容。说明书附图主要是指发明专利的附图,如果仅用文字就足以清楚、完整地描述技术方案的,可没有附图。发明专利申请示意如图9-1所示。

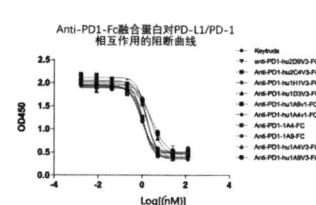

图9-1 发明专利申请示意

资料来源:国家知识产权局。

申请实用新型专利的,申请文件包括实用新型专利请求书、说明书及其附图、权利要求书、摘要及其附图。

申请外观设计的,申请文件包括外观设计专利请求书、图片或照片,以及外观设计简要说明。

权利要求书是申请发明专利和申请实用新型专利必须提交的申请文件,它是发明专利或实用新型专利要求保护的内容,具有直接的法律效力,是申请专利的核心,也是确定专利保护范围的重要法律文件。权利要求书应当以说明书为依据,说明发明或实用新型的技术特征,限定专利申请的保护范围。在专利权授予后,权利要求书是确定发明或实用新型专利权保护范围的根据,也是判断他人是否侵权的根据,有直接的法律效力。

(9)专利权利要求书所记载的主权利要求。

发明或实用新型专利权的保护范围以其权利要求的内容为准,说明书及其附图可用于解释权利要求的内容。

外观设计专利权的保护范围以表示在图片或照片中的该产品的外观设计为准,简要说明可用于解释图片或照片所表示的该产品的外观设计。

(10)专利权的共有情况。专利权共有是指专利权的权利人包括两个或两个以上的自然人、法人或其他组织。专利权的共有形式可分为共同共有和按份共有。一般来说,共有人可以单独实施或者以普通许可方式许可他人实施该专利;许可他人实施该专利的,收取的使用费应当在共有人之间分配。

(11)专利权的公共属性。一般来说,评估专业人员对专利资产进行评估仅涉及专利资产的经济价值,不应该包括其他领域的价值,如军事、国家安全、科技发展等领域的价值。如果涉及强制许可,则需要考虑强制许可是否获得国务院专利行政部门的批准,恰当考虑强制许可对被评估专利资产价值的影响。

(二)专利资产评估权属资料核实

执行专利资产评估业务时,评估专业人员应当对专利及其实施情况进行调查,包括必要的现场调查、市场调查,并收集相关信息、资料等。同时,专利资产评估权属资料核实应当遵循"孤证不立"的原则,需要引入"证据链"的概念,核查多种指向相同的证据资料。

调查过程收集的相关信息、资料包括:

(1)专利资产的权利人及实施企业基本情况。

(2)专利证书、最近一期的专利缴费凭证。

(3) 专利权利要求书、专利说明书及其附图。

(4) 专利技术的研发过程、技术实验报告,专利资产所属技术领域的发展状况、技术水平、技术成熟度、同类技术竞争状况、技术更新速度等有关信息、资料;如果技术效果需要检测,则还应当收集相关产品检测报告。

(5) 与分析专利产品的适用范围、市场需求、市场前景及市场寿命、相关行业政策及行业发展状况、宏观经济、同类产品竞争状况、专利产品获利能力等相关的信息、资料。

(6) 以往的评估和交易情况,包括专利权转让合同、实施许可合同及其他交易情况。

(7) 针对评估所服务的经济行为,关注特定情境下的评估材料需求。执行专利资产法律诉讼评估业务时,评估专业人员应当关注相关案情基本情况、经过质证的资料以及专利权的历史诉讼情况。执行质押、诉讼目的的专利资产评估业务时,评估专业人员应当要求委托人提交由国家知识产权局出具的专利登记簿副本,当评估对象为实用新型、外观设计专利时,应当要求委托人提供专利检索报告,当实用新型、外观设计专利数量较多时,应当选取部分专利由委托人提供检索报告。

资料卡

专利登记簿是国家知识产权局进行专利权属登记的账簿。专利登记簿中记载下列事项:①专利权的授予;②专利申请权、专利权的转移;③专利权的质押、保全及其解除;④专利实施许可合同的备案;⑤专利权的无效宣告;⑥专利权的终止;⑦专利权的恢复;⑧专利实施的强制许可;⑨专利权人的姓名或名称、国籍和地址变更。任何人经国务院专利行政部门同意后,均可以查阅或复制专利登记簿中的有关内容,并请求国务院专利行政部门出具专利登记簿副本,从而向公众提供了一条可以随时了解专利权的法律状态的途径,为更好地利用专利技术提供了方便。

专利检索报告是指通过对现有技术进行检索,反映检索结果的文件。目前,实用新型在专利申请阶段没有强制要求进行专利检索。如果不进行专利检索报告的核实,则有可能存在被评估专利因新颖性遭到破坏而被宣告无效的风险。实用新型专利检索一般可以由国家知识产权局或其省级相关机构承担。

(三) 明确专利资产评估对象

在掌握专利资产的基本状况的基础上,执行专利资产评估业务时,评估专业人员应进一步明确评估对象的详细情况,包括专利资产的权利属性、组合情况等。

1. 权利属性

专利资产的权利属性包括所有权和使用权。专利所有权是指专利权人依法享有对专利占有、使用、收益和处分的权利。专利使用权是指专利实施许可权,具体包括专利权独占许可、独家许可、普通许可和其他许可形式。

(1) 专利所有权。如果评估对象是专利所有权,则应当关注专利权是否已经许可他人使用及使用权的具体形式,并关注其对专利所有权价值的影响。

专利所有权可进一步划分为:①专利的使用权,一般是指专利权人自己使用专利的权利,或者说自行实施专利的权利;②专利的收益权,是指许可他人使用专利并取得收益的权利;③专利的处分权,是指转让上述使用权和收益权的权利。

专利所有权转让应当注意以下问题:①专利资产只能作为一个整体转让。根据"一申请一发明"原则,每项专利只涉及一项发明创造,专利权人不能将其专利权分割转让。②中国单位或个人专利权人向外国人、外国企业或外国其他组织转让专利申请权或专利权的,应当依照有关法律、行政法规的规定办理手续。③转让专利申请权或专利权的,当事人应当订立书面合同,并向国务院专利行政部门登记,由国务院专利行政部门予以公告。④专利申请权或专利权的转让自经国务院专利行政部门登记之日起生效。专利所有权转让,需要在国家知识产权局变换专利登记证书。

(2) 专利使用权。如果评估对象是专利使用权,则应当明确专利使用权的许可形式、许可内容及许可期限。比如,一项专利如果已经有有效的对外许可合同,则这项专利与没有对外许可合同的专利是不一样的专利。在进行专利资产评估时,评估对象的确定是不一样的。有效的对外许可合同可能对专利价值产生正面影响,也可能产生负面影响。再如,专利权的时效性、地域性和约束性等特征,以及在持有期内的质押、保全和解除会对相应专利资产的价值产生影响。

2. 组合情况

当专利资产与其他资产共同发挥作用时,评估专业人员应当分析专利资产的作用,确定该专利资产的价值;同时,应当区分并剔除与委托评估的专利资产无关的业务产生的收益,并关注专利产品或服务所属行业的市场规模、市场地位及相关企业的经营情况,即应当在要求委托人根据评估对象的具体情况和评估目的对专利资产进行合理的分离或合并的基础上,恰当地进行单项专利资产或专利资产组合的评估。

二、专利资产价值影响因素分析

影响专利资产价值的因素主要包括法律因素、技术因素、经济因素和其他因素。

(一) 法律因素分析

专利权是依法获得的权利,而相关法律规定不仅确定了保护对象、保护期限及相应的权利,还对权利的获得及要求均做出了详细的规定。这些不仅决定了专利资产的法律特性,还对专利资产的价值有着显著的影响。

法律因素分析通常包括专利资产的权利属性及权利限制、专利类别、专利的法律状态、专利剩余法定保护期限、专利的保护范围等。评估专业人员应当关注专利所有权与使用权的差异、专利使用权的具体形式、以往许可和转让的情况对专利资产价值的影响。评估专业人员应当关注发明、实用新型、外观设计的审批条件、审批程序、保护范围、保护期限、审批阶段的差异对专利资产价值的影响。此外,评估专业人员还应当关注专利所处的审批阶段,专利是否涉及法律诉讼或者处于复审、宣告无效状态,以及专利有效性维持情况对专利资产价值的影响。

(二) 技术因素分析

申请专利的发明必须符合新颖性、创造性和实用性三个条件,这是专利的核心特点,也是专利资产技术因素分析的关键所在。专利技术状况包括所属技术领域的发展状况、技术水平、技术成熟度、同类技术竞争状况、技术更新速度等有关信息。技术因素分析通常包括替代性、先进性、创新性、成熟度、实用性、防御性、垄断性等。

理解专利的技术特点,具体包括以下几个方面:

(1) 专利资产的技术公开性。专利法的实质是给予专利权人一段时间的技术垄断换取技术的公开,以促进技术进步及科技创新,具有公开性。

(2) 专利资产的技术可能存在不完整性。这主要是由于企业及个人在申请专利的过程中,或多或少地保留了一些技术诀窍。这种技术诀窍可能不会妨碍该项专利权的获得,但会对专利资产的技术完整性产生影响,从而影响技术的价值。

(3) 专利资产的技术可能存在不成熟性。各个国家及企业实施的专利战略导致"产品未发,专利先行",使得很多专利技术在申请专利时并不成熟。技术创新是企业发展的核心,而专利布局是技术创新的重要保障。评估专利资产的价值,需要理解评估对象在企业专利布局中的定位。

(三) 经济因素分析

专利资产的经济特征包含以下方面:

(1) 专利资产具有垄断收益。专利权是一种法定的垄断权,专利权人因此享有相应的垄断收益权。

（2）专利资产的收益不稳定。与有形资产相比，专利资产在应用过程中存在的风险包括技术风险、市场风险、资金风险及管理风险等；同时，专利资产在交易过程中存在一定的困难，包括交易价格的不确定性、专利技术移植的难度大及专利资产交易的多样性等，增加了专利资产价值实现的难度，使专利资产的收益具有不稳定性。

资料卡

专利权的稳定性是指专利在授权后，对抗他人无效请求的能力。一般来说，专利权的稳定性越弱，对抗他人无效请求的能力就越弱；专利权的稳定性越强，对抗他人无效请求的能力就越强。影响专利权稳定性的因素主要有：技术方案不符合专利法对专利的定义；技术方案不符合专利法对其完整、清楚的要求；技术方案不符合专利法"三性"（新颖性、创造性和实用性）的规定；违反在先申请和禁止重复授权原则。一般来说，稳定性高的专利的价值要高于稳定性低的专利的价值。

（3）专利资产的研发成本不易界定。根据我国的财务制度，专利资产的研发成本不能完全资本化，各个企业一般将其中部分成本费用化，并计入历史各期损益，很难重新剥离。技术研发的成本往往与技术的价值没有直接的对应关系，且研发的成本难以核算。此外，各个企业往往从事多项研究，难以分离某一特定专利资产的成本。

（4）专利资产之间的可比性弱。专利资产作为一项无形资产，通常很难找到相同或类似的可比对象。因为专利资产应具有新颖性、创造性和实用性，每项专利资产均具有独特性，所以通常不同专利资产之间的可比性不强。

（四）其他因素分析

其他因素分析主要包括关键事项、资金因素、产业因素等影响。关键事项分析主要是分析专利权利要求书和专利说明书及其附图的内容、专利权利要求书所记载的专利技术产品与其实施企业所生产产品的对应性等关键事项对专利资产价值的影响。资金因素是指同一项专利技术处在不同的实施阶段，实施专利技术所需要的资金实力和产业化规模将对其价值产生重大影响。产业因素包括产业化程度、产业应用范围等。一般来说，专利技术产业化越容易，专利技术越容易实施，实施的可能性就越大，其价值就越高；专利技术应用的范围越广，其价值发挥的程度就越大。

第二节 专利资产评估案例

一、案例介绍

(一) 公司介绍

本评估案例涉及两家公司：甲公司为一家高新技术公司，乙公司为一家上市公司。

1. 甲公司介绍

甲公司成立于1987年，是一家专业从事气力输送、工业通风防护、辐射防护相关领域技术研发、工程设计、产品制造、设备销售、安装调试的高新技术公司，创始团队来自某军工系统研究所的二十多位科技人员。公司主营业务包括：通风、空调、节能等领域的研发、设计、制造及应用推广。公司在烟草加工、原辅材料制造等相关企业的空调及节能领域形成了自己的竞争优势，相关技术处于国内领先、国际先进，已获部级科技进步奖二等奖2项、三等奖3项，尤里卡世界发明金奖1项。

2. 乙公司介绍

乙公司始建于1996年，是国内较早专注于中高档油墨涂料研发、生产和销售的企业，主要产品包括中高档凹印油墨、柔印油墨、网印油墨等，广泛应用于饮料包装、食品包装及卷烟包装，部分应用于电子制品等行业。公司技术力量雄厚，先后通过了国际权威认证机构的ISO9001质量管理体系认证、ISO14001环境管理体系认证、ISO45001职业健康安全管理体系认证，于2009年在深圳证券交易所中小企业板上市。

(二) 评估目的与评估基准日

乙公司拟以发行股份及支付现金的方式收购甲公司，实现资产重组。乙公司预计交易完成后，公司的盈利能力将得到极大的提升，可驱动公司业绩实现持续增长。因此，本次评估的目的是为上市公司资产重组提供价值参考意见。评估基准日为2021年5月31日。

(三) 评估范围

评估对象为甲公司持有的12项专利资产，其中获得专利证书的共计6项，申请中的专利3项，实用新型4项，全部由甲公司在经营过程中研发获得，具体如表9-1所示。

表 9-1 评估案例专利列表

序号	专利名称	专利号	类别	申请日	备注
1	风量监测器	ZL2017*	发明	2017-05-12	专利权
2	孔板阻尼消声补风装置	ZL2018@	实用新型	2018-01-17	专利权
3	电动风压平衡器	ZL2014&	发明	2014-10-17	专利权
4	稳流控制风压平衡器	ZL2017*	实用新型	2017-08-09	专利权
5	风量监测器	ZL2017#	发明	2017-09-06	专利权
6	除尘系统主管检测方法	ZL2015*	发明	2015-12-23	专利权
7	环境吸尘箱	ZL2016&	发明	2016-03-08	专利权
8	品牌切换站	ZL2018*	实用新型	2018-09-01	专利权
9	卷接机组负压风力供给方法和装置	ZL2017#	发明	2017-06-21	专利权
10	一种带液压支撑的核与辐射应急移动实验室	CN2021@	发明	2021-2-15	申请专利
11	放射源跟踪监测装置	CN2020*	实用新型	2020-05-18	申请专利
12	带信号线的管道连接结构	CN2019#	发明	2019-07-19	申请专利

上述专利资产全部应用到甲公司相关系统中。已取得专利证书的专利主要于2014—2021年授权取得，证载权利人均为甲公司，经国家知识产权局网站查询并核实年费缴纳凭证，上述已取得专利证书的专利年费已按规定缴纳，根据登记簿副本显示的情况，在评估基准日该等专利均为有效专利。

（四）价值类型

根据本次评估目的，采用市场价值类型。市场价值是指自愿买方和自愿卖方在各自理性行事且未受任何强迫压制的情况下，对在评估基准日进行正常公平交易的某项资产应当进行交易的价值的估计数额。

（五）评估方法

对于企业申报的专利资产，评估专业人员核对了权属证明文件，了解了12项专利资产的取得方式、法律状态、应用状况以及收益贡献等情况。鉴于纳入本次评估范围的各项专利资产在被评估企业的产品研发、生产、销售等流程中发挥整体作用，其带来的收益贡献具有不可分割性，故本次评估将其作为无形资产组合，综合考虑相关资产价值。

无形资产组合的常用评估方法包括成本法、市场法、收益法。

根据评估目的、专利资产特征、资料获取情况，本次评估将专利资产作为一个无形资产组合,采用收益法进行评估。

收益法是通过测算被评估无形资产所产生的未来预期收益并折算成现值,借以确定被评估无形资产价值的一种方法。具体方法包括许可费节省法(也称收益分成法)、超额收益法和增量收益法。根据专利资产整体对企业发挥作用,难以区分超额收益和增量收益,本次评估选择收益法中的收益分成法对被评估无形资产的价值进行评估。计算公式为:

$$V = \sum_{i=1}^{n} \frac{k \times S_i}{(1+r)^i} \tag{9-1}$$

式中,V 为被评估无形资产的评估值,k 为技术分成率,本次评估采用收入分成率,S_i 为无形资产未来第 i 年的收入,n 为经济寿命,r 为折现率。

二、评估过程

为了增加教学的交互性,我们对评估过程进行了必要的精简,同时把一些计算过程空置,让学生根据案例内容进行计算。本案例评估过程主要包括收益期的确定、销售收入的预测、销售收入分成率的确定、折现率的确定和专利资产组合价值的测算。

(一) 收益期的确定

依据贡献原则,被评估企业拥有的无形资产组合的主营业务收入亦会产生收益贡献。因此,本次评估将账面反映的无形资产组合纳入评估范围,并采用收益法——销售收入分成法进行评估。由于被评估企业持有的各项专利资产的收益贡献基本上归入企业的主营业务收入,另考虑到企业主营业务收入无法准确拆分以对应到各项专利资产,因此对于无形资产组合对应销售收入的确认,按照无形资产组合的使用人提供的收入预测数据确定。

1. 法定期限

由于被评估企业的无形资产组合包括已申请成功的专利和正在申请的专利,依据相关规定,目前我国发明专利的法定保护期为 20 年,实用新型的法定保护期为 10 年。

2. 收益期限

依据被评估企业提供的资料,发明专利申请日期为 2014—2021 年,实用新型的申请日期为 2017—2020 年,经与甲公司管理层沟通,根据相关技术及产品的更新迭代以及市场需求环境的变化情况,认为该无形资产组合到 2027 年前仍有较好的竞争力和市场应用空间,即收益预测期为 2021 年 6 月初至 2027 年 12 月底,故本次评估对被评估企业所有的技术类无形资产组合尚存收益期限确定为_____年。

(二)销售收入的预测

1. 相关产品情况

甲公司主要从事智能气力控制及核应急防护等设备的研发、生产和销售,依托工业通风除尘、柔性气力输送、电气自控等技术,向烟草及核电领域客户提供相关专用设备的研发、工程设计与咨询、集成与销售以及技术服务业务。与无形资产组合密切相关的产品和服务业务主要有四个,分别是工业除尘系统、工业风力系统、制丝线除尘排潮系统和应急产业及核检测业务。这四项业务的主要功能是处理工业制造过程产生的粉尘、气味、烟雾或油雾形式的排放物,为员工提供所需的保护,降低能耗并有助于保护环境。2020年,甲公司相关业务营业收入不含税金额为1.75亿元,2021年1—5月,相关业务营业收入不含税金额为0.36亿元,具体如表9-2所示。

表9-2 相关业务收入情况   单位:万元

业务	2020年收入(含税)	2021年1—5月收入(含税)
工业除尘系统	9 746.23	2 568.89
工业风力系统	5 664.97	637.00
制丝线除尘排潮系统	1 272.75	50.45
应急产业及检测业务	778.05	361.84

2. 相关产品市场需求

(1)工业除尘系统。该项业务是甲公司发展的基础,未来该项业务需求稳定。凭借技术优势,甲公司与全国100多家下游企业建立了合作关系,但竞争格局稳定,难有突破。

(2)工业风力系统。该项业务中,甲公司自主研发了核心产品单元控制装置,拥有自主知识产权。该产品集风速检测、调节装置、自动控制、数据处理及通信于一体,真正实现了输送管道速度的稳定控制。该项业务由于具有较好的经济价值,市场需求量大,具有良好的增长空间。同时,收集到工业风力系统相关的三家上市公司,其营业收入增长率情况如表9-3所示。

表9-3 工业风力系统业务同行业营业收入增长率数据   单位:%

上市公司	2018年增长率	2019年增长率	2020年增长率	三年平均值
A	27.42	23.48	26.72	25.87
B	26.78	24.65	28.12	26.52
C	24.67	26.81	23.86	25.11

(3) 制丝线除尘排潮系统。近年来,随着国家对工业除尘排潮系统提出技改要求,大多数工厂开始对已有除尘排潮系统进行系统改造。甲公司的产品可以合理确定风力输送速度,配置高效、适用的除尘器,可有效解决高温、高湿、高浓度制丝线含尘气体的治理。该项业务客户较为集中,受固定资产投资和技术改造影响,该项业务呈现不稳定状态,预计未来3年保持现状,然后出现技术改造高峰,第4—7年有一个小幅的增长,而后逐步回落到当前水平。

(4) 应急产业及检测业务。该项业务是新冠疫情之后逐步发展起来的产业,疫情过后我国应急产业发展受到各方重视。根据第三方机构数据,2020年我国应急产业市场规模约为1.79万亿元,同比增长15.58%,2016—2020年应急产业市场规模年复合增长率为16.3%。预计未来10年(2021—2030年)可以保持15%的复合增长率。

3. 收入预测

综上,结合实际经营情况,本次评估假定:①工业除尘系统未来销售收入保持不变;②工业风力系统未来3年(2021—2023年)销售收入复合增长率为行业近三年增长率均值,即_____,第4—7年(2024—2027年)销售收入复合增长率为20%;③制丝线除尘排潮系统未来3年销售收入保持现状,第4—7年销售收入复合增长率为8%;④应急产业及检测业务未来销售收入复合增长率为15%。

上述业务未来销售收入预测如表9-4所示。

表 9-4 相关业务收入预测 单位:万元

业务	2021年 6—12月	2022年	2023年	2024年	2025年	2026年	2027年
工业除尘系统							
工业风力系统							
制丝线除尘排潮系统							
应急产业及检测业务							
合计							

4. 衰减率

由于待估的技术类无形资产会随着时间的推移或新技术的改进,在产品中的技术贡献比重下降,因此根据这一情况,评估专业人员经与甲公司技术人员沟通,确定待估无形资产组合在2021年6月—2027年12月期间的技术衰减率如表9-5所示。

表 9-5 技术衰减率 单位:%

项目	2021年 6—12月	2022年	2023年	2024年	2025年	2026年	2027年
技术衰减率	0	15	15	15	15	15	15

（三）销售收入分成率的确定

本次评估采用经验与行业标准法确定销售收入分成率。

根据甲公司历年销售利润率可得，2018 年、2019 年、2020 年的销售利润率分别为 28.04%、29.48%、40.21%。本次评估选择近三年销售利润率的平均值，即_____。

根据评估实践和国际惯例，在对技术类无形资产进行评估时，利润分成率的确定方法有三分法和四分法，其中三分法主要认为产品收益由资金、人力和技术三种因素贡献，并假设三种因素对收益的贡献是相同的；四分法认为产品收益主要由资金、人力、技术和管理四种因素贡献，并假设四种因素对收益的贡献是相同的。

国家知识产权局颁布的《专利开放许可使用费估算指引（试行）》关于参考基准给予提示："根据国际一般经验，将产品利润的 25% 或产品销售额的 5% 作为专利实施许可使用费提成率的谈判基准，许可双方在此基础上对提成率作进一步调整。"根据该提示，本次评估选择将产品利润的 25% 作为分成基础，确定待估无形资产组合的销售收入分成率为_____。

（四）折现率的确定

1. 无风险报酬率

根据同花顺终端系统，查询距离评估基准日 2021 年 5 月 31 日剩余期限大于等于 5 年且小于 10 年的国债到期收益率（3.4%），并作为本次评估中的无风险报酬率。

2. 风险报酬率

影响风险报酬率的因素包括市场风险、资金风险和经营风险。各个风险系数的取值范围在 0～10%，具体的数值根据风险测评表求得（见表 9-6）。

表 9-6 风险测评表

风险类型	权重（%）	考虑因素	分值					
			100	80	60	40	20	0
市场风险	30	市场容量风险			√			
	30	市场现有竞争风险				√		
	40	市场潜在竞争风险					√	
资金风险	40	流动性风险					√	
	40	资金管理风险					√	
	20	信用风险				√		

（续表）

风险类型	权重(%)	考虑因素	分值					
			100	80	60	40	20	0
经营风险	40	销售服务风险					√	
	20	质量管理风险						√
	40	技术开发风险				√		

经评分测算：

市场风险 = _____。

资金风险 = _____。

经营风险 _____。

风险报酬率 = _____。

3. 无形资产组合特定风险调整系数

随着市场竞争与科技创新的不断发展，其他公司的研发投入不断增加，更多具有竞争力的对手出现，故甲公司经营风险高于正常经营的企业风险。评估专业人员经过分析，确定待估无形资产组合特定风险调整系数为 3%。

综上，可计算出待估无形资产组合的折现率为_____。

（五）专利资产组合价值的测算

根据公式（9-1），计算得到专利资产组合的价值为_____万元（见表 9-7）。

表 9-7　专利资产组合价值评估值

项目	2021年6—12月	2022年	2023年	2024年	2025年	2026年	2027年
销售收入（万元）							
销售收入分成率（%）							
技术衰减率（%）							
专利资产收益（万元）							
折现率（%）							
折现期（年）							
现值系数							
折现值（万元）							
合计（万元）							

三、参考答案

（一）收益期的确定

收益期为 6.58 年。

（二）销售收入的预测

工业风力系统未来 3 年销售收入复合增长率为行业近三年增长率均值为 (25.87% + 26.52% + 25.11%)/3 = 25.83%。

表 9-4 相关业务收入预测　　　　　　　　　　单位：万元

业务	2021 年 6—12 月	2022 年	2023 年	2024 年	2025 年	2026 年	2027 年
工业除尘系统	7 177.34	9 746.23	9 746.23	9 746.23	9 746.23	9 746.23	9 746.23
工业风力系统	6 491.48	8 970.09	11 287.46	13 544.95	16 253.94	19 504.73	23 405.68
制丝线除尘排潮系统	1 222.30	1 272.75	1 272.75	1 272.75	1 374.57	1 484.54	1 603.30
应急产业及检测业务	532.92	1 028.97	1 183.32	1 360.81	1 564.94	1 799.68	2 069.63
合计	15 424.04	21 018.04	23 489.76	25 924.74	28 939.68	32 535.18	36 824.84

其中，2021 年的数据是第 6—12 个月的数据，如工业除尘系统 2021 年数据为年销售收入扣除 1—5 月的数据，即 9 746.23 − 2 568.89 = 7 177.34（万元）。

（三）销售收入分成率的确定

选择近三年营业利润率的平均值为 32.58%。
确定待估无形资产组合的销售收入分成率为 销售利润率 × 销售利润分成率 = 32.58% × 25% ≈ 8.14%。

（四）折现率的确定

市场风险 = (60 × 30% + 40 × 30% + 20 × 40%) × 10% = 3.8%。
资金风险 = (20 × 40% + 20 × 40% + 40 × 20%) × 10% = 2.4%。
经营风险 = (20 × 40% + 0 × 20% + 40 × 40%) × 10% = 2.4%。
风险报酬率 = 市场风险 + 资金风险 + 经营风险 = 8.6%。
无形资产组合的折现率 = 3.4% + 8.6% + 3% = 15%。

（五）专利资产组合价值的测算

计算得到专利资产组合的价值为 7648.18 万元（见表 9-7）。

表 9-7　专利资产组合价值评估值

项目	2021 年 6—12 月	2022 年	2023 年	2024 年	2025 年	2026 年	2027 年
销售收入（万元）	15 424.04	21 018.04	23 489.76	25 924.74	28 939.68	32 535.18	36 824.84
销售收入分成率（%）	8.14	8.14	8.14	8.14	8.14	8.14	8.14
技术衰减率（%）	0	15	15	15	15	15	15
专利资产收益（万元）	1255.52	1454.24	1625.26	1793.73	2002.34	2251.11	2547.91
折现率（%）	15	15	15	15	15	15	15
折现期（年）	0.58	1.58	2.58	3.58	4.58	5.58	6.58
现值系数	0.9221	0.8019	0.6973	0.6063	0.5272	0.4585	0.3987
折现值（万元）	1 157.76	1 166.09	1 133.24	1 087.58	1 055.70	1 032.05	1 015.76
合计（万元）	7 648.18						

其中，销售收入数据来自表 9-4；销售收入分成率数据来自前期计算；技术衰减率数据来自表 9-5；专利资产收益＝销售收入×销售收入分成率×(1－技术衰减率)；折现率数据来自前期计算；折现期数据来自收益期的估算；现值系数＝$1/(1+折现率)^{折现期}$。

习　题

一、单项选择题

1. 资产评估专业人员评估专利资产的价值，通常指的是（　　）。
   A. 经济价值　　　　　　　　　B. 科技价值
   C. 社会价值　　　　　　　　　D. 军事及国家安全价值

2. 下列各项中，不属于专利法律状态的是（　　）。
   A. 专利诉讼　　　　　　　　　B. 专利许可
   C. 专利检索　　　　　　　　　D. 专利年费缴纳情况

3. 下列关于专利权保护范围的确定的表述中，错误的是（　　）。
   A. 权利要求书应当以说明书为依据，清楚、简要地限定要求专利保护的范围
   B. 发明或实用新型专利权保护范围以其权利要求的内容为准，说明书及附图可用

于解释权利要求的内容

C. 权利要求书有两项以上权利要求的,权利人应当在起诉状中载明据以起诉被诉侵权人侵犯其专利权的权利要求

D. 外观设计专利权的保护范围以表示在图片或照片中的该产品的外观设计为准,说明书和附图可用于解释图片或照片所表示的该产品的外观设计

4. 下列关于专利权的转让的说法中,正确的是(　　)。

A. 专利资产只能作为一个整体转让　　B. 独立的权利要求可以单独转让

C. 从属权利要求可以单独转让　　　　D. 专利权转让必须重新提出申请

5. 下列关于专利权许可的说法中,错误的是(　　)。

A. 独占许可是指在权利人和被许可人约定的时间和地域范围内,只许可被许可人实施专利,权利人自己都不能实施

B. 排他许可是指在权利人和被许可人约定的时间和地域范围内,只许可被许可人实施专利,权利人不保留自己实施的权利

C. 在普通许可情况下,存在多个人合法实施该专利,权利人本人也可以实施

D. 在相同的时间和地域范围内,他人未经许可实施专利,该专利的独占被许可人可单独起诉他人侵犯专利权,不需要获得专利权人的许可

二、多项选择题

1. 在专利资产评估中,需要明确的专利资产基本状况的内容主要有(　　)。

A. 专利的种类及名称　　　　　B. 专利申请号或专利号

C. 专利的研发投入　　　　　　D. 专利资产的权利形式

E. 专利申请日和专利授权日

2. 我国专利权的法律状态主要涉及(　　)。

A. 专利权的质押　　　　　　　B. 专利权的无效宣告

C. 专利权的对外许可　　　　　D. 专利权的检索

E. 专利权的公开

3. 下列关于专利资产评估权属资料的有关说法中,正确的有(　　)。

A. 专利资产权属核实应当遵循"孤证不立"的原则

B. 专利登记簿是国家知识产权局进行专利权属登记的账簿

C. 实用新型在专利申请阶段强制要求进行专利检索

D. 实用新型检索一般可以由国家知识产权局或其省级相关机构承担

E. 执行质押、诉讼目的的专利资产评估业务,应当要求委托人提交由国家知识产权局出具的专利登记簿副本

第十章

商标资产评估

> **学习目标**

思政目标:了解商标资产评估的基本程序,引导学生树立按照法律法规、职业道德规范和业务准则执行业务的职业意识,熟悉我国常见商标资产评估的情形。

知识目标:掌握收益法在商标资产评估中的应用及参数的确定方法。

能力目标:能够运用收益法对商标资产进行评估,界定商标资产评估对象的范围。

随着市场经济的快速发展,商标已成为企业和国家发展的重要战略性资源。作为重要的无形资产,商标在一定程度上代表着一个企业、一个地区乃至一个国家的经济实力、发展水平和整体形象。为了提高企业的竞争力,增强企业的经济实力,树立企业良好的品牌形象,越来越多的企业拥有了自己的商标。国务院发布的《2020年深入实施国家知识产权战略加快建设知识产权强国推进计划》,强调了商标等知识产权产品价值计量标准和方法研究的重要性。本章案例旨在引导学生掌握商标资产评估的思路与方法,完整了解商标资产评估的技术过程,掌握收益期、收益额和折现率等重要参数的确定方法。

第一节 商标资产评估概述

商标资产评估是指资产评估机构及其资产评估专业人员遵守法律、行政法规和资产评估准则,根据委托对评估基准日特定目的下的商标资产价值进行评定和估算,并出具资产评估报告的专业服务行为。

本节重点探讨商标资产评估中的三个关键问题,即商标资产评估对象界定、商标资产价值影响因素分析和商标资产评估资料与方法选择。

一、商标资产评估对象界定

我国《商标法》规定,申请注册的商标应当有显著特征,便于识别。商标的显著特征是指商标应当具备的足以使相关公众区分商品来源的特征,但不同主体对其理解存在差异。此外,商标与其标注的商品或服务之间存在紧密的联系,理解商标的价值需要结合其有形载体,但商标又是独立于商品或服务本身而存在。也就是说,商标资产的内涵与外延是丰富的。执行商标资产评估业务时,评估专业人员需要清楚地界定评估对象,并收集相关资料给予佐证。

(一)明确商标资产的基本状况

执行商标资产评估业务时,评估专业人员应当要求委托人明确商标资产的基本状况,通常包括:

(1)商标的文字、图形、字母、数字、三维标志和颜色组合及其说明,商标注册号、注册期限及核准的注册类别。

(2)商标的取得方式,包括原始取得和继受取得,以及商标注册、转让和继承程序办理情况。

(3)指定使用注册商标的商品或服务项目。

(4)在类似商品或服务上注册的相同或近似的商标情况。

(二)商标资产相关资料收集

执行商标资产评估业务时,评估专业人员应当对商标资产的相关情况进行调查,包括必要的现场调查、市场调查,并收集相关资料等。调查过程中收集的相关资料通常包括:

(1)商标注册人和商标使用人的基本情况。

(2)商标的权属及登记情况,包括注册、变更、许可、续展、质押、纠纷及诉讼等。

(3)公众对商标的知晓程度。

(4)商标商品或服务的销售渠道和销售网络等。

(5)商标使用的持续时间。

(6)商标宣传工作的持续时间、程度、费用和地理范围。

（7）与商标商品或服务相关的著作权、专利、专有技术等其他无形资产的权利情况。

（8）宏观经济发展和相关行业政策与商标商品或服务市场发展状况。

（9）商标商品或服务的使用范围、市场需求、同类商品或服务的竞争状况。

（10）商标使用、收益的可能性和方式，包括商标实施企业财务状况、行业竞争地位、未来发展规划等。

（11）近似商标近期的市场交易情况。

（12）商标以往的评估及交易情况。

（13）商标权利维护方面的情况，包括权利维护方式、效果、成本费用等。

（三）商标资产评估对象的界定

商标资产评估对象是指受法律保护的注册商标权益。其经济价值体现为能否获得超额收益，不能带来超额收益的商标权难以成为商标资产，也难以成为评估对象。商标资产评估对象的界定涉及评估客体的界定和评估客体约束条件的界定两个方面。

1. 评估客体的界定

评估客体的界定是指针对商标权本身的特征进行的调查分析。评估客体的界定主要包括以下工作：

（1）核实标的商标的法律状态。核实标的商标的法律状态主要包括判断标的商标是否已经注册以及注册商标是否有效两个方面。已经注册的商标长时间不使用也会失效从而不受法律保护，不能成为评估客体。核实商标的注册情况、商标权的使用情况以及商标权的续展续权情况，是核实标的商标的法律状态的基本工作。非注册商标不受法律保护，不能成为评估客体。

（2）明确注册商标是普通商标还是驰名商标。由于普通商标与驰名商标的市场影响力存在较大的差异，两者的价值影响因素也不完全相同。在界定评估客体时，评估专业人员需要明确被评估商标是普通商标还是驰名商标，以便按照不同的评估思路，考虑不同的市场影响力因素进行评估。

（3）明确商标的盈利模式。商标的盈利模式有多种，包括因驰名商标的使用而形成商品或服务价格溢价，或者因商标的使用致使商标商品或服务的销量增加等。商标的盈利模式不同，商标在增加商品或服务超额收益中的作用也不完全相同。同时，商标需要借助于某种或某些技术，以及借助于其他相关资产的辅助才能发挥作用。明确被评估商标的盈利模式有助于恰当地选择评估技术方法以评估商标资产价值，合理界定商标资产评估中的评估对象。商标资产评估对象可以是商标资产本身，也可以是以商标资产为核心、辅以与其共同发挥作用而又难以分割的相关资产的资产组合或无形资产组合。

（4）明确商标资产的形式特征。①商标资产通常为商品商标权或服务商标权,具有专有性和排他性特征。需要说明的是,集体商标、证明商标不具有专有性和排他性特征,难以单独交易或转让,不具备成为商标资产的基本要素。②商标资产通常为驰名商标,驰名商标是指在一定地域范围内具有较高知名度并为相关公众所知晓的商标。驰名商标具有巨大的商业价值,是不法经营者假冒或仿冒的重点对象,因而商标法对驰名商标规定了特殊的保护措施。③商标资产可以是独立的商标权或以商标权为核心的资产组合。例如,许多优质商品的商标,往往有独特的配方、先进的制造技术、特殊的工艺和完善的管理予以辅佐,才使其成为商标资产。

2. 评估客体约束条件的界定

评估客体的约束条件是指引起商标资产评估的经济事项以及这些经济事项涉及的相关法律法规、制度规定等对商标评估的条件限定或约束。评估客体的约束条件主要形成于引起商标资产评估的特定经济事项或经济行为。评估客体约束条件的界定主要包括以下工作：

（1）明确评估的特定目的。引起商标资产评估的经济事项,评估结果的期望用途和评估报告的期望使用者,以及这些经济事项涉及的相关法律法规、制度规定,是对评估客体和评估过程的总体约束。不同的评估报告的期望使用者可能会对相同的评估客体提出不同的评估要求。引起商标资产评估的经济事项包括但不限于转让、投资、质押融资、侵权赔偿、财务核算等。

（2）明确被评估商标的权利形式。明确评估客体的具体权属是商标所有权还是商标使用权。我国《商标法》规定："转让注册商标的,转让人和受让人应当签订转让协议,并共同向商标局提出申请。受让人应当保证使用该注册商标的商品质量。转让注册商标的,商标注册人对其在同一种商品上注册的近似的商标,或者在类似商品上注册的相同或者近似的商标,应当一并转让。转让注册商标经核准后,予以公告。受让人自公告之日起享有商标专用权。"商标权许可使用是指商标权所有者在不放弃商标所有权的前提下,特许他人按照许可合同规定的条款使用商标。一般来说,商标所有权转让的评估值高于商标权许可使用的评估值。

（3）明确被评估商标的使用对象范围和空间范围。被评估商标的使用对象范围和空间范围也是约束评估客体的条件之一。被评估商标的价值与其标识的商品或服务的范围以及在多大空间范围内使用有着极为密切的关系。

3. 注意事项

（1）组合情况分析。评估专业人员在执行商标资产评估业务时，应当根据具体情况将评估对象确定为单一商标权益或商标组合权益；在对商标专用权进行评估时，应当将商标注册人在相同或类似商品和服务上注册的相同或近似的商标作为商标组合。

（2）共同作用情况。评估专业人员在执行商标资产评估业务时，应当了解商标资产与相关有形资产以及专利权、专有技术和著作权等无形资产共同发挥作用的情况，并考虑其对商标资产价值的影响。

（3）主体贡献划分。当商标的注册人和使用者分属于不同的主体时，应当考虑商标使用者所投入的维护成本对商标资产价值的贡献。

二、商标资产价值影响因素分析

商标资产的经济价值由商标设计、制作、申请、保护等方面所耗的费用组成，此外还与其所代表的企业的商品质量、性能、服务等效应因素的综合性、重复性有关，实质上是对企业生产经营状况，尤其是技术状况、管理状况、营销技能的综合反映。另外，商标资产价值的评估值还与评估基准日的社会、经济状况以及评估目的等密切相关。因此，商标资产价值的评估应重点考虑如下几个方面。

1. 宏观经济状况

宏观经济状况对商标资产价值评估具有一定的影响，若评估基准日宏观经济高涨，则评估值相对较高，反之则评估值较低。

2. 商标的市场影响力

商标的市场影响力是影响商标资产价值最重要的因素。反映商标市场影响力的具体指标主要包括商标的知名度和信誉度。

（1）商标的知名度。商标的知名度是指消费者对商标商品或服务的认知和认可程度。商标的知名度越高，商标商品或服务就越受消费者的青睐，商标商品或服务进入市场的阻力就越小，商标商品或服务的市场竞争力就越强。一般情况下，同一行业，驰名商标的价值高于非驰名商标的价值。

（2）商标的信誉度。商标的信誉度是指商标商品或服务的质量及其相关服务得到消费者肯定和信任的程度。高信誉度能大大提升商标商品或服务的市场竞争力，也是商标资产具有价值的重要基础。

3. 商标声誉的维护

商标资产的价值与商标声誉的维护有关，商标声誉维护的时间越长，商标资产的价值越高。对于大部分商标资产而言,广告投入的数量和广告宣传的密度以及媒介的层次会在很大程度上影响商标的知名度和市场影响力。广告宣传费用是商标成本的重要组成部分,对商标资产的价值具有重大影响。

4. 商标权所依托的商品

商标权本身不能直接产生收益,其价值大都是依托有形资产来实现的,主要与以下因素有关:

(1) 商品所处的行业及前景。商标商品所处的行业发展状况会对商标资产的价值产生重大影响。行业状况直接影响到商品资产的生产规模、价格、利润率等经济指标,进而影响到商标资产的价值。商标资产的价值在于其获得超额收益的能力,在销量相同的情况下,新兴行业往往是产品附加值高的行业,商标资产的价值也更高。

(2) 商品所处的生命周期。商标资产的价值与商标商品所处的生命周期有关。商品的生命周期一般有四个阶段,即研发阶段、发展阶段、成熟阶段、衰退阶段。处于不同阶段的商标商品的市场影响力不同,商标资产的价值也不相同。

(3) 商品的市场占有率及竞争状况。商品的市场占有率标志着商标资产的价值范围。同样的单价,商品的市场占有率越高、销量越大,其利润及超额收益也越大,商标资产的价值也就越高。

(4) 商品经营企业的素质和管理水平。商标资产的价值基础是商标商品的质量,以及由此形成的知名度和信誉度。从商标商品具备较高质量到获得较高知名度和信誉度需要有较长时间的积累。在这个过程中,商标商品经营企业的管理水平和经营之道将发挥巨大的作用。

(5) 商品的获利能力。商标商品的获利能力越强,超额收益越多,商标资产的价值也就越高。商标商品的获利能力是决定商标资产价值的根本性因素。

5. 商标权的法律状态

(1) 商标的注册。我国实行的商标专用权制度是"不注册使用与注册使用并行,仅注册才能产生专用权"。按照这种制度,只有获得了注册的商标,其权利人才享有专用权,才有权排斥他人在同类商品上使用相同或相似的商标,才有权对侵权活动发起诉讼。也就是说,只有注册了的商标才具有经济价值。未注册的商标即便能带来经济效益,其经济价值也得不到确认。

(2) 商标的无效宣告、撤销以及注销。已经注册的商标,违反《商标法》相关规定的,或者是以欺骗手段或其他不正当手段取得注册的,由商标局宣告该注册商标无效;其他单位或者个人可以请求商标评审委员会宣告该注册商标无效。

已经注册的商标,违反《商标法》有关规定的,自商标注册之日起 5 年内,在先权利人或者利害关系人可以请求商标评审委员会宣告该注册商标无效。对恶意注册的,驰名商标所有人不受 5 年的时间限制。

商标注册人在使用注册商标的过程中,自行改变注册商标、注册人名义、地址或者其他注册事项的,由地方工商行政管理部门责令限期改正;期满不改正的,由商标局撤销其注册商标。注册商标成为其核定使用的商品的通用名称或者没有正当理由连续 3 年不使用的,任何单位或者个人可以向商标局申请撤销该注册商标。

注册商标有效期满,需要继续使用的,商标注册人应当在期满前 12 个月内按照规定办理续展手续;在此期间未能办理的,可以给予 6 个月的宽展期。每次续展注册的有效期为 10 年,自该商标上一届有效期满次日起计算。期满未办理续展手续的,注销其注册商标。

注册商标被撤销、被宣告无效或者期满不再续展的,自撤销、宣告无效或者注销之日起 1 年内,商标局对与该商标相同或者近似的商标注册申请,不予核准。可见,无论是注册商标被撤销、被宣告无效还是期满不再续展,原商标所有人都不再享有商标专用权。丧失了注册商标专用权,也就失去了商标资产评估的对象,商标资产也就不再具有经济价值。

6. 商标的使用方式

商标的使用可以是商标所有人的自行使用,也可以是商标所有人以外的第三人的被许可使用。商标的注册情况、使用情况、购买成本、注册时间、有无许可使用等都是影响商标资产价值的重要因素。

7. 类似商标的交易情况

类似商标的交易情况也会影响商标资产的价值,包括类似商标的交易价格、交易情况、本身情况、交易日期等。

当使用市场法进行商标资产价值评估时,类似商标及其交易情况对商标资产价值评估起决定性作用。

三、商标资产评估资料与方法选择

商标资产价值的评估方法包括市场法、收益法和成本法三种基本方法及其衍生方法。执行商标资产评估业务时,评估专业人员应当根据评估目的、评估对象、价值类型、资料收集等情况,分析上述三种基本方法及其衍生方法的适用性,选择评估方法。

1. 收益法

(1) 收益额。商标资产的预期收益应当是因商标的使用而额外带来的收益,可以通过增量收益、节省许可费、收益分成或超额收益等方式估算。确定预期收益时,应当区分并剔除与商标无关的业务产生的收益,并关注商标商品或服务所属行业的市场规模、市场地位及相关企业的经营情况。

（2）收益期限。收益期限可以通过分析商标商品或服务所属行业的发展趋势,通过综合考虑法律保护期限、相关合同约定期限、商标商品的经济寿命、商标商品或服务的市场份额及发展潜力、商标未来维护费用、所属行业及企业的发展状况、商标注册人的经营年限等因素确定。

（3）折现率。折现率可以通过分析评估基准日的利率、投资回报率,以及商标商品生产、销售实施过程中的技术、经营、市场等因素确定。商标资产的折现率应当有别于企业或其他资产的折现率。商标资产折现率的口径应当与预期收益的口径保持一致。

2. 市场法

采用市场法进行商标资产评估时,应当对收集的可比案例与评估对象进行比较,分析时可以从交易时间、权利的种类或形式、交易双方的关系、获利能力、竞争能力、预计收益期限、商标维护费用、风险程度等方面的差异进行比较。

3. 成本法

采用成本法进行商标资产评估时,应当考虑商标资产的价值与成本的相关程度,恰当考虑成本法的适用性。商标重置成本包括合理成本、利润和相关税费等。

第二节 商标资产评估案例

一、案例介绍

（一）公司介绍

本评估案例涉及两家公司:甲公司为一家大型国有上市公司,也是商标资产评估的委托方,乙公司为甲公司控股的子公司。

1. 甲公司介绍

甲公司是 G 市政府授权经营管理国有资产的国有企业,主要从事中西药品、大健康产品、医疗器械、生物医药、医疗服务等与医药整体相关的产品的研制开发、生产销售以及医疗健康养生服务的提供,是 G 市重点扶持发展的集科、工、贸于一体的大型企业集团。公司经营范围包括:中药材种植,贸易代理,医疗用品及器材零售,制药专用设备制造,房地产开发经营,企业自有资金投资,包装材料销售,场地租赁,物业管理,房屋租赁,非许可类医疗器械经营,货物进出口,西药批发,药品零售,股权投资管理,保健食品制造,医疗诊断、监护及治疗设备制造,医疗、外科及兽医用器械制造,机械治疗及病房护理设备制造,化学药品原料药制造,中药饮片加工,中药材批发等。

2. 乙公司介绍

乙公司是甲公司控股的子公司,主营业务为中成药和食品生产。2006年公司获得商务部颁发的首批"中华老字号"证书。公司一贯重视技术创新与技术进步,2009年以来连续四次被评为国家高新技术企业,根据国家对高新技术企业的相关税收优惠政策,公司可享受15%的企业所得税优惠政策。公司经营范围包括:婴儿用品批发,化妆品及卫生用品批发,百货零售,化妆品制造,中药材批发,贸易代理,药品研发,广告业,非许可类医疗器械经营,西药批发,中成药、中药饮片批发,果蔬汁及果蔬汁饮料制造,茶饮料及其他饮料制造,糖果、巧克力制造,糕点、糖果批发,互联网药品交易,药品零售,碳酸饮料制造等。

(二) 评估目的与评估基准日

评估目的:为甲公司转让商标提供价值参考依据。

评估基准日:2018年6月30日。

评估结论的有效期:按照评估报告准则和其他现行规定,只有当评估基准日与经济行为实现日相距不超过一年时,即2018年6月30日起至2019年6月29日止,评估结论才有效。

(三) 评估范围

由甲公司授权给乙公司实际使用的注册商标共10项,具体如表10-1所示,该部分商标是被许可使用人(乙公司)在其主要商品上所使用的商标。

表10-1 甲公司授权许可的10项注册商标

序号	商标注册人	商标注册证号	指定使用的商品	注册或续展后有效期限	被许可使用人
1	甲公司	538308&	中成药	2017-07-20—2027-07-19	乙公司
2	甲公司	125321*	茶饮料	2017-02-28—2027-02-27	乙公司
3	甲公司	214168#	中成药	2012-02-07—2022-02-06	乙公司
4	甲公司	328241@	果汁	2013-01-20—2023-01-19	乙公司
5	甲公司	966106*	酒	2009-10-28—2019-20-27	乙公司

（续表）

序号	商标注册人	商标注册证号	指定使用的商品	注册或续展后有效期限	被许可使用人
6	甲公司	3980709#	植物饮料	2010-12-30—2020-12-29	乙公司
7	甲公司	1540528*	人用药	2013-03-01—2023-02-28	乙公司
8	甲公司	626155@	营养品	2014-10-30—2024-10-29	乙公司
9	甲公司	115761*	固体饮料	2017-03-21—2027-03-20	乙公司
10	甲公司	187252&	茶饮料	2016-03-07—2026-03-06	乙公司

本次评估的商标资产的性质为商标专用权，权利属性均为商标所有权。商标资产的权属人均为甲公司。根据我国《商标法》的规定，商标注册的有效期限为10年，该部分商标均在前次注册有效期届满时取得了商标局的续展注册，续展注册的有效期均为10年。根据委托人申报，待估商标资产均未涉及质押事项，评估专业人员经核查也未发现待估商标资产存在质押和权利限制情况。

（四）价值类型

基于经济行为考虑，本次评估的目的是为经济行为各关联方提供评估对象的参考意见，各方均处于平等地位，其实施的经济行为是正常、公平的市场交易行为，按市场价值进行交易一般较能为交易各方所接受。从价值类型的选择与评估假设的相关性角度分析，本次评估的评估假设是立足于模拟一个完全公开和充分竞争的市场而设定的，即设定评估假设的目的在于排除非市场因素和非正常因素对评估结果的影响，故本次评估选择的价值类型为市场价值。

市场价值是指自愿买方和自愿卖方在各自理性行事且未受任何强迫压制的情况下，对在评估基准日进行正常公平交易的某项资产应当进行交易的价值的估计数额。

（五）评估方法

评估对象为在用商标，本次评估采用收益法和成本法对基础性商标资产的价值进行评估。

1. 市场法的适用性分析

市场法是通过与被评估资产类似的其他资产的交易来测算其价值。运用市场法进行评估时，无形资产的价值是通过参考可比无形资产在最近的收购或交易活动中的价格来获得的。由于无形资产的独特性，可比案例不容易获得。

此外，有关交易的具体条件往往是非公开的，因此商标权的转让市场一般是极不活跃的。

从交易的可比性来看,我们一般要求作为参照物的商标应当是:

(1) 同行业的商标。

(2) 使用商标的商品或服务的范围基本相同。

(3) 若存在商标许可,则授权许可的限制条件明确,无本质的差异,可以相互比较,如许可形式、许可费、许可期限等一致,同为独占、排他或普通许可使用等。

(4) 商标的发展潜力有相似之处。考虑到有关商标资产的特定情况以及市场环境和信息条件的限制,我们很难在市场上找到与本次评估的商标资产类似的参照物及其交易情况。

因此,无法采用市场法进行本次评估。

2. 收益法的适用性分析

收益法是国际上对成熟商标进行评估最通行的方法。

本次评估涉及的 10 项商标为甲公司所有,现授权下属企业乙公司有偿使用。由于商标的未来预期收益可以预测并可以用货币衡量,资产所有者获得预期收益所承担的风险可以预测并可以用货币衡量,资产预期收益年限可以预测,满足收益法的评估条件,故对基础性商标资产采用收益法进行评估。

3. 成本法的适用性分析

成本法是指首先估测被评估资产的重置成本,然后估测被评估资产业已存在的各种贬值因素,并将其从重置成本中扣除,从而得到被评估资产价值的评估方法。商标的重置成本包括取得商标需支付的商标注册费、代理费、续展费等费用。本次评估涉及的商标使用权目前均在有效期内,并且可以调查取得重置商标所需费用的收费标准,但评估对象均为正在使用的商标,其中含有驰名商标,商标取得成本与其收益之间不存在对称关系,因此单独使用成本法并不能全面反映商标资产的真实价值。

综上,本次评估采用收益法评估商标资产的价值。

收益法评估无形资产价值,即通过估测被评估无形资产未来的预期收益,将其通过适当的折现率折算为现值并加和,以此来确定无形资产的价值。计算公式为:

$$V = \sum_{i=1}^{n} \frac{R_i}{(1+r)^i} \tag{10-1}$$

式中,V 为被评估无形资产的评估值,i 为距离评估基准日的时间,单位为年,R_i 为无形资产未来第 i 年的预期收益估测值,n 为经济寿命,r 为与预期收益匹配的折现率。

二、评估过程

根据评估方法,本案例需要解决的参数有收益期、预期收益和折现率。

（一）收益期的确定

商标使用权的收益期限根据商标的法定保护期及续展的相关规定、商标商品的经济寿命期等因素综合确定。我国法律规定，注册商标的保护期为 10 年，保护期届满前 6 个月内可以对商标提出续展申请。目前待估商标资产所应用的商品没有可以预见的经济寿命期终止时点，评估专业人员认为在正常情况下商标将一直持续使用，因此，收益期为————。

为合理地预测待估商标资产未来年度的营业收入及其变化规律和趋势，应选择尽可能长的预测期。评估专业人员结合宏观经济政策及所在行业现状和发展前景、管理层对未来业务的发展规划和市场发展的前景预测，以及其他影响企业进入稳定期的因素确定详细预测期。详细预测期取自评估基准日起的后 5 个收益年度。

（二）商标资产预期收益的测算

1. 计费基数

计费基数是许可使用商品的不含税销售收入或被许可企业财务报表中的主营业务收入，根据 2018 年上半年及以往年度销售收入预计 2018 年 7—12 月相关销售收入，在 2018 年相关销售收入的基础上预计 2019—2023 年的销售收入增长率，假设 2023 年后相关销售收入保持在 2023 年的水平。

乙公司基期不含税销售收入情况：2014 年销售收入为 5 276 万元，2015—2017 年销售收入增长率分别为 10.7%、-6.4%、15.5%；2018 年上半年不含税销售收入为 3 100 万元，全年度销售收入增长率预计为 8.2%；2019—2023 年销售收入增长率预计分别为 6%、6%、5%、4%、3%。2023 年后被许可企业的运营进入平稳状态，预计 2023 年后销售收入将保持在 2023 年的水平，商标预期收益也将基本保持在 2023 年的水平。

2. 商标许可使用费率

根据 2018 年 5 月甲乙两方新签订的商标许可合同的约定，商标许可使用费率为 2.5%。因此，预测期内，甲公司从乙公司获取的商标资产许可使用费分成金额按新商标许可合同约定的商标许可使用费率 2.5% 计算。商标许可合同约定的许可期限届满后，仍继续参照该等条款确定商标资产的预期收益。

3. 商标资产预期收益计算

根据本案例评估对象的具体情况，确定待估商标资产的预期收益为：

$$R_i = (计费基数 \times 商标许可使用费率 - 增值税 - 附加税 - 商标托管费) \times (1 - T)$$

(10-2)

式中，R_i 为商标资产的预期收益，商标许可使用费适用的增值税税率为6%。附加税主要包括城市维护建设税(7%)、教育费附加(3%)和地方教育费附加(2%)，税率合计为12%。T 为企业所得税税率，按现行税率25%估算。增值税和附加税计算公式为：

$$增值税 = 计费基数 \times 商标许可使用费率 \times 增值税税率 / (1 + 增值税税率) \tag{10-3}$$

$$城市维护建设税 = 增值税 \times 城市维护建设税税率 \tag{10-4}$$

$$教育费附加和地方教育费附加 = 增值税 \times 教育费附加税率 \tag{10-5}$$

此外，根据《商标托管协议》及其补充协议、2018年5月28日签署的商标许可合同的补充协议，在商标托管期间，委托方应每年向受托方支付20万元的商标托管费用。

商标资产预期收益计算如表10-2所示。

表10-2 商标资产预期收益计算 　　　　　　　　　　单位：万元

项目	2018年7—12月	2019年	2020年	2021年	2022年	2023年
计费基数						
商标许可使用费（税前）						
增值税（6%）						
附加税（12%）						
商标托管费用						
预期收益（税前）						
预期收益（税后）						

（三）折现率的计算

本次评估通过同行业上市公司公开信息资料，计算无形资产平均回报率作为无形资产的折现率，计算公式为：

$$r_i = (\text{WACCBT} - W_c \times r_c - W_f \times r_f) \div W_i \tag{10-6}$$

式中，WACCBT为税前加权平均资本成本，W_c 为营运资产（资金）占股权和有息债权合计值的比重，W_f 为固定资产（资金）占股权和有息债权合计值的比重，W_i 为无形资产（资金）占股权和有息债权合计值的比重，r_c 为投资营运资产（资金）的期望回报率，r_f 为投资固定资产（资金）的期望回报率，r_i 为投资无形资产（资金）的期望回报率。

WACCBT的计算公式为：

$$\text{WACCBT} = K_e \times \frac{E}{D+E} \times \frac{1}{1-T} + K_d \times \frac{D}{D+E} \tag{10-7}$$

式中，K_e 为权益资本成本，$K_e = R_f + \beta(R_f - R_m)$，其中 R_f 为无风险报酬率，β 为企业风险系数，R_m 为市场期望报酬率；K_d 为债务资本成本；E 为产权持有单位的股权价值；D 为产权持有单位的债务价值；T 为企业所得税税率。

1. 无风险报酬率 R_f 的确定

无风险报酬率 R_f 参照国家近五年发行的十年期以上国债利率平均水平确定，即 $R_f = 3.97\%$。

2. 市场期望报酬率 R_m 的选取

一般认为，股票指数的波动能够反映市场整体的波动情况，指数的长期平均收益率可以反映市场期望的平均报酬率。通过对上证综合指数自1992年5月21日全面放开股价、实行自由竞价交易至2018年6月30日的指数平均收益率进行测算，得出市场期望报酬率的近似值，即 $R_m = 9.60\%$。

3. 可比公司其他参数的确定

评估专业人员使用 Wind 资讯对企业所在行业的上市公司进行查询和筛选，可得到可比公司的 β、E、D。

债务资本成本 K_d 的计算：以一年期贷款利率4.35%为短期有息负债的资本成本，以一年到三年期贷款利率4.75%为长期有息负债的资本成本，以长短期有息负债的加权平均资本成本为 K_d 的取值，其中短期有息负债占全部有息负债的比重为 φ。

可比公司适用的企业所得税税率 T 为25%。

4. 可比公司 WACCBT 的计算

根据公式(10-7)，可比公司 WACCBT 的计算结果如表10-3所示。

表10-3 可比公司 WACCBT 的计算过程

可比公司	R_f	β	R_m	K_e	$E/(E+D)$	φ	K_d	WACCBT
可比公司1		1.2133			43.73%	35.68%		
可比公司2		0.9176			57.79%	20.55%		
可比公司3		0.8898			65.17%	40.86%		
可比公司4		1.3032			72.22%	33.80%		
可比公司5		0.3989			74.70%	42.28%		
可比公司6		0.6431			77.86%	47.36%		
可比公司7		1.0900			37.97%	21.38%		
可比公司8		1.7967			32.65%	18.89%		

（续表）

可比公司	R_f	β	R_m	K_e	$E/(E+D)$	φ	K_d	WACCBT
可比公司 9		0.4288			68.15%	34.54%		
可比公司 10		0.3105			68.30%	10.26%		
可比公司 11		1.4872			60.77%	47.61%		
可比公司 12		1.0142			53.59%	22.18%		
可比公司 13		1.4560			48.76%	21.56%		
可比公司 14		1.2375			35.50%	35.12%		
可比公司 15		1.9051			41.96%	29.53%		
可比公司 16		0.7442			73.91%	39.07%		

5. 折现率的确定

投资营运资金的期望回报率参照一年期贷款利率4.35%，扣除所得税，税后为_____；投资固定资产的期望回报率参照五年期以上贷款利率4.90%，扣除所得税，税后为_____。则可比公司投资无形资产的期望回报率 r_i 的计算结果如表10-4所示。

表10-4　可比公司无形资产折现率的计算

可比公司	WACCBT	W_c	r_c	W_f	r_f	r_i
可比公司 1		10.24%		5.60%		
可比公司 2		10.08%		11.40%		
可比公司 3		13.01%		29.24%		
可比公司 4		15.73%		6.20%		
可比公司 5		53.57%		24.45%		
可比公司 6		12.11%		33.81%		
可比公司 7		8.71%		18.15%		
可比公司 8		37.94%		24.05%		
可比公司 9		12.43%		9.53%		
可比公司 10		10.19%		28.47%		
可比公司 11		18.99%		12.54%		
可比公司 12		25.90%		35.97%		
可比公司 13		7.10%		8.51%		
可比公司 14		7.85%		25.84%		
可比公司 15		3.99%		2.92%		
可比公司 16		5.39%		15.43%		

折现率采用市场平均收益率,取16家可比公司无形资产折现率的平均值作为待估商标资产的折现率,计算得到与预期收益匹配的折现率 $r =$ _____。

(四)商标资产价值的估算

根据公式(10-1),计算得到商标资产的价值为_____,如表10-5所示。

表 10-5　商标资产价值评估　　　　　　　　　　　　　　单位:万元

项目	2018年7—12月	2019年	2020年	2021年	2022年	2023年
预期收益(万元)						
折现率(%)						
折现期(年)						
现值系数						
折现值(万元)						
合计(万元)						

其中,预期收益数据来自表10-2;折现率数据来自表10-4;2018年7—12月至2022年的现值系数 $=\dfrac{1}{(1+r)^{折现期}}$,2023年的折现系数 $=\dfrac{1}{r\times(1+r)^{折现期}}$。

三、参考答案

(一)收益期的确定

收益期为 $+\infty$,即无限期。

(二)商标资产预期收益的测算

表 10-2　商标资产预期收益计算　　　　　　　　　　　　单位:万元

项目	2018年7—12月	2019年	2020年	2021年	2022年	2023年
计费基数	3 731.84	7 241.75	7 676.25	8 060.06	8 382.47	8 633.94
商标许可使用费(税前)	93.30	181.04	191.91	201.50	209.56	215.85
增值税(6%)	5.28	10.25	10.86	11.41	11.86	12.22

（续表）

项目	2018年7—12月	2019年	2020年	2021年	2022年	2023年
附加税（12%）	0.63	1.23	1.30	1.37	1.42	1.47
商标托管费用	20.00	20.00	20.00	20.00	20.00	20.00
预期收益（税前）	67.38	149.57	159.74	168.73	176.28	182.16
预期收益（税后）	50.54	112.17	119.81	126.55	132.21	136.62

2018年计费基数 = 5 276 × (1 + 10.7%) × (1 − 6.4%) × (1 + 15.5%) × (1 + 8.2%) − 3 100 = 6 831.84 − 3 100 = 3 731.84（万元）；2019年计费基数 = 6 831.84 × (1 + 6%) = 7 241.75（万元），以此类推。

商标许可使用费（税前） = 计费基数 × 商标许可使用费率 = 计费基数 × 2.5%

增值税 = 商标许可使用费（税前） × 6%/(1 + 6%)

附加税 = 城市维护建设税 + 教育费附加和地方教育费附加 = 增值税 × (7% + 5%)

商标托管费用 = 20（万元）

（三）折现率计算

1. 无风险报酬率 R_f = 3.97%
2. 市场风险溢价 $R_m - R_f$ = 9.60% − 3.97% = 5.63%
4. 可比公司 WACCBT 的计算

表 10-3　可比公司 WACCBT 的计算过程

可比公司	R_f	β	R_m	K_e	$E/(E+D)$	φ	K_d	WACCBT
可比公司1	3.97%	1.2133	5.63%	10.80%	43.73%	35.68%	4.61%	8.89%
可比公司2	3.97%	0.9176	5.63%	9.14%	57.79%	20.55%	4.67%	9.01%
可比公司3	3.97%	0.8898	5.63%	8.98%	65.17%	40.86%	4.59%	9.40%
可比公司4	3.97%	1.3032	5.63%	11.31%	72.22%	33.80%	4.61%	12.17%
可比公司5	3.97%	0.3989	5.63%	6.22%	74.70%	42.28%	4.58%	7.35%
可比公司6	3.97%	0.6431	5.63%	7.59%	77.86%	47.36%	4.56%	8.89%
可比公司7	3.97%	1.0900	5.63%	10.11%	37.97%	21.38%	4.66%	8.01%
可比公司8	3.97%	1.7967	5.63%	14.09%	32.65%	18.89%	4.67%	9.28%
可比公司9	3.97%	0.4288	5.63%	6.38%	68.15%	34.54%	4.61%	7.27%
可比公司10	3.97%	0.3105	5.63%	5.72%	68.30%	10.26%	4.71%	6.70%

（续表）

可比公司	R_f	β	R_m	K_e	$E/(E+D)$	φ	K_d	WACCBT
可比公司 11	3.97%	1.4872	5.63%	12.34%	60.77%	47.61%	4.56%	11.79%
可比公司 12	3.97%	1.0142	5.63%	9.68%	53.59%	22.18%	4.66%	9.08%
可比公司 13	3.97%	1.4560	5.63%	12.17%	48.76%	21.56%	4.66%	10.30%
可比公司 14	3.97%	1.2375	5.63%	10.94%	35.50%	35.12%	4.61%	8.15%
可比公司 15	3.97%	1.9051	5.63%	14.70%	41.96%	29.53%	4.63%	10.91%
可比公司 16	3.97%	0.7442	5.63%	8.16%	73.91%	39.07%	4.59%	9.24%

$$K_e = R_f + \beta \times R_m$$

$$K_d = \varphi \times 一年期贷款利率 + (1-\varphi) \times 长期贷款利率$$

$$= \varphi \times 4.35\% + (1-\varphi) \times 4.75\%$$

$$\text{WACCBT} = K_e \times \frac{E}{D+E} \times \frac{1}{1-T} + K_d \times \frac{D}{D+E}$$

5. 折现率的确定

投资营运资金的期望回报率参照一年期贷款利率 4.35%，扣除所得税，税后为 3.26%；投资固定资产的期望回报率参照五年期以上贷款利率 4.90%，扣除所得税，税后为 3.68%。可比公司投资无形资产的期望回报率的计算结果如表 10-4 所示。

表 10-4　可比公司无形资产折现率的计算

可比公司	WACCBT	W_c	r_c	W_f	r_f	r_i
可比公司 1	8.89%	10.24%	3.26%	5.60%	3.68%	9.92%
可比公司 2	9.01%	10.08%	3.26%	11.40%	3.68%	10.52%
可比公司 3	9.40%	13.01%	3.26%	29.24%	3.68%	13.68%
可比公司 4	12.17%	15.73%	3.26%	6.20%	3.68%	14.64%
可比公司 5	7.35%	53.57%	3.26%	24.45%	3.68%	21.40%
可比公司 6	8.89%	12.11%	3.26%	33.81%	3.68%	13.41%
可比公司 7	8.01%	8.71%	3.26%	18.15%	3.68%	9.65%
可比公司 8	9.28%	37.94%	3.26%	24.05%	3.68%	18.83%
可比公司 9	7.27%	12.43%	3.26%	9.53%	3.68%	8.35%
可比公司 10	6.70%	10.19%	3.26%	28.47%	3.68%	8.67%
可比公司 11	11.79%	18.99%	3.26%	12.54%	3.68%	15.64%
可比公司 12	9.08%	25.90%	3.26%	35.97%	3.68%	18.13%
可比公司 13	10.30%	7.10%	3.26%	8.51%	3.68%	11.56%

（续表）

可比公司	WACCBT	W_c	r_c	W_f	r_f	r_i
可比公司 14	8.15%	7.85%	3.26%	25.84%	3.68%	10.47%
可比公司 15	10.91%	3.99%	3.26%	2.92%	3.68%	11.46%
可比公司 16	9.24%	5.39%	3.26%	15.43%	3.68%	10.73%

其中，WACCBT 数据来自表 10-3。最后一列数据通过前面的数据计算而得，$r_i = (WACC - W_c \times r_c - W_f \times r_f) \div W_i$，$W_i = 1 - W_c - W_f$。

折现率采用市场平均收益率，取 16 家可比公司无形资产折现率的平均值作为待估商标资产的折现率，计算得到与预期收益匹配的折现率 $r = \underline{12.94\%}$。

（四）商标资产价值的估算

根据公式（10-1），计算得到商标资产的价值为 <u>999.14 万元</u>，如表 10-5 所示。

表 10-5　商标资产价值评估

项目	2018 年 7—12 月	2019 年	2020 年	2021 年	2022 年	2023 年
预期收益（万元）	50.54	112.17	119.81	126.55	132.21	136.62
折现率（%）	12.94	12.94	12.94	12.94	12.94	12.94
折现期（年）	0.5	1.5	2.5	3.5	4.5	5.5 至 +∞
现值系数	0.9410	0.8332	0.7377	0.6532	0.5783	4.4694
折现值（万元）	47.55	93.46	88.38	82.66	76.46	610.63
合计（万元）	999.14					

其中，预期收益数据来自表 10-2；折现率数据来自表 10-4；2018 年 7—12 月至 2022 年的现值系数 = $\dfrac{1}{(1+r)^{折现期}}$，2023 年的现值系数 = $\dfrac{1}{r \times (1+r)^{折现期}}$。

习 题

一、单项选择题

1. 下列关于注册商标续展期的说法中，正确的是（　　）。

A. 注册人应在期满 6 个月前办理续展注册，未能在期间办理的，可以给予 6 个月的宽展期

B. 注册人应在期满 6 个月前办理续展注册，未能在期间办理的，可以给予 12 个月

的宽展期

C. 注册人应在期满 12 个月前办理续展注册,未能在期间办理的,可以给予 6 个月的宽展期

D. 注册人应在期满 12 个月前办理续展注册,未能在期间办理的,可以给予 12 个月的宽展期

2. 下列关于商标资产的形式特征的说法中,正确的是(　　)。

A. 商标资产是独立的商标权,不包括以商标权为核心的资产组合

B. 商标资产通常为商品商标权或服务商标权

C. 集体商标具有专有性和排他性

D. 证明商标难以单独交易转让,不具备成为商标资产的基本要素

二、多项选择题

1. 下列行为中,属于核实商标的法律状态的有(　　)。

A. 判断商标是否注册　　　　　　B. 判断商标是否有效

C. 判断商标是普通商标还是驰名商标　D. 核实商标权的续展续权情况

E. 明确商标的盈利模式

2. 下列选项中,影响商标资产价值的重点因素包括(　　)。

A. 宏观经济状况　　　　　　　　B. 商标权所依托的商品

C. 商标的法律状态　　　　　　　D. 商标设计的难易程度

E. 商标的制作成本

三、综合题

甲公司注册拥有"X"商标专用权,并用于"X"牌服装产品。多年来,甲公司一直非常重视内部生产管理和市场营销、消费者体验,"X"牌服装产品具有独特的品牌和设计,形成了稳定的消费群体。随着市场规模的扩大,甲公司产能已不能满足市场需求。2023 年甲公司营业收入为 1.6 亿元,净利润为 3 600 万元,资产总额为 15.0 亿元,净资产为 10.8 亿元。

乙公司长期从事服装生产,具有较强的生产能力,2023 年产值为 1 500 万元,但由于产品缺乏品牌影响力,企业经营状况一般,历史年度平均利润率(利润总额/营业收入)为 10%。

2023 年年底,甲、乙公司经过谈判,拟进行合作。甲公司授权乙公司使用"X"商标生产"X"牌服装,并提供相应的管理、设计、市场营销支持。初步确定"X"商标授权使用期限为 5 年,采用普通许可方式。为确定"X"商标授权使用费金额,需对"X"商标资产价值进行评估,评估基准日为 2023 年 12 月 31 日。

经分析,"X"商标资产具有较好的市场表现,能够给乙公司带来超额收益,可以采用超额收益法进行评估。乙公司参考"X"牌服装产品历史销售情况,结合自身产能和市场分析,预测未来五年内营业收入逐年增长20%,利润率(利润总额/营业收入)可达30%,乙公司适用的企业所得税税率为25%。无形资产中商标资产的贡献率为60%,预测年度保持稳定。评估基准日五年期国债到期收益率为3.5%,一年期国债到期收益率为2%。影响商标资产的政策风险为1.5%,法律风险为2%,市场风险为4%,技术替代风险为2%,公司管理风险为2%。

根据上述资料,完成下列题目:

1. 说明本次商标资产评估对象。
2. 评估公司需要对评估对象进行调查,在此过程中,需要收集哪些资料?
3. 计算"X"商标资产的收入分成率。
4. 假设现金流量在期末产生,评估"X"商标许可给乙公司使用的经济价值。

第十一章

著作权资产评估

> 学习目标

思政目标:了解著作权资产评估的基本程序,引导学生树立按照法律法规、职业道德规范和业务准则执行业务的职业意识,熟悉我国常见著作权资产评估的情形。

知识目标:掌握成本法在著作权资产评估中的应用及参数的确定方法。

能力目标:能够运用成本法对著作权资产进行评估,界定著作权资产评估对象的范围。

著作权,又称版权,是知识产权的重要组成部分。随着经济全球化和知识经济的深入发展,版权已经成为重要的生产要素和财富资源,在促进经济发展中发挥着日益关键的作用。文化产业的发展在很大程度上依赖并取决于版权创造、保护和运用的水平。根据中国新闻出版研究院发布的中国版权产业经济贡献调研数据,2020年我国版权产业的行业增加值为7.51万亿元,占GDP的比重为7.39%。版权产业已经成为我国国民经济的重要组成部分,大大促进了我国创新发展目标的实现。本案例旨在引导学生掌握著作权资产评估的思路与方法,要求学生完整了解著作权资产评估的技术过程,掌握重置成本、贬值率和合理利润等重要参数的确定方法。

第一节　著作权资产评估概述

著作权资产评估是指资产评估机构及其资产评估专业人员遵守法律、行政法规和资产评估准则,根据委托对评估基准日特定目的下的著作权资产价值进行评定和估算,并出具资产评估报告的专业服务行为。

本节重点探讨著作权资产评估中的三个关键问题,即著作权资产评估对象界定、著作权资产价值影响因素分析和著作权资产评估资料与方法选择。

一、著作权资产评估对象界定

由于著作权涉及的权利复杂,涉及的作品类型众多,且原作品与改编作品之间存在权利间的交叉。因此,评估著作权资产时,评估对象的界定是重点也是难点之一。

著作权资产评估对象是指著作权中的财产权利以及与著作权有关的权利的财产权利。著作权资产的财产权利形式包括著作权人享有的权利和转让或许可他人使用的权利。

许可使用形式包括授权许可和法定许可。其中,授权许可形式包括专有许可、非专有许可和其他形式许可等;法定许可是对著作权人权利的一种限制措施,是指在一些特定的情形下,对未经他人许可而有偿使用他人享有著作权的作品的行为依法不认定为侵权的法律制度。

(一) 明确著作权资产的基本状况

执行著作权资产评估业务时,评估专业人员应当关注评估对象的基本状况以及在时间、地域和其他方面的限制条件,评估对象涉及的作品在著作权法中所属的作品类别,作品的发表状况、使用状态、登记情况以及著作权的保护期限。

1. 权利类型

著作权的财产权包括复制权、发行权、出租权、展览权、表演权、放映权、广播权、信息网络传播权、摄制权、改编权、翻译权、汇编权以及应当由著作权人享有的其他权利。这些权利是和特定作品(产品)相关联的。

著作权的人身权包括发表权、署名权、修改权和保护作品完整权。

2. 组成形式

著作权资产评估对象通常有下列组成形式:①单个著作权中的单项财产权利;②单个著作权中的多项财产权利的组合;③分属于不同著作权的单项或多项财产权利

的组合;④著作权中的财产权利和与著作权有关的权利的财产权利的组合;⑤在权利客体不可分割或不需要分割的情况下,著作权资产与其他无形资产的组合。

在评估实务中,评估专业人员还需要区分著作权资产与著作权载体之间的区别。著作权资产只是著作权以及与著作权有关的权利的财产权利所形成的资产,而与著作权相关的实物资产通常是承载特定著作权作品的实物资产。

比如一本图书是承载具体作品的纸质实物,读者拥有该图书并不代表享有书中作品的著作权及其资产;消费者购买获得一个载有著作权作品的光盘,可以使用该光盘中的软件,但不能拥有该光盘包含的软件著作权。

3. 法律特征

法律特征是著作权最基本的特征,执行著作权资产评估业务时,评估专业人员必须全面了解其法律特征。一般来说,著作权的法律特征主要包括:

(1) 自动取得,作者因创作作品自动产生著作权,不必履行登记、注册手续。根据《中华人民共和国著作权法》:①中国公民、法人或者非法人组织的作品,不论是否发表,依照本法享有著作权。②外国人、无国籍人的作品根据其作者所属国或者经常居住地国同中国签订的协议或者共同参加的国际条约享有的著作权,受本法保护。③外国人、无国籍人的作品首先在中国境内出版的,依照本法享有著作权。④未与中国签订协议或者共同参加国际条约的国家的作者以及无国籍人的作品首次在中国参加的国际条约的成员国出版的,或者在成员国和非成员国同时出版的,受本法保护。

(2) 专有性,即禁止他人对其作品进行复制、抄袭、剽窃、翻译等,或者进行其他利用,即除权利人同意或法律规定外,任何人不得享有或使用该项权利。

(3) 地域性,即除加入国际公约或缔结双边协定外,一个国家法律所保护的某项权利只在该国范围内发生法律效力;一般来说,著作权只在授予权利的国家的管辖范围内受到该国相关法律的保护,对其他国家没有域外效力。著作权的这一性质限制了因转让或使用著作权而产生收益的地域范围。一般来说,著作权的地域性限制越小,著作权资产评估值就越大,反之则越小。

(4) 时间性,即法律对各项权利的保护,除署名权、修改权、保护作品完整权不受保护期的限制外,其他权利都有一定的有效期限。①自然人的作品,其发表权和财产权以及应当由著作权人享有的其他权利的保护期为50年,截止于作者死亡后第50年的12月31日;如果是合作作品,截止于最后死亡的作者死亡后第50年的12月31日。②法人或者非法人组织的作品,著作权(署名权除外)由法人或者非法人组织享有的职务作品,其发表权的保护期为50年,截止于该作品创作完成后第50年的12月31日;其财产权以及应当由著作权人享有的其他权利的保护期为50年,截止于作品首次发表后第50年的12月31日,但作品自创作完成后50年内未发表的,法律将不再保护。③视听作品,其发表权的保护期为50年,截止于作品创作完成后第50年的12月31日;其财产权以及应当由著作权人享有的其他权利的保护期为50年,截止于作品首次发表后第50年的12月31日,但作品自创作完成后50年内未发表的,法律将不再保护。著作权资产的价值不仅取决于著作权的法定保护期限和剩余保护期限,对于某一具体经济行为,则会更多地关注其合同约定的使用期限。该合同期限必须在作品著作权法定剩余保护期限内。只有在合同规定的使用年限内产生的合理收益才能作为著作权价值评估的基础。

4. 作用形式

著作权资产与其他无形资产如专利、专有技术和商标等一样,最主要的特征就是一般不能单独发挥作用,需要与其他资产共同发挥作用。

(1) **著作权资产与相关有形资产以及其他无形资产共同发挥作用**。例如,在进行一项计算机软件评估时,除著作权资产外,还会涉及该软件在设计、编制过程中的思想、处理过程、操作方式、算法、功能、技术、概念等,由于计算机软件的著作权与上述专利或专有技术本身无法分割或者不需要分割,因此在评估该计算机软件时,就可能包括上述专利、专有技术的贡献。

(2) **著作权资产与演绎作品共同发挥作用**。我国《著作权法》规定,演绎作品著作权人行使自身作品的著作权时,不能侵犯原创作品著作权人的权益。当演绎作品著作权人授权电视台播放改编的电视剧作品时,将会为著作权人带来收益,该收益从实质上说应该是演绎作品著作权中的"放映权"和原创作品著作权中的"改编权""摄制权"结合在一起共同发挥作用产生的收益。

例如一个文学作品为原创作品,享有著作权,如果需要将其改编为电视剧作品,则改编好的电视剧作品也享有著作权,并且电视剧作品的著作权与文学作品的著作权不同,这个电视剧作品的著作权被称为在原创作品(文学作品)著作权上演绎形成的衍生著作权。演绎作品著作权人通常需要通过以下两种方式将收益进行分割:①采用一次性支付的方式,一次性支付原创作品著作权人,获得将原创作品改编为电视剧作品的权利;②采用收益分账的方式,将电视剧播放的收益在原创作品著作权人与演绎作品著作权人之间进行分割。

(3) **著作权和与著作权有关的权利共同发挥作用**。以图书为例,作者创作完成作品后授权出版社出版,出版社经编辑、设计加工后印刷发行,图书销售所产生的收益既有作者著作权的贡献,又有出版社编辑和设计的贡献,是著作权和与著作权有关的权利共同发挥作用的结果。

(二) 著作权资产信息收集

执行著作权资产评估业务时，评估专业人员应当对享有著作权的作品的相关情况进行调查，包括必要的现场调查、市场调查，并收集相关信息、资料等。

调查过程收集的相关信息、资料通常包括：

(1) 作品作者和著作权权利人的基本情况。

(2) 作品的基本情况，包括作品创作完成时间、首次发表时间以及复制、发行、出租、展览、表演、放映、广播、信息网络传播、摄制、改编、翻译、汇编等使用情况。

(3) 作品的类别，包括文字作品，口述作品，音乐、戏剧、曲艺、舞蹈、杂技艺术作品，美术、建筑作品，摄影作品，视听作品，工程设计图、产品设计图、地图、示意图等图形作品和模型作品，计算机软件，符合作品特征的其他智力成果。

(4) 作品的创作形式，包括原创或者各种形式的改编、翻译、注释、整理等。

(5) 作品的题材类型、体裁特征等情况。

(6) 著作权和与著作权有关的权利的情况及其登记情况。

(7) 各种权利限制情况，包括相关财产权利在时间、地域方面的限制以及质押、诉讼等方面的限制。

(8) 与作品有关的其他无形资产的权利情况。

(9) 作品的创作成本、费用支出。

(10) 著作权资产以往的评估和交易情况，包括转让、许可使用以及其他形式的交易情况；执行质押目的著作权资产评估业务时，应当要求委托人提交由著作权登记机关出具的登记证书；执行出资目的著作权资产评估业务时，应当关注著作权的登记情况。

(11) 著作权权利维护情况。

(12) 宏观经济发展和相关行业政策与作品市场发展状况。

(13) 作品的使用范围、市场需求、同类产品的竞争状况。

(14) 作品使用、收益的可能性和方式。

(15) 同类作品近期的市场交易及成交价格情况。

(16) 著作权的法律状态，包括著作权权利人信息、权利人变更情况、著作权质押情况和涉及诉讼情况等。

二、著作权资产价值影响因素分析

影响著作权资产价值评估结果的因素主要包括：

1. 宏观经济状况

(1) 著作权使用区域的社会环境。除法律因素外，一个社会的著作权意识和政策导向也会对著作权资产的价值产生重要影响。只有构建政府引导、社会广泛参与的著作权保护格局,著作权才能有更高的价值。

(2) 著作权使用区域的经济环境。著作权产业的发展与区域经济发展密切相关。文化消费的增加会带动与文化产品密切相关的著作权需求的增加,进而提高著作权的收益和价值。文化消费与实物消费的不同之处在于,其满足消费者物质需求的同时,还可以满足消费者的精神需求,因此文化消费对外部经济环境的反应相对具有弹性。

(3) 政府文化政策的不稳定性也会造成文化需求被动的不确定性。例如,对有劣迹的导演、编剧、演员等主创人员参与制作的影视作品和视听作品暂停播出等。

2. 市场需求状况

文化产品主要满足消费者的精神需求,属于符号效用满足型产品。文化消费具有主观性、易变动性、不稳定性等特征,在快速变动的社会中,公众对文化产品的认知价值随时可能发生改变。著作权资产的价值会受到市场活跃程度、供求规律、市场相关作品及新版本作品的价值、市场竞争程度的影响。当市场对某项著作权的供应大于需求时,其价值就会降低;反之,其价值会得到提升。

3. 著作权资产所依托的作品

(1) **作品所处的产业及相关政策**。例如,对文学、艺术作品等文化产品来说,国家对文化产品的导向作用有明确要求,必须坚持把社会效益放在首位,实现社会效益与经济效益的统一。

(2) **作品的类型**。不同类型作品的著作权资产,其价值影响因素可能差别很大。例如,演绎作品是在原创作品的基础上通过翻译、改编等方式产生的新产品,虽然也具有价值,但在转让和使用许可中受到很多法律限制,因此其价值也就和原创作品不同。

(3) **作品的内容**。作品的内容决定其使用价值,使用价值越高,相应著作权资产的价值也就越高。作品的内容主要受其艺术性、时代性和创作者的知名度的影响。一般来说,对于艺术性强的作品,其使用价值相对艺术性弱的作品要高;时代性强的作品相对来说使用价值更高,著作权资产的价值也相对较高;创作者的知名度高,其作品更受欢迎,市场对其需求更大,未来取得的收益更多,价值也就更高。

4. 著作权的运营模式

不同的著作权运营模式对著作权价值的实现具有较大的影响。一种作品可以衍生出多种类型的作品,从价值上来说,原创作品与衍生作品互相影响、互为基础。最优的著作权运营模式就是寻求实现从原创作品至全部衍生作品的全作品链的、各种财产权利价值最大化的模式。

5. 著作权的收益方式

著作权的收益方式主要有两种：销售型（直接收益型）和使用型（间接收益型）。前者是通过销售作品的方式直接获得收益，比如书籍就是通过销售直接获得收益的典型例子。后者是通过使用作品的方式获得收益，比如汽车外观设计的图纸，其收益实现方式主要不在于转让或销售，而是体现在根据该图纸制造出的汽车的价值收益中。销售型著作权的评估价值一般采用市场上或法律规定的一定比例的版税或提成费用确定。而使用型著作权评估价值的确定相对较为复杂，需要考虑作品的社会影响力、技术发展水平等较难可靠量化的因素，有可能漏计或多计其贡献。

6. 著作权的法律状态

我国《著作权法》对作品的保护采用自动保护原则，即作品一旦产生，作者享有的著作权就受法律保护。在著作权资产评估实践中，作品登记证书可以作为该著作权稳定性、可靠性的依据。著作权资产的时效性与地域性等法律特征，也会对其价值产生影响。许多著作权资产与专利、专有技术等其他知识产权相比具有更强的时效性，例如音乐、歌曲、电影、电视剧首次发表时收益较大，但随着时间的推移，其价值会出现较大的衰减。例如，电影作品院线放映一般在30—50天，电视剧作品一般在首轮播放后就能够实现80%以上的收入，大部分手机游戏产品的生命周期仅有2—3个月。文学、艺术作品是体验性产品和注意力产品，在信息处于买方市场的条件下，消费者已经成为文化市场价值的决定性因素，这就决定了文化产品的生命周期较短。

三、著作权资产评估资料与方法选择

评估著作权资产价值的方法包括市场法、收益法和成本法三种基本方法及其衍生方法。执行著作权资产评估业务时，评估专业人员应当根据评估目的、评估对象、价值类型、资料收集等情况，分析上述三种基本方法的适用性，选择评估方法。

1. 收益法

（1）收益额。收益额可以根据著作权资产对应作品的运营模式进行评估，并关注相关经营情况。著作权资产的预期收益通常通过分析计算增量收益、节省许可费和超额收益等确定。当具有充分证据证明该作品在可预见的未来可能会演绎出新作品并产生衍生收益时，评估专业人员应当谨慎、恰当地考虑这种衍生收益对著作权资产价值的影响。当原创作品的演绎作品尚未形成时，应当了解其衍生收益的产生在评估基准日具有较大的不确定性，可以按或有资产评估衍生收益对应的著作权资产价值。

（2）收益期限。收益期限可以通过综合考虑法律保护期限、相关合同约定期限、

作品类型、创作完成时间、首次发表时间以及作品的权利状况等因素确定。

（3）折现率。折现率可以通过分析评估基准日的利率、投资回报率，以及著作权实施过程中的技术、经营、市场、生命周期等因素确定。著作权资产的折现率口径应当与预期收益口径保持一致。

2．市场法

采用市场法进行著作权资产价值评估时，评估专业人员应当：

（1）考虑该著作权资产或类似著作权资产是否存在活跃的市场，恰当考虑市场法的适用性；

（2）收集类似著作权资产交易案例的市场交易价格、交易时间及交易条件等交易信息；

（3）选择具有比较基础的可比交易案例；

（4）收集评估对象近期的交易信息；

（5）对可比交易案例和评估对象近期的交易信息进行必要的调整。

3．成本法

采用成本法进行著作权资产评估时，评估专业人员应当合理确定作品的重置成本。作品的重置成本包括直接成本、间接费用、合理利润及相关税费等。

第二节　著作权资产评估案例

一、案例介绍

（一）公司介绍

本评估案例仅涉及甲公司一家上市公司，也是著作权资产价值评估的委托方。

甲公司于1998年在中国广州成立，致力于为金融、电力、能源、政府、互联网/运营商、公共事业、制造业等行业提供综合性的IT（信息技术）解决方案和云计算服务。公司运营中心设在北京，在全国设有4个大区，近30个分支机构（分公司、全资子公司和参、控股公司）分布全国各地，形成了覆盖全国的业务营销网络和服务支持体系。

甲公司提供以云计算、大数据、互联网+等技术为核心的综合性IT解决方案和云计算服务，业务范围包括云计算系统设计、建设与服务，IT系统建设规划与咨询，行业应用软件及解决方案开发，大型数据中心运维管理，智慧城市以及系统集成等。

作为一家极富创新性的高新技术企业，甲公司始终坚持通过持续创新为客户创造价值。经过十余年的业务积累,公司形成了"咨询为先导,产品为依托,服务为核心"的业务模式,致力于向市场推出技术领先的优质产品和解决方案。公司在北京、广州、杭州、南京、武汉建立了5个研发基地,拥有优秀的技术开发与应用专家。通过多年、持续的研发投入,目前甲公司拥有获百项国内领先自主知识产权的软件产品和优秀的行业解决方案。

(二)评估基本事项

评估对象与评估范围:"数字员工流程机器人软件 V1.0"著作权(软著登字第3482575号),著作权人为甲公司,开发完成日期为2022年10月31日,权利取得方式为原始取得。数字员工流程机器人是一个模拟人操作一系列大量重复的特定工作流程的软件程序。该软件程序包含两个版本:数字员工集群版,由一个控制中心和多个机器人单元组成;数字员工单机版,由一个机器人单元组成。该软件程序具有对企业现有系统影响小、基本不编码、实施周期短、对非技术业务人员友好等特性,用户可以根据业务需求,设定具体的数字员工的操作流程,来完成大量的本来需要人工重复操作的流程性工作,极大地提高了工作效率。其中,利用 OCR(光学字符识别)、图像识别、语义识别等技术,可以识别打印和手写的文字;利用语音识别技术,可以识别语音,实现语音文字记录、实时翻译等功能;利用语音合成技术,结合语义合成技术,可以实现智能导游、智能导购等功能;利用统计分析、机器学习等人工智能技术,可以像人一样思考、学习和决策。数字员工的应用场景主要有两个条件:"大量重复"和"规则或流程明确"。此外,该软件程序不限具体行业,不限具体业务场景,能节约人力成本、时间成本,提高工作效率,为企业或机构赋能。

评估对象权属情况:评估基准日委托软件著作权无账面价值,为甲公司申报评估的账外资产;截至评估基准日,委托待估软件著作权资产未投入使用,没有产生相关收益,未进行质押和许可他人使用,未发生过权属纠纷与诉讼。

评估目的:甲公司拟以软件著作权出资成立新公司,委托某资产评估有限公司对委托待估软件著作权的市场价值进行评估,为委托人提供价值参考。

评估基准日:2022年11月30日。

评估方法:成本法,其基本思路是,在当前的生产力发展水平下,为重置与被评估资产相同或类似的全新资产所付出的代价,扣减被评估资产的各项损耗,来确定被评估资产的价值。

二、评估基础数据

经了解,参与本次研发项目的人员共有20人,其评估基准日月薪(含五险一金)如

表 11-1 所示,研发人员参与研发工作时长为 2022 年 7—9 月。

表 11-1 研发人员薪酬情况　　　　　　　　　　　　单位:元

研发人员	基准日薪酬(含五险一金)	研发人员	基准日薪酬(含五险一金)
1	16 624.44	11	14 305.48
2	10 883.00	12	33 795.52
3	12 526.00	13	14 685.48
4	20 920.66	14	21 865.27
5	22 361.60	15	15 995.46
6	15 955.97	16	15 525.48
7	30 419.47	17	6 482.13
8	28 649.83	18	9 883.58
9	19 686.37	19	9 717.44
10	28 891.36	20	14 979.80

研发使用设备主要为研发人员自有电脑,甲公司对电脑使用费以补贴形式下发给研发人员个人,计入研发人员工资。

甲公司未对该软件的管理费用单独核算,根据公司历史年度研发项目的管理费用情况以及和研发人员沟通的费用情况,按研发人员工资、研发材料费、设备使用费、技术服务费合计数的 2%确定。其他间接费用根据公司历史年度项目研发项目的其他间接费用情况以及和研发人员沟通费用情况,按研发人员工资、研发材料费、设备使用费、技术服务费、管理费用的 9.5%左右计取。该软件适用的增值税税率为 6%。

根据 Wind 数据库,同类软件公司中科软、星震同源、万兴科技最新一期投资回报率(TTM)分别为 18.58%、16.13%和 14.11%。

委托待估软件著作权资产尚未投入使用,评估专业人员通过与技术负责人及有关专家座谈,详细了解了委托待估软件著作权资产的先进性、应用条件、未来应用前景、同行业类似技术的优势、替代作用、发展趋势和更新速度,确认该软件为国内自主研发产品,产品性能在国内可达先进水平,其功能性、实施性、本地技术支持性均可与国际企业比肩。

三、案例分析问题

根据上述材料,结合评估需求,需要讨论以下三个问题:

(1) 根据给出的条件,采用何种方法较好?

（2）委托待估软件著作权资产存在贬值吗？如果存在，该如何计算？

（3）如何选择合理的方法评估委托待估软件著作权资产的价值？

四、计算过程与评估结果

（一）评估方法的选择

使用市场法必须具备两个前提条件：第一，有一个充分发育、活跃的资产市场；第二，参照物与被评估资产的可比指标、技术参数等资料是可收集到的。根据当前资料和评估专业人员的调查，没有与委托待估软件著作权资产相似技术的交易实例，因此本次评估采用市场法的条件并不满足。

使用收益法必须具备三个前提条件：第一，被评估资产未来预期收益可以预测并可以用货币计量；第二，资产的拥有者获得预期收益所承担的风险可以预测并可以用货币计量；第三，被评估资产预期收益年限可以预测。根据当前资料和评估专业人员的调查，委托待估软件著作权资产的收益年限较难预测，预期收益存在较大的不确定性，相关数据较难获得，因此本次评估较难采用收益法。

委托待估软件著作权资产"数字员工流程机器人软件V1.0"由甲公司自行研发并申请取得计算机软件著作权，产权持有单位提供了委托待估软件著作权资产完整的历史研发成本资料，参考评估基准日的价格标准可以确定其重置成本，并通过研发成功时间和未来预计利用年限可以合理估算其贬值，因此本次评估可以采用成本法进行。

（二）委托待估软件著作权资产贬值情况分析

由于委托待估软件著作权资产的非实体性，因此一般不适用实体性贬值概念，但可能会有功能性贬值和经济性贬值。但已有资料确认该软件为国内自主研发产品，产品性能在国内可达先进水平，其功能性、实施性、本地技术支持性均可与国际企业比肩。因此，委托待估软件著作权资产不存在贬值情况。

（三）委托待估软件著作权资产价值评估过程

运用成本法进行无形资产评估时，应当合理确定无形资产的重置成本。重置成本包括合理的成本、利润等，合理的成本包括形成无形资产所需的研发人员工资、研发材料费、设备使用费、技术服务费、管理费用、间接费用，还应当合理确定贬值。计算公式如下：

$$\frac{委托待估软件著作权资产评估值}{} = \frac{委托待估软件著作权资产重置成本}{} \times (1 - 贬值率)$$

其中,重置成本 = 研发人员工资 + 研发材料费 + 设备使用费 + 技术服务费 + 管理费用 + 间接费用 + 利润;贬值率 = 已利用年限/(已利用年限 + 尚可利用年限) × 100%。

1. 委托待估软件著作权资产的重置成本

(1) 研发人员工资。根据资料,研发人员参与研发的起始时间为 2022 年 7—9 月,则可计算该团队工作时长为 3 个月;该团队每月工资总和为 364 154.34 元,参与该软件研发项目的重置人员工资为 364 154.34 × 3 = 1 092 463.02(元)。

(2) 研发材料费用、设备使用费、技术服务费。由于研发使用设备主要为研发人员自有电脑,甲公司对电脑使用费以补贴形式下发给研发人员个人,计入研发人员工资,故本次评估对研发周期内研发材料费、设备使用费、技术服务费等不再单独予以考虑,其估算值为 0。

(3) 管理费用,主要包括研发人员差旅费、合作交流费等支出。根据资料,按研发人员工资、研发材料费、设备使用费、技术服务费合计数的 2% 确定,可计算得到管理费用为 (1 092 463.02 + 0) × 2% ≈ 21 849.26(元)。

(4) 其他间接费用,主要包括资料收集费用等。根据资料,按研发人员工资、研发材料费、设备使用费、技术服务费、管理费用的 9.5% 左右计取,可计算得到其他间接费用为 (1 092 463.02 + 0 + 21 849.26) × 9.5% ≈ 105 859.67(元)。

(5) 利润,无形资产重置成本中的利润,为其开发的完全成本与类似无形资产市场价格之间的差额,即为投入研发所要求获得的合理回报。确定委托待估软件著作权资产的投资回报率时需考虑行业和社会的平均资产收益水平,根据同类软件公司中科软、星震同源、万兴科技的投资回报率,确定委托待估软件著作权的投资回报率为 (18.58% + 16.13% + 14.11%)/3 ≈ 16.27%。因此,利润 = (研发人员工资 + 研发材料费 + 设备使用费 + 技术服务费 + 管理费用 + 间接费用) × 投资回报率 = (1 092 463.02 + 0 + 21 849.26 + 105 859.67) × 16.27% ≈ 198 521.98(元)。

因此,重置成本 = 研发人员工资 + 研发材料费 + 设备使用费 + 技术服务费 + 管理费用 + 间接费用 + 利润 = 1 418 693.93(元)。

2. 贬值率

委托待估软件著作权资产在评估基准日处于先进水平,不存在贬值迹象,故确定委托待估软件著作权资产的贬值率为 0。

3. 评估值(含税)

委托待估软件著作权资产评估值＝委托待估软件著作权资产重置成本 ×（1－贬值率）×（1＋增值税税率）＝ 1 418 693.93×（1-0）×（1+6%）＝ 1 503 816（元）（取整）。

习 题

一、单项选择题

1. 著作权资产的财产权利行使包括许可他人使用的权利,下列选项中,不属于授权许可的是（ ）。

   A. 专有许可　　　B. 非专有许可　　　C. 使用期限许可　　　D. 法定许可

2. 下列选项中,不属于著作权作品内容主要影响因素的是（ ）。

   A. 艺术性　　　B. 时代性　　　C. 传播方式　　　D. 技术水平

3. 下列选项中,不属于著作权的财产权利的是（ ）。

   A. 署名权　　　B. 复制权　　　C. 发行权　　　D. 信息网络传播权

二、多项选择题

1. 下列选项中,属于影响著作权资产价值宏观因素的有（ ）。

   A. 著作权资产的运营模式　　　　B. 著作权资产所依托的作品

   C. 著作权使用区域的文化导向　　D. 著作权使用区域的文化消费状况

   E. 著作权使用区域的社会著作权意识

2. 下列关于运营模式影响著作权价值的说法中,错误的有（ ）。

   A. 最优的著作权运营模式,就是寻求实现从原创作品至全部衍生作品的全作品链的、各种财产权利价值最大化的模式。

   B. 使用型著作权的评估价值一般采用市场上或法律规定的一定比例的版税或提成费用得出

   C. 销售型著作权评估价值的确定,需要考虑作品的社会影响力、技术发展水平等较难可靠量化的因素,有可能漏计或多计其贡献

   D. 衍生作品的价值受到原创作品影响,但原创作品的价值不受衍生作品影响

   E. 著作权的收益方式主要销售型和使用型

第十二章

商誉减值测试评估

> **学习目标**

思政目标：了解商誉减值测试评估的基本程序，引导学生树立按照法律法规、职业道德规范和业务准则执行业务的职业意识，熟悉我国常见商誉减值测试评估的情形。

知识目标：了解常见的商誉减值迹象，掌握资产组的确定方法，掌握现金流量折现模型在商誉减值测试评估中的应用。

能力目标：掌握《企业会计准则第8号——资产减值》对商誉减值测试的核心要求，包括资产组的确认、商誉减值测试过程和会计处理等。

商誉源自企业之间的并购行为，在企业财务中扮演着非常重要的角色。在商誉产生之前，企业为达成并购协议唇枪舌剑、讨价还价；在并购结束后，商誉作为一种无形资产，看不见、摸不着，却长期"躺"在上市公司的财务报表上，并随时可能减值，真可谓"相见时难别亦难"。商誉减值是一种会计核算方法，指企业认为其收购的子公司或合并后的企业的商誉价值下降，需要在财务报表中进行调整的行为。商誉减值的目的是保障财务报表的真实性和透明度，避免因过高估计企业商誉而导致企业价值被夸大的情况发生。本案例旨在引导学生掌握商誉减值测试评估的思路与方法，要求学生完整了解商誉资产评估的技术过程。

第一节　商誉的形成

按照《企业会计准则第 20 号——企业合并》的规定,在非同一控制下的企业合并中,购买方对合并成本大于合并中取得的被购买方可辨认净资产公允价值份额的差额,应当确认为商誉。

从准则中的定义来看,商誉主要产生于企业合并过程,主要体现在合并财务报表中。但是从更宽泛的意义上讲,商誉既可以出现在合并财务报表中,又可以出现在个别财务报表中;既可以是显性表现(以商誉项目出现在报表中),又可以是隐性表现(隐藏在长期股权投资中,不能确认)。

(1)同一控制下的企业合并不形成商誉。同一控制下的企业合并(包括控股合并、吸收合并和新设合并),考虑到合并双方的合并行为不完全是自愿进行的,合并后的企业是参与合并各方资产和负债的重新组合。合并时不对被合并方净资产进行评估以确定其公允价值,或者虽评估确定其公允价值,但由于合并双方为关联方,不能保证公允价值的"公允"性,因此采用权益结合法按账面价值进行会计处理。合并方在合并企业中取得的资产和负债,应当按照合并日在被合并方的账面价值计量,以合并日支付的现金、转让非现金资产或承担债务的账面价值作为合并对价。合并方取得的净资产账面价值与支付的合并对价账面价值的差额,应当调整资本公积,资本公积不足冲减的,调整留存收益。

(2)非同一控制下的控股合并,购买方在购买日以付出资产、发生或承担债务的方式取得被购买方的股权,应当按照资产、负债的公允价值作为初始投资成本,按照资产、负债的账面价值贷记有关资产、负债科目,将公允价值与账面价值之间的差额计入当期损益。购买方的个别会计报表中不反映商誉,在编制合并报表时确认购买过程中形成的商誉。

(3)非同一控制下的吸收合并和新设合并,购买方应首先对取得的被购买方各项可辨认资产、负债及或有负债的公允价值以及合并成本的计量进行复核,复核后购买方按照公允价值确认购买日取得的被购买方各项资产和负债;购买方的合并成本与合并中取得的被购买方可辨认净资产公允价值份额的差额,应当确认为商誉。由于企业会计准则不将负商誉作为商誉确认,而将其作为利得处理,因此在购买日,购买方对合并成本大于合并中取得的被购买方可辨认净资产公允价值份额的差额,确认为商誉,借记"商誉"科目;对合并成本小于合并中取得的被购买方可辨认净资产公允价值份额的差额,计入当期损益,贷记"营业外收入"科目。

第二节　商誉减值测试评估

商誉减值测试是指对商誉进行评估,以确定其当前的价值是否高于其潜在的现金流量。由于商誉难以独立产生现金流量,商誉减值测试需要先将商誉分摊至相关的资产组,再对包含商誉的资产组进行减值测试;难以分摊至相关的资产组的,应当将其分摊至相关的资产组组合。对于合并产生的商誉,无论其是否产生减值迹象,上市公司均应当至少在每年年度终了进行减值测试。

一、减值迹象

与商誉减值相关的前述特定减值迹象包括但不限于:

(1) 现金流或经营利润持续恶化或明显低于形成商誉时的预期,特别是被收购方未实现承诺的业绩;

(2) 所处行业产能过剩,相关产业政策、产品与服务的市场状况或市场竞争程度发生明显不利变化;

(3) 相关业务技术壁垒较低或技术快速进步,产品与服务易被模仿或已升级换代,盈利现状难以维持;

(4) 核心团队发生明显不利变化,且短期内难以恢复;

(5) 与特定行政许可、特许经营资格、特定合同项目等资质存在密切关联的商誉,相关资质的市场惯例已发生变化,如放开经营资质的行政许可、特许经营或特定合同到期无法接续等;

(6) 客观环境的变化导致市场投资回报率在当期已经明显提高,且没有证据表明短期内会下降;

(7) 经营所处国家或地区的风险突出,如面临外汇管制、恶性通货膨胀、宏观经济恶化等。

二、商誉减值测试的基本步骤

商誉减值测试应遵循以下步骤:

(1) 对不包含商誉的资产组或资产组组合进行减值测试,比较其可收回金额与账面价值,进而确认减值损失;

(2) 比较包含商誉的资产组或资产组组合的可收回金额与账面价值,确认的减值损失首先抵减分摊至资产组或资产组组合中商誉的账面价值;

（3）未抵减完的减值损失根据资产组或资产组组合中除商誉外的其他各项资产的账面价值占比进行抵减。

商誉减值测试过程如表 12-1 所示。

表 12-1 商誉减值测试过程

项目	资产组 1	……	资产组 n
商誉账面余额①			
商誉减值准备账面余额②			
商誉账面价值③=①-②			
未确认归属于少数股东权益的商誉价值④			
包含未确认归属于少数股东权益的商誉价值⑤=④+③			
资产组账面价值⑥			
包含整体商誉的资产组账面价值⑦=⑤+⑥			
资产组预计未来现金流量的现值（可收回金额）⑧			
商誉减值损失（大于 0 时）⑨=⑦-⑧			

【例 12-1】 甲公司由于合并产生一项商誉，初始确认金额为 300 万元。与其相关的资产组 A 和 B 的账面价值分别为 400 万元和 900 万元，资产组 A 和 B 的可收回金额分别为 300 万元和 1 100 万元。合并给甲公司带来的协同效应、品牌效应等其他优势使得资产组 A 的可收回金额增加 50 万元。对该商誉进行减值测试。

操作步骤：

先对资产组 A 计提 100 万元的资产减值损失，资产组 A 的账面价值调整为 300 万元，再将包含商誉的资产组组合的账面价值（300 + 900 + 300 = 1 500（万元））与其可收回金额（300 + 1 100 + 50 = 1 450（万元））做比较，确认 50 万元的资产减值损失，调减商誉的账面价值 50 万元。

三、资产组的确认

资产组，是指企业可以认定的最小资产组合，其产生的现金流入应当基本上独立于其他资产或资产组产生的现金流入。

资产组的确认需要关注以下几个方面：

第一，资产组的确认应当以资产组产生的现金流入是否独立于其他资产或资产组的现金流入为依据，即企业为进行商誉减值测试而确认的资产组应当能够独立产生现金流量,其产生的现金流入应当基本上独立于其他资产或资产组,并且其应当是企业能够认定的最小资产组合。需要说明的是,一个会计核算主体并不简单等同于一个资产组。

> **案 例**
>
> 2022年8月24日,广东证监局在对创业板上市公司昊志机电进行现场检查后,对其做出采取责令改正措施的决定。《行政监管措施决定书》中提到,昊志机电未区分地区进行商誉减值测试。昊志机电并购的瑞士某集团包含瑞士、德国、法国、美国、西班牙、英国和中国多个国家的企业主体,上述企业主体独立负责生产经营并产生相关现金流量,编制各自的资产负债表、利润表和现金流量表,但昊志机电进行2021年商誉减值测试时,直接将瑞士Infranor集团合并报表确定商誉相关资产组或资产组组合,不满足"基本能够独立产生现金流量的最小单位"要求。

第二,公司在确认商誉所在资产组或资产组组合时,不应包括与商誉无关的不应纳入资产组或资产组组合的单独资产及负债。值得注意的是,当形成商誉时收购的子公司包含不止一个资产组或资产组组合时,应事先明确其中与形成商誉相关的资产组或资产组组合。

第三,公司应在充分考虑能够受益于企业合并的协同效应的资产组或资产组组合的基础上,将商誉的账面价值按各资产组或资产组组合的公允价值占比进行分摊。在确定各资产组或资产组组合的公允价值时,应根据《企业会计准则第39号——公允价值计量》的有关要求执行。如果公允价值难以可靠计量,则可以按各资产组或资产组组合的账面价值占比进行分摊。

第四,公司在将商誉分摊至相关资产组或资产组组合时,应充分关注归属于少数股东权益的商誉,先将归属于少数股东权益的商誉账面价值调整为包含归属于少数股东权益的全部商誉账面价值,再合理分摊至相关资产组或资产组组合。

第五,出于重组等原因,公司经营组成部分发生变化,继而影响到已分摊商誉所在的资产组或资产组组合构成的,应将商誉的账面价值重新分摊至受影响的资产组或资产组组合,并充分披露相关理由及依据。

第六,公司应在购买日将商誉分摊至相关资产组或资产组组合,并在后续会计期间保持一致。资产组一经确定,各个会计期间应当保持一致,不得随意变更。如需变更,则企业管理层应当证明该变更是合理的,并在附注中做相应说明。

案例

ST 宏达 2020 年年末在进行商誉减值测试时,相关资产组未来现金流除贴片业务外,还包含大量引入的组装业务,认定的资产组与商誉初始确认时认定的资产组(仅包含贴片业务)不一致,导致公司未计提商誉减值损失,虚增利润 7 580 万元,占当期披露利润总额的 107.05%(占更正后利润总额的 110.70%)。2023 年 4 月 10 日,证监会向 ST 宏达下发《行政处罚决定书》。

四、商誉减值测试过程和会计处理

按照《企业会计准则第 8 号——资产减值》的规定,在对包含商誉的相关资产组或资产组组合进行减值测试时,如与商誉相关的资产组或资产组组合存在减值迹象,则应先对不包含商誉的资产组或资产组组合进行减值测试,确认相应的减值损失;再对包含商誉的资产组或资产组组合进行减值测试。若包含商誉的资产组或资产组组合存在减值迹象,则应当确认相应的减值损失,减值损失金额应先抵减分摊至资产组或资产组组合中商誉的账面价值,再按比例抵减其他各项资产的账面价值。其中,资产组或资产组组合可收回金额的估计,应根据其公允价值减去处置费用后的净额与预计未来现金净流量的现值两者之间较高者确定。

第一,公司应严格按照《企业会计准则第 8 号——资产减值》的规定进行商誉减值测试,不得忽略或错误地实施减值测试程序。若商誉所在资产组或资产组组合存在减值迹象,则应分别抵减商誉的账面价值及资产组或资产组组合中其他各项资产的账面价值,并合理确定归属于少数股东权益的商誉和归属于少数股东权益的商誉的减值金额。

第二,采用公允价值减去处置费用后的净额估计可收回金额时,公司应恰当选用交易案例或估值技术确定商誉所在资产组或资产组组合的公允价值,合理分析并确定相关处置费用,从而确定可收回金额。需要注意的是,当商誉所在资产组或资产组组合包含土地使用权、房屋建筑物等资产时,应充分关注相关资产组或资产组组合的公允价值确定是否合理,是否存在未合理确定土地使用权或房屋建筑物的公允价值从而规避商誉减值的情形。

第三,采用预计未来现金净流量的现值估计可收回金额时,公司应正确运用现金流量折现模型,充分考虑减值迹象等不利事项对未来现金净流量、折现率、预测期等关键参数的影响,合理确定可收回金额。

（1）资产组或资产组组合的可收回金额与其账面价值的确定基础应保持一致，即二者应包括相同的资产和负债，且应按照与资产组或资产组组合内资产和负债一致的基础预测未来现金流量；对未来现金流量进行预测时，应以资产的当前状况为基础，以税前口径为预测依据，并充分关注选取的关键参数（包括但不限于销量、价格、成本、费用、预测期增长率、稳定期增长率）是否有可靠的数据来源，是否与历史数据、运营计划、商业机会、行业数据、行业研究报告、宏观经济运行状况相符；与此相关的重大假设是否与可获取的内部、外部信息相符，在不符时是否有合理的理由支持。

（2）对折现率进行预测时，是否与相应的宏观、行业、地域、特定市场、特定市场主体的风险等因素相匹配，是否与未来现金流量均一致采用税前口径。

（3）在确定未来现金流量的预测期时，应建立在经管理层批准的最近财务预算或预测数据的基础上，原则上最多涵盖 5 年。在确定相关资产组或资产组组合的未来现金流量的预测期时，还应考虑相关资产组或资产组组合所包含的主要固定资产、无形资产的剩余可使用年限，不应存在显著差异。

需要注意的是，若以前期间对商誉进行减值测试时，有关预测参数与期后实际情况存在重大偏差，则应充分关注管理层是否识别出导致偏差的主要因素，是否在本期商誉减值测试时充分考虑了相关因素的影响，并适当调整预测思路。

五、商誉减值测试评估注意事项

在商誉减值测试评估中，评估机构应按照相关法律法规、资产评估准则及依法制定的其他业务规则勤勉执业。

第一，评估机构应在与委托人充分沟通的基础上，明确将用于商誉减值测试目的的评估事项约定为以财务报告为目的的评估，并明确约定涉及商誉减值测试的评估基准日、评估对象、评估范围、价值类型等重要因素。

第二，评估机构应按约定的评估目的、评估基准日、评估对象、评估范围、价值类型等要素开展评估工作，不得随意变更关键评估要素，不得以股权、企业价值的评估报告代替以财务报告为目的的评估报告。

第三，评估机构应对商誉所在资产组或资产组组合进行现场调查，并对收集的资料进行必要的核查验证，合理利用观察、询问、访谈、核对、函证、监盘、勘查、书面审查、实地调查等手段：①应充分关注商誉所在资产组或资产组组合的法律、物理、技术与经济等具体特征，合理判断相关资产组或资产组组合独立产生现金流量的能力，关注其与商誉初始确认时的资产组或资产组组合的一致性。②应充分了解商誉所在资产组或资产组组合所处的宏观经济环境、行业发展趋势、市场容量和竞争状况、地域因素等外部环境信息及公司产能、生产现状、在手合同及订单、商业计划等内部经营信息,并评价其与委托人提供的财务预算或预测数据的一致性。

第四,评估机构应根据会计准则的要求,充分分析不同评估方法的适用性,恰当选择与商誉减值测试相适应的评估方法。需要说明的是,后续期间商誉减值测试的评估方法应与以前期间的保持一致,除非有证据显示变更新的评估方法所得出的评估结论更具代表性,或者原有的评估方法不再适用。

第五,评估机构应结合所获取的外部环境信息、内部经营信息,着重考虑已出现的商誉减值迹象,合理选取评估模型与参数。

第六,评估机构应在评估报告或评估说明中充分披露与商誉减值测试相关的评估要素、关键参数及其他对评估结论有重要影响的信息。具体而言:①应在评估报告或评估说明中详细披露评估对象、评估范围、价值类型、评估方法、评估假设等评估要素及其合理性,并充分披露关键评估参数的测算依据和逻辑推理过程。如果选取的关键评估参数与形成商誉时或以前年度商誉减值测试时的信息、公司历史经验或外部信息明显不一致,则还应披露存在的差异及其原因。②应关注评估基准日至评估报告日之间发生的与评估对象相关的重大期后事项,包括但不限于内外部环境的重大变化、重大诉讼与仲裁的最新进展等,并在评估报告中详细披露该事项及其对评估结论的影响。

六、现金流量折现模型

资产组预计未来现金流量的现值,应当按照资产在持续使用过程中和最终处置时所产生的预计未来现金流量,选择恰当的折现率对其进行折现后的金额加以确定,其基本模型为:

$$V = \sum_{i=1}^{n} \frac{R_i}{(1+r)^i} + \frac{R_{n+1}}{r(1+r)^n} \quad (12-1)$$

式中,R_i 为未来第 i 年息税前现金净流量。一般来说,R = EBITDA − 追加投资,其中追加投资=资产性更新投资+营运资金增加额+资本性支出,EBITDA = 营业收入 − 营业成本 − 营业税金 − 营业费用 − 管理费用 + 折旧摊销,为息税折旧摊销前利润。r 为税前折现率,n 为详细预测期,R_{n+1} 为终值。

商誉减值测试评估的关键参数及预测依据如下:

1. 预期收益

对于预期收益,主要按以下步骤和思路进行预测:

(1) 以以前年度的实际收益为基础,并参考公司管理层批准的未来五年的经营发展规划。

（2）考虑国家目前的产业政策、行业发展的宏观背景以及市场需求及其变化趋势。

（3）预测期五年后经营进入稳定期，稳定期可考虑预期收益以一定水平增长。

2. 毛利率和期间费用率

根据资产组历年经营情况以及管理层对未来宏观经济、行业发展趋势的判断，结合各资产组业务现状及经营规划，参考同行业的毛利率、期间费用率进行预测。

3. 折现率

按照预期收益口径与折现率口径一致的原则，采用加权平均资本成本（WACC）定价模型确定折现率，计算公式如下：

$$\text{WACC} = R_e \times \frac{E}{D+E} + R_d \times \frac{D}{D+E} \times (1-T) \tag{12-2}$$

式中，R_e 为权益资本成本，$E/(D+E)$ 为权益资本占全部资本的比重，$D/(D+E)$ 为债务资本占全部资本的比重，R_d 为付息负债资本成本，T 为企业所得税税率。

根据《企业会计准则第 8 号——资产减值》的规定，资产减值测试中估算资产预计未来现金流量现值时所使用的折现率，应当是反映当前市场货币时间价值和资产特定风险的税前利率。如果用于估计折现率的基础是税后的，则应当将其调整为税前的折现率。

第三节 商誉减值测试评估案例

一、案例介绍

（一）公司介绍

本评估案例涉及两家公司：甲公司为一家国内保健品上市公司，乙公司为一家澳大利亚保健品公司。

1. 甲公司介绍

甲公司创立于 1995 年，2010 年 12 月于深圳证券交易所创业板挂牌上市，并迅速成长为中国膳食营养补充剂领导品牌和标杆企业。多年来，公司通过持续打造与提升渠道力、产品力、品牌力、服务力等核心竞争力，不断保持和扩大公司的市场领先优势。

2. 乙公司介绍

乙公司创立于 1993 年，是澳大利亚益生菌市场规模最大的企业之一，专注于人体微生态的研究,通过发掘人体微生态的各种可能,为人体的各种需求以及各个重要阶段开发高品质的益生菌产品,产品覆盖全年龄段人群,已成为澳大利亚首屈一指的广谱益生菌品牌。根据 IRI-Aztec Australia 数据,2018 年乙公司益生菌在澳大利亚药房中的市场占有率达到 43.8%,2015—2017 年市场占有率的年均复合增长率高达 224%,远高于其他品牌。

3. 并购行为

甲公司于 2018 年 8 月 30 日完成对乙公司 100% 股权的收购,支付对价 66 920.86 万澳元,取得的可辨认净资产公允价值份额为 22 036.70 万澳元,支付的合并成本超过被收购方乙公司的可辨认净资产公允价值份额的差额 44 884.17 万澳元确认为商誉,并将固定资产、无形资产确认为直接归属于资产组的可辨认资产。以上商誉按照 2019 年 12 月 31 日澳元兑人民币汇率 4.8843 折合成人民币金额为 219 227.75 万元。

甲公司通过收购取得乙公司控制权。乙公司运营主体位于澳大利亚,与甲公司在法律法规、会计税收制度、商业惯例、经营理念、企业文化等方面存在一定的差异。甲公司和乙公司仍需在财务管理、客户管理、资源管理、业务拓展、企业文化等方面进行融合。后续的整合能否顺利实施以及整合效果能否达到预期存在不确定性。为此,甲公司制定并逐步开展了资产及业务整合、财务体系整合、公司治理整合和运营安排等一系列整合措施,充分利用乙公司在品牌、渠道、研发、生产运营、全球供应链等方面与甲公司的互补性进行资源整合,力争发挥协同效应。

二、评估目的、评估假设与价值类型

(一)评估目的

根据《企业会计准则第 8 号——资产减值》,因企业合并所形成的商誉和使用寿命不确定的无形资产,无论是否存在减值迹象,每年都应当进行减值测试。甲公司拟对其持有的益生菌业务含商誉资产组进行减值测试。

本次评估目的为对甲公司持有的益生菌业务含商誉资产组可收回金额进行价值估计,为甲公司管理层在 2019 年度财务报告编制过程中,判断商誉是否存在减值迹象提供参考。资产评估基准日为 2019 年 12 月 31 日。

(二)评估假设

本次评估中,评估专业人员遵循以下评估假设:

1. 一般假设

(1)公开市场假设:假定资产交易双方地位平等,彼此都有获取足够市场信息的机会和时间,以便于对资产的功能、用途及其交易价格等做出理智的判断。公开市场假设以资产在市场上可以公开买卖为基础。

(2) 资产持续经营假设:假定被评估资产按目前的用途和使用方式、规模、频度、环境等情况继续使用,或者在有所改变的基础上继续使用。

2. 特殊假设

(1) 含商誉资产组所在国家或地区现行的宏观经济、金融以及产业等政策不发生重大变化。

(2) 含商誉资产组所处的社会经济环境以及所执行的税收政策无重大变化。

(3) 含商誉资产组所涉及的主要经营管理团队具备管理和经营必要的知识及能力,合法合规经营,勤勉尽责。

(4) 在未来经营期内,含商誉资产组所涉及的主营业务、收入与成本的构成以及经营策略等仍保持其最近几年的状态,而不发生较大变化。不考虑未来可能由于委托人或含商誉资产组所涉及的主要经营管理团队的经营管理策略变化以及商业环境变化等导致的主营业务状况变化所带来的损益。

(5) 在未来经营期内,含商誉资产组所涉及的各项经营费用、管理费用不会在现有预算的基础上发生大幅的变化,仍将保持其预计的变化趋势。

(6) 本次评估假设委托人提供的基础资料和财务资料真实、准确。

(7) 评估范围仅以委托人的评估申报表为准,未考虑委托人所提供清单以外可能存在的或有资产及或有负债。

(8) 本次评估测算的各项参数取值不考虑通货膨胀因素的影响。

当上述条件发生变化时,评估结果一般会失效。

(三) 价值类型

根据《企业会计准则第 8 号——资产减值》,本次评估采用的价值类型为资产组可收回金额。

可收回金额应当根据资产的公允价值减去处置费用后的净额与资产预计未来现金流量的现值两者之间较高者确定。

资产的公允价值减去处置费用后的净额,应当根据公平交易中销售协议价格减去可直接归属于该资产处置费用的金额确定。

资产预计未来现金流量的现值,应当按照资产在持续使用过程中和最终处置时所产生的预计未来现金流量,选择恰当的折现率对其进行折现后的金额加以确定。

三、评估对象和评估范围

本次评估对象为根据委托人确定并经过审计机构确认的甲公司益生菌业务含商誉资产组。

（一）资产组信息

乙公司主营业务为膳食营养补充剂的研发、生产和销售，主要产品为益生菌。2020年乙公司益生菌资产组与2018年8月收购形成商誉时的资产组保持一致，即以乙公司益生菌商标为核心资产，将无形资产商标及客户关系、澳大利亚及中国益生菌生产线等长期资产认定为含商誉资产组。除此之外，2020年新增澳大利亚生产基地资产组，澳大利亚生产基地建成后将逐步替代现有益生菌产能，解决公司长期租赁厂房的问题。由于与乙公司资产组预测现金流量相关，因此将澳大利亚生产基地的土地及在建工程按益生菌相关生产面积分摊后纳入资产组范围。

经核查，本次委托评估的商誉及相关资产组组成与委托人确定并经过审计机构确认的资产组范围一致。委托评估对象和评估范围与减值测试涉及的含商誉资产组范围一致。

（二）直接归属于资产组的可辨认资产情况

本次评估范围中的直接归属于资产组的可辨认资产为固定资产和无形资产。纳入评估范围的固定资产主要为办公设备和机器设备，办公设备包括电脑、服务器、手机、打印机等；机器设备包括标签粘贴器、搅拌机、样品容器、过滤器等。相关固定资产主要分布于乙公司所在地澳大利亚墨尔本以及中国珠海。

截至2019年12月31日，益生菌资产组的账面价值为68 400万元人民币，商誉的账面价值为219 200万元人民币。

四、主要评估参数测算

（一）资产组预计未来现金流量测算

益生菌资产组的业务分为澳大利亚（海外）原有业务和中国线下业务两部分，此次商誉减值测试按此分别进行测算。

1. 海外原有业务

海外原有业务主要为澳大利亚线下业务和中国线上业务。2019年，受《中华人民共和国电子商务法》实施、并购后子公司管理及业务整合、渠道管理等因素的影响,乙公司益生菌销售收入低于收购前预期,但作为主要销售渠道之一的中国跨境电商业务保持较快增长。针对澳大利亚市场,乙公司将继续维持当地的品牌声量,进一步加大跨境电商平台的开拓力度;同时,适应新的法规变化,实施新的渠道战略,加速业务转型,并利用一切现有资源积极推进整合步伐。具体关键参数如表12-2所示。

表12-2 海外原有业务资产预计未来现金流量测算

项目	2020年	2021年	2022年	2023年	2024年	稳定期
收入(千澳元)	102 607	123 128	141 598	155 757	163 545	163 545
收入增长率(%)	23	20	15	10	5	0
成本(千澳元)	40 849	48 965	56 251	61 948	65 045	65 045
毛利率(%)	60	60	60	60	60	60
市场费用(千澳元)	34 334	35 830	36 391	38 597	40 036	40 036
市场费用率(%)	33	29	26	25	24	24
管理费用(千澳元)	19 740	20 193	20 248	20 280	20 476	20 476
管理费用率(%)	19	16	14	13	13	13
EBITDA(千澳元)	7 684	18 140	28 708	34 932	37 988	37 988
折旧与摊销(千澳元)	1 300	1 561	1 975	1 975	2 073	2 073
EBIT	6 384	16 579	26 733	32 957	35 915	35 915
所得税($T=30\%$)	1 915	4 974	8 020	9 887	10 775	10 775
EBIT$(1-T)$(千澳元)	4 469	11 605	18 713	23 070	25 141	25 141
+折旧与摊销	1 300	1 561	1 975	1 975	2 073	2 073
-资本性支出	3 453	3 837	3 898	3 545	2 937	2 073
-营运资金追加	45 537	8 759	7 833	6 121	3 365	0
自由现金流量(千澳元)	(43 221)	570	8 957	15 379	20 912	25 141

主要参数测算依据为:

(1)收入增长率。2020年根据公司全面预算管理测算,增长率为23%,2021—2024年增长率分别为20%、15%、10%、5%,至稳定期增长率为零。在评估基准日,折算汇率为1澳元=4.8843元人民币。

(2)毛利率。未来预测毛利率维持在60%以上,基本与历史平均毛利率水平相当。

(3)市场费用率和管理费用率。稳定期的市场费用率和管理费用率分别为24%

和 13%。市场费用率较高主要是品牌持续推广,管理费用率较高主要是既定管理职能不受销售规模影响。在预测期,随着收入逐渐增加,市场费用率和管理费用率缓慢降低。

2. 中国线下业务

中国线下业务目前分为药线渠道(含电商)和母婴渠道。2019 年受行业及相关政策影响,药线渠道销售收入低于预期。公司将继续加大市场投入,丰富产品组合,加强渠道渗透和终端覆盖。具体关键参数如表 12-3 所示。

表 12-3 中国线下业务资产预计未来现金流量测算

项目	2020 年	2021 年	2022 年	2023 年	2024 年	稳定期
收入(千元)	187 896	254 295	314 314	362 083	390 272	390 272
收入增长率(%)	46	35	24	15	8	0
成本(千元)	55 299	78 323	96 809	111 521	120 204	120 204
毛利率(%)	71	69	69	69	69	69
市场费用(千元)	101 700	105 787	103 095	102 252	102 095	102 095
市场费用率(%)	54	42	33	28	26	26
管理费用(千元)	11 510	13 732	14 773	15 787	16 157	16 157
管理费用率(%)	6	5	5	4	4	4
EBITDA(千元)	19 387	56 453	99 637	132 523	151 816	151 816
折旧与摊销(千元)	843	1 141	1 411	1 624	1 751	1 751
EBIT(千元)	18 544	55 312	98 226	130 899	150 065	150 065
所得税($T=25\%$)	4 636	13 828	24 557	32 725	37 516	37 516
EBIT$(1-T)$(千元)	13 908	41 484	73 670	98 174	112 549	112 549
+折旧与摊销	843	1 141	1 411	1 624	1 751	1 751
-资本性支出	7 413	8 538	8 097	6 947	4 892	1 751
-营运资金追加	57 986	14 003	9 825	8 176	4 852	0
自由现金流量(千元)	(50 648)	20 084	57 159	84 675	104 556	112 549

主要参数测算依据为:

(1) 收入增长率。中国线下业务为新增业务,增长率在前期较高,后期逐步回落至行业平均水平,至稳定期增长率为零。2020 年根据全面预算管理测算增长率为 46%,2021—2024 年增长率分别为 35%、24%、15%、8%,至稳定期增长率为零。

(2) 毛利率。未来预测毛利率维持在 69%,低于 2019 年毛利率水平,而高于澳大利亚原有业务毛利率水平,主要原因为中国产品的剂型、渠道特点等导致定价模式区别于澳大利亚市场。

（3）市场费用率和管理费用率。稳定期的市场费用率和管理费用率分别为26%和4%,市场费用率较高主要是因为品牌持续推广,而管理费用率较低主要是因为澳大利亚原有业务部分已经承担大部分的管理功能。在预测期,随着收入逐渐增加,市场费用率和管理费率缓慢降低。

（二）折现率测算

采用加权平均资本成本(WACC)定价模型确定税后折现率,计算公式如下：

$$\text{WACC} = R_e \times \frac{E}{D+E} + R_d \times \frac{D}{D+E} \times (1-T) \qquad (12-3)$$

式中,R_e为权益资本成本,$E/(D+E)$为权益资本占全部资本的比重,$D/(D+E)$为债务资本占全部资本的比重,R_d为付息负债资本成本,T为企业所得税税率。

权益资本成本R_e通常采用资本资产定价模型确定,其公式为$R_e = R_f + \beta \times \text{ERP} + R_s$,其中$R_f$为无风险报酬率,一般选择对应投资期限的国债收益率;β为风险系数;ERP为股市风险超额回报率,$\text{ERP} = R_m - R_f$,其中R_m为市场期望报酬率;R_s为公司特有风险超额回报率。

相关参数的取值过程如下：

（1）无风险报酬率R_f,按照澳大利亚十年期以上国债利率的平均水平确定,即$R_f = 2.37\%$。

（2）一般认为,股票指数的波动能够反映市场整体的波动情况,指数的长期平均收益率可以反映市场期望的平均报酬率。参照澳大利亚近五年资本市场内部收益率的平均水平,确定市场期望报酬率$R_m = 9.19\%$,因此$\text{ERP} = R_m - R_f = 6.82\%$。

（3）β值以2015年1月至2019年12月亚太及澳大利亚同类可比上市公司股票的市场价格估算,得到评估对象预期无财务杠杆风险系数的估计值$\beta = 0.6041$。

（4）公司特有风险超额回报率$R_s = 3.00\%$。

（5）付息负债资本成本R_d根据正常借款利率,结合企业所得税税率计算。税后付息负债资本成本$R_d \times (1-T) = 5\%$。

（6）权益资本比重和债务资本比重参考同行业平均资产结构确定,$\frac{E}{E+D} = 84.08\%$,$\frac{D}{E+D} = 15.92\%$。

因此,待估对象的权益资本成本$R_e = 2.37\% + 6.82\% \times 0.6041 + 3.00\% \approx 9.49\%$,

计算的税后 WACC = 9.49% × 84.08% + 5% × 15.92% ≈ 8.775%。

(三)资产组预计未来现金流量的现值

资产组预计未来现金流量现值的测算结果如表 12-4 所示。

表 12-4 资产组预计未来现金流量现值测算

项目	2020 年	2021 年	2022 年	2023 年	2024 年	稳定期
澳大利亚线下业务现金流量(千澳元)	(43 221)	570	8 957	15 379	20 912	25 141
中国线上业务现金流量(千元)	(211 105.000)	2 785.516	43 749.160	75 115.160	102 138.000	122 793.700
中国线下业务现金流量(千元)	(50 648)	20 084	57 159	84 675	104 556	112 549
合计现金流量(千元)	(261 753)	22 870	100 908	159 790	206 694	235 342
折现率	0.9193	0.8452	0.7770	0.7143	0.6567	7.4835
现值(千元)	−240 637.00	19 328.53	78 403.76	114 139.10	135 731.90	1 761 196.00
现值累计(百万元)	1 868					

(四)商誉减值结果

1. 商誉减值测试过程

商誉减值测试过程如表 12-5 所示。

表 12-5 资产组商誉减值测试过程　　　　　　　　　　　单位:百万元

项目	金额
商誉账面余额①	2 192
商誉减值准备账面余额②	0
商誉账面价值③=①-②	2 192
未确认归属于少数股东权益的商誉价值④	0
包含未确认归属于少数股东权益的商誉价值⑤=④+③	2 192
资产组账面价值⑥	684
包含整体商誉的资产组账面价值⑦=⑤+⑥	2 876
资产组预计未来现金流量的现值(可收回金额)⑧	1 868
商誉减值损失(大于 0 时)⑨=⑦-⑧	1 008

2. 商誉减值测试结论

基于公司管理层对未来发展趋势的判断和经营规划,在未来预测能够实现的前提下,乙公司益生菌相关业务预计未来现金流量现值在评估基准日 2019 年 12 月 31 日的评估值为 186 800 万元人民币,商誉减值 100 800 万元人民币。

习 题

一、单项选择题

1. 下列关于商誉的说法中,正确的是(　　)。

A. 商誉是企业长期积累起来的一项无形资产

B. 商誉是一项单独能产生效益的无形资产

C. 作为无形资产,企业可用商誉对外投资

D. 形成商誉的个别因素能以任何方法单独计价

2. 下列关于商誉的会计处理中,错误的是(　　)。

A. 商誉应当结合与其相关的资产组或资产组组合进行减值测试

B. 商誉于资产负债表日不存在减值迹象的,无须对其进行减值测试

C. 与商誉有关的资产组或资产组组合存在减值迹象的,应当首先对不包含商誉的资产组或资产组组合进行减值测试

D. 与商誉有关的资产组或资产组组合的减值损失应首先抵减分摊至资产组或资产组组合中商誉的账面价值

3. 下列关于商誉减值的说法中,错误的是(　　)。

A. 与企业合并产生的商誉相关的资产组或资产组组合是指能够从企业合并的协同效应中受益的资产组或资产组组合

B. 商誉难以独立产生现金流量,因此商誉应分摊到相关资产组后进行减值测试

C. 因吸收合并而产生的商誉发生的减值损失应全部反映在母公司个别财务报表中

D. 包含商誉的资产组发生减值的,应将资产减值损失按商誉与资产组中其他资产的账面价值的比例进行分摊

4. 下列关于商誉减值的说法中,错误的是(　　)。

A. 商誉应当结合与其相关的资产组或资产组组合进行减值测试

B. 与商誉有关的资产组或资产组组合存在减值迹象的,应当首先对不包含商誉的资产组或资产组组合进行减值测试

C. 因企业合并而形成的商誉的账面价值,应当自减值测试日起按照合理的方法分

摊至相关的资产组

D. 与商誉有关的资产组或资产组组合的可收回金额低于其账面价值确认减值损失的,减值损失金额应当首先抵减分摊至资产组或资产组组合中的商誉的账面价值

5. 甲企业在 2023 年 1 月 1 日以 1 600 万元的价格收购了乙企业 80% 的股权。在购买日,乙企业可辨认净资产的公允价值为 1 500 万元。假定乙企业的所有资产被认定为一个资产组,2023 年年末甲企业确定该资产组的可收回金额为 1 550 万元,可辨认净资产的账面价值为 1 350 万元。甲企业在合并报表中应确认的商誉的账面价值为(　　)万元。

A. 160　　　　　B. 240　　　　　C. 300　　　　　D. 400

二、综合题

2022 年 12 月 31 日,甲公司以银行存款 4 200 万元从二级市场购入丙公司 80% 的有表决权股份,能够控制丙公司,形成非同一控制下的企业合并。当日,丙公司可辨认净资产的公允价值和账面价值均为 4 000 万元,假定丙公司没有负债和或有负债;甲公司在合并报表层面确认的商誉为 1 000 万元。甲公司将丙公司的所有资产认定为一个资产组。2023 年 12 月 31 日,甲公司在合并报表层面确定的丙公司可辨认净资产的账面价值为 5 400 万元,可收回金额为 6 000 万元。

根据上述资料,回答以下问题:

(1) 商誉减值迹象主要有哪些?

(2) 请说明商誉减值测试过程。

(3) 不考虑所得税等其他因素,2023 年甲公司合并报表中列报的商誉金额是多少?

附录 1

各章习题参考答案

第一章　无形资产评估的基本概念

一、单项选择题

1.A;2.A;3.B;4.A;5.D;6.D;7.A;8.D

二、多项选择题

1.AB;2.ABC;3.BCDE;4.ABCDE;5.AB

三、简答题(仅要点)

1. 我国在载人航天、探月探火、深海深地探测、超级计算机、卫星导航、量子信息、核电技术、新能源技术、大飞机制造、生物医药等领域取得重大成果。

2. 依附性、共益性、积累性、替代性。

3. 非实体性、排他性、效益性、成本的不完整性、成本与价值的弱对应性。

4. 按取得方式、是否可以辨认、是否有专门法律保护、性质和属性。

5. 客户关系是企业为达到其经营目的,主动与客户建立起的某种关系,在满足资产条件时,属于自创无形资产。

6. ①无形资产的性质、权利状况及限制条件;②无形资产实施的地域限制、领域限制及法律法规限制条件;③与无形资产相关的宏观经济和行业的前景;④无形资产的历史、现实状况与发展前景;⑤评估依据的信息来源;⑥其他必要信息

7. ①无形资产权利的法律文件、权属有效性文件或者其他证明资料;②无形资产持续的可辨识经济利益;③无形资产的性质和特点,历史取得和目前的使用状况;④无形资产的剩余经济寿命和法定寿命,无形资产的保护措施;⑤无形资产实施的地域范

围、领域范围与获利方式;⑥无形资产以往的交易、质押、出资情况;⑦无形资产实施过程中所受到的法律、行政法规或者其他限制;⑧类似无形资产的市场价格信息;⑨宏观经济环境、行业状况及发展前景和企业状况及发展前景,以及其他相关信息。

8. 共同特征:市场性、公正性、专业性和咨询性;独有特征:复杂性、动态性和预测性、需要结合无形资产的载体和作用空间进行评估、需要结合无形资产的法律保护状况进行评估、需要结合无形资产所属行业性质进行评估、广泛应用收益法。

第二章 无形资产评估的主要对象

一、单项选择题
1.C;2.B;3.C;4.C;5.A;6.B;7.A;8.C

二、多项选择题
1.AB;2.BC;3.ABE;4.ADE;5.ABCE;6.ABC

三、简答题(仅要点)

1. 时间性、地域性、独占性、约束性。

2. 专利权的权属证明是由国务院专利行政部门颁发的发明专利证书。商标权的权属证明主要是商标注册证,是国家商标局依照《商标法》的有关规定,颁发给商标注册人以证明其商标专用权范围的法律文书。著作权的归属权证明主要包括各级版权局颁发的著作权登记证书、摄影作品底片或者数码摄影的原文件、文字作品手稿等。

3. 形式特征:非实体性、排他性、效益性、成本的不完整性、成本与价值的弱对应性等;功能特性:依附性、共益性、积累性、替代性;独有特征:时效性、转让的限制性、取得需要支付费用。

4. 政府特许经营权和商业特许经营权在概念、经营目标、特许主体、适用范围等方面有区别(需展开叙述)。

5. 数据并不必然是数据资产。数据已经形成并由特定主体合法控制,同时其价值可以可靠计量,并且预计会有经济利益流入,符合上述确认条件的数据方可被认定为财务会计视角下的数据资产。

6. 客户关系资产主要通过以下两个方面对企业价值产生驱动:一是客户关系的惯性产生价值,二是从客户处所获得的信息产生价值。

7. 品牌的财务会计概念模型的目的是财务报告,服务于品牌资产的确认和计量,为公司品牌提供一个可度量的价值指标,常用于品牌收购或兼并。品牌的市场概念模型在评估品牌资产的价值时,突出品牌强度,把品牌资产的价值与品牌强度联系起来。

基于市场给出的品牌价值排行榜一般用于市场营销和品牌推广,不直接用于财务报表中品牌价值的计量或者法定评估服务中品牌价值的确定。

8. 组合型无形资产是一类特殊的无形资产,除了满足非实体性、效益性等特征,还满足无法单独交易与转让、难以准确计量、价值的波动性等特征。

第三章 无形资产评估的基础理论

一、单项选择题

1.A;2.B;3.B;4.D;5.C

二、多项选择题

1.ABCE;2.ABCE;3.ACDE;4.ABCD;5.CD

三、简答题(仅要点)

1. 高效率增长、有效供给性增长、中高端结构增长、绿色增长、可持续增长、和谐增长等。

2. ①新发展阶段是社会主义初级阶段中的一个阶段,同时是其中经过几十年积累、站到了新的起点上的一个阶段;②新发展阶段是中国共产党带领人民迎来从站起来、富起来到强起来历史性跨越的新阶段;③新发展阶段是全面建设社会主义现代化国家、向第二个百年奋斗目标进军的阶段。

3. ①为改进技术、研究开发新产品的;②为提高产品质量、降低成本、增进效率,统一产品规格、标准或者实行专业化分工的;③为提高中小经营者经营效率,增强中小经营者竞争力的;④为实现节约能源、保护环境、救灾救助等社会公共利益的;⑤因经济不景气,为缓解销售量严重下降或者生产明显过剩的;⑥为保障对外贸易和对外经济合作中的正当利益的;⑦法律和国务院规定的其他情形。

4. 反垄断规制一般分为经济性规制和社会性规制。经济性规制的领域主要包括那些存在自然垄断和信息严重不对称的产业领域。社会性规制不以特定产业为对象,而是围绕如何实现一定的社会目标,实行跨产业、全方位的管制。反垄断规制的主要对象是竞争性领域中具有市场垄断地位的垄断企业及其行为,特别是由经营者集中形成的经济性垄断行为。

5. 非竞争性包含两层重要含义:①同一单位的产品(无形资产)可以被许多人消费,它对某一个人的供给并不减少对其他人的供给;②公共物品一旦被提供,消费者的增多并不导致该公共物品生产成本的增加,也就是说,生产方面无须追加资源的投入来增加供给,换句话说,增加消费者的边际成本为零。

6. 第一,外部性的承受对象的范围不同,一般外部性的受益者不是固定的或者说较难界定,如灯塔的受益者是不确定的,而网络外部性的受益者是明确的,即网络内的所有成员。第二,网络外部性发生的条件是使用同种产品或服务的消费者之间存在决策的依赖性。第三,网络外部性是双向的。

7. 网络效应可以定义为客户作为网络中的一员而得到的好处,这种好处随着网络中人数和公司数量的增加而增大,这就产生了正反馈,即网络越大越好。

8. 梅特卡夫定律的内容是:一个网络的价值等于该网络内的节点数的平方,而且该网络的价值与联网的用户数的平方成正比,即网络的价值 $V = K \times N^2$,其中 K 为价值系数,N 为用户数量。

第四章 成本法评估无形资产

一、单项选择题
1.B;2.A;3.A;4.B;5.A

二、多项选择题
1.ABE;2.AD;3.AB;4.ABE;5.ABCD

三、简答题(仅要点)

1. ①由经营者经过长时间积累形成的,如老字号商标、商誉、品牌等,很难在短时间内重新积累;②偶然性的发明与创作,如无法复制的经典影视作品、借助灵感和特定情境创造出来的文学作品、开拓性的药品发现;③企业重新取得某项资产但无法达到相同或类似的功能,如平台软件及其数据资产,受限于用户的黏性和数据的积累,尽管有企业开发出结构相近的平台软件,但无法达到原有平台软件的实际效果。

2. ①完成该无形资产以使其能够使用或出售在技术上具有可行性;②具有完成该无形资产并使用或出售的意图;③无形资产产生经济利益的方式,包括能够证明运用该无形资产生产的产品存在市场或无形资产自身存在市场,无形资产将在内部使用的,应当证明其有用性;④有足够的技术、财务资源和其他资源支持,以完成该无形资产的开发,并有能力使用或出售该无形资产;⑤归属于该无形资产开发阶段的支出能够可靠地计量。

3. 数据资产的成本主要包括劳动者报酬、中间投入、固定资产消耗和其他生产税净额。

四、计算题

采用倍加系数法测算该项专利技术的重置成本:

$$重置成本 = \frac{(15 + 20 + 1.2 \times 30) \times (1 + 20\%)}{1 - 0.4} = 142(万元)$$

贬值率 = 3 ÷ (3 + 3) × 100% = 50%

该专利技术的评估价值 = 142 × (1 − 50%) = 71(万元)

第五章 收益法评估无形资产

一、单项选择题

1.A;2.C;3.B;4.B;5.A;6.C;7.B;8.B;9.A;10.A

二、多项选择题

1.ACE;2.BCE

三、计算题

1.（1）首先计算预测期内该商标前 5 年每年的超额利润:150 × 0.5 = 75(万元)。

（2）根据企业的资金成本率及相应的风险回报率,确定其折现率为 10%。

（3）确定该商标的价值：

商标的价值 = 75 × (P/A,10%,5) + 32 × (P/A,10%,5)(P/F,10%,5)

$\quad$ = 75 × 3.7907 + 32 × 2.3536

$\quad$ = 284.3025 + 75.3152

$\quad$ = 359.6177(万元)

如果不考虑税收影响,由此确定该商标的价值为 359.6177 万元。

2.（1）首先计算预测期内该商标前 5 年每年的超额利润;200 × 0.5 = 100(万元)。

（2）确定该商标的价值：

商标的价值 = 100 × (P/A,10%,5) + 32 × (P/A,10%,5) × (P/F,10%,5)

$\quad$ = 100 × 3.7907 + 32 × 2.3536

$\quad$ = 454.3852(万元)

3. 首先计算该专利权带来的超额收益。由题目所给资料,可以发现采用收益分成模型中的利润分成模型较为合适,未来 4 年,该专利权带来的超额收益 = 利润×利润分成率。

未来 4 年的利润分别为:9 × (100 − 70) = 270(万元);10 × (100 − 70) = 300(万元);12 × (100 − 70) = 360(万元);15 × (100 − 70) = 450(万元)。

为此,未来 4 年的超额收益分别为:270 × 30% = 81(万元);300 × 30% = 90(万元);360 × 30% = 108(万元);450 × 30% = 135(万元)。

其次,计算该专利权适用的折现率。由题目所给资料,采用风险累加法计算折现率较为合适,折现率 = 无风险收益率 + 风险报酬率 = 5% + 15% = 20%。

最后,根据利润分成模型确定专利权的价值。

$$V = (1 - 25\%) \times [81/(1 + 20\%) + 90/(1 + 20\%)^2 + 108/(1 + 20\%)^3 + 135/(1 + 20\%)^4] = 193.20(万元)$$

第六章 市场法评估无形资产

一、多项选择题
1.ABC；2.ABE；3.ABC；4.CD；5.AD；6.BDE

二、计算题
1.（1）交易时间修正。

交易时间参数修正系数表

交易时间	2023 年 12 月	2024 年 3 月	2024 年 5 月	2024 年 10 月
修正系数	1	$(1+1\%)^3$	$(1+1\%)^5$	$(1+1\%)^{10}$

（2）计算比准价格。

$$V_1 = 22 \times \frac{1.01^{10}}{1.01^5} \times \frac{100}{98} \times \frac{100}{101} \times \frac{100}{102} \times \frac{100}{104} \times \frac{100}{104} \times \frac{100}{101} = 20.96(万元)$$

$$V_2 = 20 \times \frac{1.01^{10}}{1.01^0} \times \frac{100}{100} \times \frac{100}{97} \times \frac{100}{99} \times \frac{100}{97} \times \frac{100}{100} \times \frac{100}{98} = 23.25(万元)$$

$$V_3 = 21 \times \frac{1.01^{10}}{1.01^3} \times \frac{100}{99} \times \frac{100}{102} \times \frac{100}{100} \times \frac{100}{102} \times \frac{100}{101} \times \frac{100}{101} = 21.43(万元)$$

$$V = (V_1 + V_2 + V_3)/3 = 21.88(万元)$$

2. 每年的利润增加额分别为 20 万元、40 万元、60 万元、80 万元、100 万元。

每年的利润增加额现值
$= 20/(1 + 10\%) + 40/(1 + 10\%)^2 + 60/(1 + 10\%)^3 + 80/(1 + 10\%)^4 + 100/(1 + 10\%)^5$
$= 213.05(万元)$

每年的利润总额分别为 70 万元、90 万元、110 万元、130 万元、150 万元。

每年的利润总额现值 $= 70/(1 + 10\%) + 90/(1 + 10\%)^2 + 110/(1 + 10\%)^3 + 130/(1 + 10\%)^4 + 150/(1 + 10\%)^5$
$= 402.59(万元)$

利润分成率 $= 213.05 \div 402.59 \times 100\% = 52.9\%$

3. 首先，专利重置成本 $= 80 \times (1 + 5\%) = 84(万元)$。

其次，专利约当投资量 $= 84 \times (1 + 400\%) = 420(万元)$。

再次,B 企业资产约当投资量 = 4 000 × (1 + 12.5%) = 4 500(万元)。

最后,利润分成率 = 420/(4500 + 420) × 100% = 8.54%。

4. 该项技术的利润分成率计算如下:

每年的利润增加额分别为 15 万元、30 万元、45 万元和 60 万元。

每年的利润增加额现值 = $15 \div (1 + 10\%) + 30 \div (1 + 10\%)^2 + 45 \div (1 + 10\%)^3 + 60 \div (1 + 10\%)^4$ = 113.22(万元)

每年的利润总额分别为 115 万元、130 万元、145 万元和 160 万元。

每年的利润总额现值 = $115 \div (1 + 10\%) + 130 \div (1 + 10\%)^2 + 145 \div (1 + 10\%)^3 + 160 \div (1 + 10\%)^4$ = 430.21(万元)

利润分成率 = 113.22 ÷ 430.21 × 100% = 26.32%

5. 构建综合评价模型。其中:

法律因素分值 = 0.4 × 85 + 0.3 × 100 + 0.3 × 50 = 79

技术因素分值 = 0.1 × 70 + 0.2 × 75 + 0.2 × 80 + 0.1 × 80 + 0.2 × 100 + 0.1 × 60 + 0.1 × 80 = 80

经济因素分值 = 0.6 × 85 + 0.4 × 50 = 71

综合分值 = 79 × 0.3 + 80 × 0.4 + 71 × 0.3 = 77

θ = 2.5% + (4.0% - 2.5%) × 77% = 3.655%

第七章　实物期权法评估无形资产

一、单项选择题

1.D;2.B;3.D;4.A;5.A;6.B;7.A;8.C

二、简答题

1. 实物期权与金融期权的本质区别在于标的资产不同,实物期权是作用在实物资产上的,实物资产通常是一些有形资产;而金融期权为金融资产。标的资产是金融期权与实物期权最主要的一个区别。金融期权的标的资产是本身具有价值的某种金融资产,如股票、债券、货币等;而实物期权的标的资产是各种实物资产,如机器设备、知识等。实物期权是一种期权,其底层资产是既非股票又非期货的实物商品。

2. 非交易性、隐蔽性、非独占性和复合性等。

3. 实物期权评估主要包括识别期权、判断条件、估计参数、估算价值四个步骤。

三、计算题

1. 月收益率

月收益率 单位:%

时间	2024-10	2024-11	2024-12	2025-01	2025-02	2025-03	2025-04	2025-05	2025-06	2025-07	2025-08
对数	5.13	9.53	12.78	-8.34	-13.98	11.78	6.45	-13.35	21.36	0.00	7.41
普通	5.26	10.00	13.64	-8.00	-13.04	12.50	6.67	-12.50	23.81	0.00	7.69

对数收益率的平均值 = 3.53%,月标准差 = 11.31%,年波动率 = 39.17%

普通收益率的平均值 = 4.18%,月标准差 = 11.57%,年波动率 = 40.07%。

2. (1) 一期二项树模型下,一期时间长度为 6 个月,有 $t = 0.5$,一期无风险收益率 $r = 2\%$。

题目中不知道标的资产价格的未来值,但知道标的资产价格的波动率,有:

$$u = e^{0.42\sqrt{0.5}} = 1.3458$$

$$d = e^{-0.42\sqrt{0.5}} = 0.7430$$

$$p = \frac{1 + 2\% - 0.7430}{1.3458 - 0.7430} = 0.4595$$

一次上升后标的资产价格 $S_u = u \times S_0 = 1.3458 \times 10 = 13.458$(元), $f_u = 13.458 - 12 = 1.458$(元)。

一次下降后标的资产价格 $S_d = d \times S_0 = 0.7430 \times 10 = 7.430$(元), $f_d = 0$。

$$f = \frac{1}{1+r}[p \times f_u + (1-p) \times f_d] = \frac{1}{1+2\%} \times (0.4595 \times 1.458 + 0) = 0.6568(元)$$

(2) 二期二项树模型下,一期时间长度为 3 个月,有 $t = 0.25$,一期无风险收益率 $r = 1\%$。

题目中不知道标的资产价格的未来值,但知道标的资产价格的波动率,有:

$$u = e^{0.42\sqrt{0.25}} = 1.2337$$

$$d = e^{-0.42\sqrt{0.25}} = 0.8106$$

$$p = \frac{1 + 1\% - 0.8106}{1.2337 - 0.8106} = 0.4713$$

两次上升后标的资产价格 $S_{uu} = u^2 \times S_0 = 15.22$(元), $f_{uu} = 15.22 - 12 = 3.22$(元)。

一次上升一次下降后标的资产价格 $S_{ud} = u \times d \times S_0 = 10$(元), $f_{ud} = 0$。

两次下降后标的资产价格 $S_{dd} = d^2 \times S_0 = 6.57$(元), $f_{dd} = 0$。

$$f = \frac{1}{(1+1\%)^2}(0.4713^2 \times 3.22 + 0 + 0) = 0.7012(元)$$

(3) 四期二项树模型下,一期时间长度为 1.5 个月,有 $t = 0.125$,一期无风险收益率 $r = 0.5\%$。

题目中不知道标的资产价格的未来值,但知道标的资产价格的波动率,有:

$$u = e^{0.42\sqrt{0.125}} = 1.1601$$
$$d = e^{-0.42\sqrt{0.125}} = 0.8620$$
$$p = \frac{1 + 0.5\% - 0.8620}{1.1601 - 0.8620} = 0.4965$$

标的资产四期的价格状态、发生概率与期权价值如下图所示。

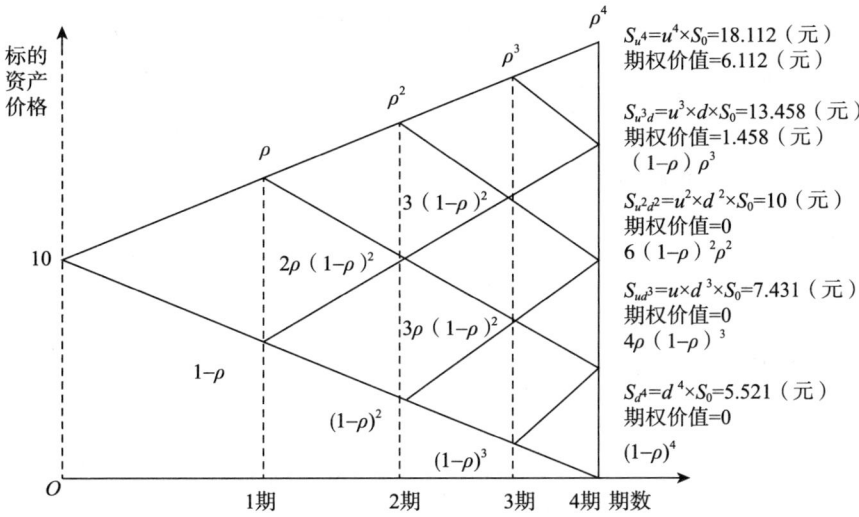

标的资产四期的价格状态、发生概率与期权价值

四次上升后标的资产价格 $S_{u^4} = u^4 \times S_0 = 18.112(元)$,$f_{u^4} = 6.112(元)$。

三次上升一次下降后标的资产价格 $S_{u^3d} = u^3 \times d \times S_0 = 13.458(元)$,$f_{u^3d} = 1.458(元)$。

两次上升两次下降后标的资产价格 $S_{u^2d^2} = u^2 \times d^2 \times S_0 = 10(元)$,$f_{u^2d^2} = 0$。

一次上升三次下降后标的资产价格 $S_{ud^3} = u \times d^3 \times S_0 = 7.431(元)$,$f_{ud^3} = 0$。

四次下降后标的资产价格 $S_{d^4} = d^4 \times S_0 = 5.521(元)$,$f_{d^4} = 0$。

$$f = \frac{1}{(1+0.5\%)^4}(0.4965^4 \times 6.112 + 4 \times 0.4965^3 \times (1 - 0.4965) \times 1.458)$$
$$= 0.7164(元)$$

(4) 在应用二项树模型时,可以根据需要将期权的行权期限划分为任意多个变化期,从而增加在期权到期时标的资产价格及对应的期权价值的可能值。一般而言,划分的期数越多,评估结论越准确。在本题中,二期和四期的计算结果已经比较接近。在评估实务中,由于基础数据的估计不可能很准确,通过增加期数提高评估结论的准确性意义不大。

3.【简要分析】

(1) 经济行为:主要有小明和小红两个经济主体,小明签署协议支付定金的目的是以特定价格(350万元)获得房产,实现房产的从无到有,因此可视为看涨期权。小红不能违约,只有履约的义务。

(2) 特定商品:该实物期权对应的基础资产是房产,该基础资产目前属于小红,当前房产在市场中可能有类似的交易。

(3) 特定时间:约定获得房产的时间为3个月,行权时间预计为3个月。

(4) 特定价格:约定购买房产的价格为350万元,行权价格为350万元。

第八章 无形资产评估程序

一、单项选择题

1.D;2.C;3.A

二、多项选择题

1.ABD;2.ABDE

第九章 专利资产评估

一、单项选择题

1.A;2.C;3.D;4.A;5.B

二、多项选择题

1.ABDE;2.ABCE;3.ABDE

第十章 商标资产评估

一、单项选择题

1.C;2.B

二、多项选择题

1.ABD;2.ABC

三、综合题

1. 本次商标资产评估对象为甲公司注册拥有的"X"商标专用权。

2. 收集的资料包括：①商标注册人和商标使用人的基本情况。②商标的权属及登记情况,包括注册、变更、许可、续展、质押、纠纷及诉讼等。③公众对商标的知晓程度。④商标商品或服务的销售渠道和销售网络等。⑤商标使用的持续时间。⑥商标宣传工作的持续时间、程度、费用和地理范围。⑦与商标商品或服务相关的著作权、专利、专有技术等其他无形资产权利的情况。⑧宏观经济发展和相关行业政策与商标商品或服务市场发展状况。⑨商标商品或服务的使用范围、市场需求、同类商品或服务的竞争状况。⑩商标使用、收益的可能性和方式,包括商标实施企业财务状况、行业竞争地位、未来发展规划等。⑪近似商标近期的市场交易情况。⑫商标以往的评估及交易情况。⑬商标权利维护方面的情况,包括权利维护方式、效果、成本费用等。

3. 乙公司无形资产超额收益率 = 30% − 10% = 20%

无形资产中商标资产的贡献率为60%,因此"X"商标资产的收入分成率 = 60% × 20% = 12%。

4. 收益期 = 5年

适用的折现率 = 3.5% + 1.5% + 2% + 4% + 2% + 2% = 15%

2024年超额收益 = 1 500 × (1 + 20%) × 12% = 216.00(万元)

2025年超额收益 = 1 500 × (1 + 20%)^2 × 12% = 259.20(万元)

2026年超额收益 = 1 500 × (1 + 20%)^3 × 12% = 311.04(万元)

2027年超额收益 = 1 500 × (1 + 20%)^4 × 12% = 373.25(万元)

2028年超额收益 = 1 500 × (1 + 20%)^5 × 12% = 447.90(万元)

"X"商标许可给乙公司使用的经济价值 = $\left(\dfrac{216.00}{1+15\%} + \dfrac{259.20}{(1+15\%)^2} + \dfrac{311.04}{(1+15\%)^3} + \dfrac{373.25}{(1+15\%)^4} + \dfrac{447.90}{(1+15\%)^5}\right) \times (1 - 25\%) = 768.32$(万元)

第十一章 著作权资产评估

一、单项选择题

1.D;2.C;3.A

二、多项选择题

1.CDE;2.BCD

第十二章 商誉减值测试评估

一、单项选择题

1.A；2.B；3.D；4.C；5.A

二、综合题

（1）减值迹象包括：①现金流或经营利润持续恶化或明显低于形成商誉时的预期，特别是被收购方未实现承诺的业绩；②所处行业产能过剩，相关产业政策、产品与服务的市场状况或市场竞争程度发生明显不利变化；③相关业务技术壁垒较低或技术快速进步，产品与服务易被模仿或已升级换代，盈利现状难以维持；④核心团队发生明显不利变化，且短期内难以恢复；⑤与特定行政许可、特许经营资格、特定合同项目等资质存在密切关联的商誉，相关资质的市场惯例已发生变化，如放开经营资质的行政许可、特许经营或特定合同到期无法接续等；⑥客观环境的变化导致市场投资报酬率在当期已经明显提高，且没有证据表明短期内会下降；⑦经营所处国家或地区的风险突出，如面临外汇管制、恶性通货膨胀、宏观经济恶化等。

（2）商誉减值测试过程如下表所示：

商誉减值测试过程

项目	资产组
商誉账面余额①	
商誉减值准备账面余额②	
商誉账面价值③=①-②	
未确认归属于少数股东权益的商誉价值④	
包含未确认归属于少数股东权益的商誉价值⑤=④+③	
资产组账面价值⑥	
包含整体商誉的资产组账面价值⑦=⑤+⑥	
资产组预计未来现金流量的现值（可收回金额）⑧	
商誉减值损失（大于0时）⑨=⑦-⑧	

（3）2022年12月31日归属于少数股东权益的商誉 = 1 000/80% − 1 000 = 250（万元）

包含整体商誉的资产组（丙公司）账面价值 = 5 400 + 1 000 + 250 = 6 650（万元）

资产组(丙公司)的可收回金额=6 000(万元)

资产组发生的减值损失 = 6 650 - 6 000 = 650(万元)

整体商誉的价值为 1 250 万元,所以减值损失冲减商誉 650 万元,但合并报表中反映的是归属于少数股东权益的商誉,故甲公司 2022 年合并报表中应确认商誉减值损失 = 650×80% = 520(万元),2023 年甲公司合并报表中商誉列报的金额 = 1 000 - 520 = 480(万元)。

附录 2

正态分布下的累积概率 $N(d)$

X	σ									
	0.00	0.01	0.02	0.03	0.04	0.05	0.06	0.07	0.08	0.09
−2.0	0.0228	0.0233	0.0239	0.0244	0.0250	0.0256	0.0262	0.0268	0.0274	0.0281
−1.9	0.0287	0.0294	0.0301	0.0307	0.0314	0.0322	0.0329	0.0336	0.0344	0.0351
−1.8	0.0359	0.0367	0.0375	0.0384	0.0392	0.0401	0.0409	0.0418	0.0427	0.0436
−1.7	0.0446	0.0455	0.0465	0.0475	0.0485	0.0495	0.0505	0.0516	0.0526	0.0537
−1.6	0.0548	0.0559	0.0571	0.0582	0.0594	0.0606	0.0618	0.0630	0.0643	0.0655
−1.5	0.0668	0.0681	0.0694	0.0708	0.0721	0.0735	0.0749	0.0764	0.0778	0.0793
−1.4	0.0808	0.0823	0.0838	0.0853	0.0869	0.0885	0.0901	0.0918	0.0934	0.0951
−1.3	0.0968	0.0985	0.1003	0.1020	0.1038	0.1056	0.1075	0.1093	0.1112	0.1131
−1.2	0.1151	0.1170	0.1190	0.1210	0.1230	0.1251	0.1271	0.1292	0.1314	0.1335
−1.1	0.1357	0.1379	0.1401	0.1423	0.1446	0.1469	0.1492	0.1515	0.1539	0.1562
−1.0	0.1587	0.1611	0.1635	0.1660	0.1685	0.1711	0.1736	0.1762	0.1788	0.1814
−0.9	0.1841	0.1867	0.1894	0.1922	0.1949	0.1977	0.2005	0.2033	0.2061	0.2090
−0.8	0.2119	0.2148	0.2177	0.2206	0.2236	0.2266	0.2296	0.2327	0.2358	0.2389
−0.7	0.2420	0.2451	0.2483	0.2514	0.2546	0.2578	0.2611	0.2643	0.2676	0.2709
−0.6	0.2743	0.2776	0.2810	0.2843	0.2877	0.2912	0.2946	0.2981	0.3015	0.3050
−0.5	0.3085	0.3121	0.3156	0.3192	0.3228	0.3264	0.3300	0.3336	0.3372	0.3409
−0.4	0.3446	0.3483	0.3520	0.3557	0.3594	0.3632	0.3669	0.3707	0.3745	0.3783
−0.3	0.3821	0.3859	0.3897	0.3936	0.3974	0.4013	0.4052	0.4090	0.4129	0.4168
−0.2	0.4207	0.4247	0.4286	0.4325	0.4364	0.4404	0.4443	0.4483	0.4522	0.4562

（续表）

X	σ									
	0.00	0.01	0.02	0.03	0.04	0.05	0.06	0.07	0.08	0.09
−0.1	0.4602	0.4641	0.4681	0.4721	0.4761	0.4801	0.4840	0.4880	0.4920	0.4960
0.0	0.5000	0.5040	0.5080	0.5120	0.5160	0.5199	0.5239	0.5279	0.5319	0.5359
0.1	0.5398	0.5438	0.5478	0.5517	0.5557	0.5596	0.5636	0.5675	0.5714	0.5753
0.2	0.5793	0.5832	0.5871	0.5910	0.5948	0.5987	0.6026	0.6064	0.6103	0.6141
0.3	0.6179	0.6217	0.6255	0.6293	0.6331	0.6368	0.6406	0.6443	0.6480	0.6517
0.4	0.6554	0.6591	0.6628	0.6664	0.6700	0.6736	0.6772	0.6808	0.6844	0.6879
0.5	0.6915	0.6950	0.6985	0.7019	0.7054	0.7088	0.7123	0.7157	0.7190	0.7224
0.6	0.7257	0.7291	0.7324	0.7357	0.7389	0.7422	0.7454	0.7486	0.7517	0.7549
0.7	0.7580	0.7611	0.7642	0.7673	0.7704	0.7734	0.7764	0.7794	0.7823	0.7852
0.8	0.7881	0.7910	0.7939	0.7967	0.7995	0.8023	0.8051	0.8078	0.8106	0.8133
0.9	0.8159	0.8186	0.8212	0.8238	0.8264	0.8289	0.8315	0.8340	0.8365	0.8389
1.0	0.8413	0.8438	0.8461	0.8485	0.8508	0.8531	0.8554	0.8577	0.8599	0.8621
1.1	0.8643	0.8665	0.8686	0.8708	0.8729	0.8749	0.8770	0.8790	0.8810	0.8830
1.2	0.8849	0.8869	0.8888	0.8907	0.8925	0.8944	0.8962	0.8980	0.8997	0.9015
1.3	0.9032	0.9049	0.9066	0.9082	0.9099	0.9115	0.9131	0.9147	0.9162	0.9177
1.4	0.9192	0.9207	0.9222	0.9236	0.9251	0.9265	0.9279	0.9292	0.9306	0.9319
1.5	0.9332	0.9345	0.9357	0.9370	0.9382	0.9394	0.9406	0.9418	0.9429	0.9441
1.6	0.9452	0.9463	0.9474	0.9484	0.9495	0.9505	0.9515	0.9525	0.9535	0.9545
1.7	0.9554	0.9564	0.9573	0.9582	0.9591	0.9599	0.9608	0.9616	0.9625	0.9633
1.8	0.9641	0.9649	0.9656	0.9664	0.9671	0.9678	0.9686	0.9693	0.9699	0.9706
1.9	0.9713	0.9719	0.9726	0.9732	0.9738	0.9744	0.9750	0.9756	0.9761	0.9767
2.0	0.9772	0.9778	0.9783	0.9788	0.9793	0.9798	0.9803	0.9808	0.9812	0.9817

注：d = 第一列值 + 第一行值，例如 $N(-2 + 0.01) = N(-1.99) = 0.0233$。

主要参考文献

[1] 埃斯瓦斯·达莫达兰,《估值:难点、解决方案及相关案例》,李必龙、李羿、郭海等译,北京:机械工业出版社,2013年。

[2] 巴鲁·列弗,《无形资产:管理、计量与呈报》,王志台译,北京:中国劳动保障出版社,2003年。

[3] 蒂姆·科勒、马克·戈德哈特、戴维·威赛尔斯,《价值评估:公司价值的衡量与管理(第4版)》,高建、魏平、朱晓龙等译,北京:电子工业出版社,2013年。

[4] 戈登·史密斯、罗素·帕尔,《知识产权价值评估、开发与侵权赔偿》,夏玮、周叔敏、杨蓬等译,北京:电子工业出版社,2012年。

[5] 姜楠,《无形资产评估》,北京:中国财政经济出版社,2015年。

[6] 理查德·拉兹盖蒂斯,《评估和交易以技术为基础的知识产权:原理、方法和工具》,中央财经大学资产评估研究所、中和资产评估有限公司译,北京:电子工业出版社,2012年。

[7] 刘伍堂,《专利资产评估》,北京:知识产权出版社,2011年。

[8] 刘德运,《无形资产评估》,北京:中国财政经济出版社,2010年。

[9] 罗伯特·F.赖利、罗伯特·P.施韦斯,《商业价值评估与知识产权分析手册》,李浩敏、李刚、谷小燕译,北京:中国人民大学出版社,2006年。

[10] 玛格丽特·布莱尔、史蒂文·沃曼,《无形财富:来自布鲁金斯无形资产特别工作组的报告》,王志台、谢诗蕾、陈春华译,北京:中国劳动保障出版社,2004年。

[11] 茅宁,《无形资产在企业价值创造中的作用与机理分析》,《外国经济与管理》,2001年第7期,第2—8页。

[12] 韦斯顿·安森,《知识产权价值评估基础》,李艳译,北京:知识产权出版社,2009年。

[13] 叶雅珍、朱扬勇,《数据资产》,北京:人民邮电出版社,2021年。

［14］中国注册会计师协会,《财务成本管理》,北京:中国财政经济出版社,2023年。

［15］中国资产评估协会,《资产评估实务(二)》,北京:中国财政经济出版社,2023年。

［16］周友梅、胡晓明,《资产评估学基础(第三版)》,上海:上海财经大学出版社,2014年。

［17］Dixit, A. K., R. S. Pindyck, *Investment under Uncertainty*. Princeton university press, 1994.

［18］Mard, M. J., J. R. Hitchner, S. D. Hyden, *Valuation for Financial Reporting: Fair Value Measurements and Reporting, Intangible Assets, Goodwill and Impairment*. John Wiley & Sons Ltd, 2007.

［19］Mun, J. *Real Options Analysis: Tools and Techniques for Valuing Strategic Investments and Decisions*. John Wiley & Sons Ltd, 2002.

［20］Smit Han, T. J., L. Trigeorgis, *Strategic Investment: Real Options and Games*. Princeton University Press, 2012.

教辅申请说明

　　北京大学出版社本着"教材优先、学术为本"的出版宗旨,竭诚为广大高等院校师生服务。为更有针对性地提供服务,请您按照以下步骤通过**微信**提交教辅申请,我们会在1~2个工作日内将配套教辅资料发送到您的邮箱。

◎ 扫描下方二维码,或直接微信搜索公众号"北京大学经管书苑",进行关注;

◎ 点击菜单栏"在线申请"—"教辅申请",出现如右下界面:

◎ 将表格上的信息填写准确、完整后,点击提交;

◎ 信息核对无误后,教辅资源会及时发送给您;
　如果填写有问题,工作人员会同您联系。

温馨提示:如果您不使用微信,则可以通过以下联系方式(任选其一),将您的姓名、院校、邮箱及教材使用信息反馈给我们,工作人员会同您进一步联系。

联系方式:

北京大学出版社经济与管理图书事业部
通信地址:北京市海淀区成府路205号,100871
电子邮箱:em@ pup.cn
电　　话:010-62767312
微　　信:北京大学经管书苑(pupembook)
网　　址:www.pup.cn